KRANK OHNE GRUND?

URSACHE DARM

Elisabeth Lange

KRANK OHNE GRUND?
URSACHE DARM

Aktuelle Forschung
für neue Heilungschancen

SÜDWEST

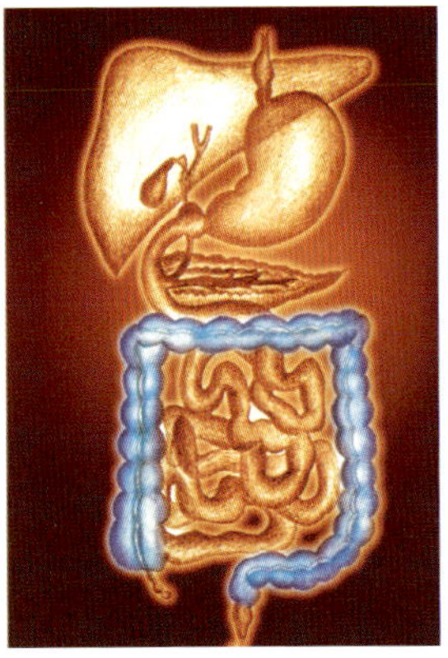

INHALT

Besetzt

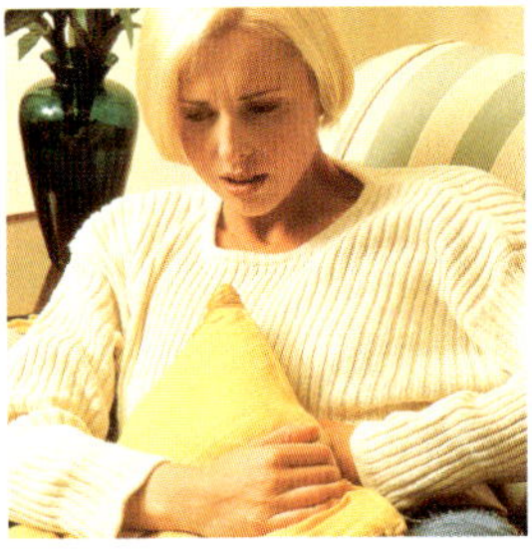

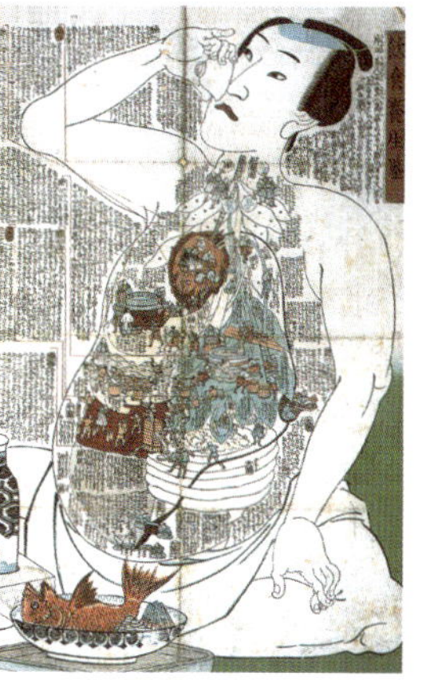

Anstelle eines Vorworts – Dankeschön

Die Arbeiten von Forschern vieler Fachrichtungen in aller Welt zeigen heute, dass die richtige Ernährungsweise für das Funktionieren der Verdauung, für die Gesundheit des Darms und damit für den ganzen Körper entscheidend ist. Wie alle Sachbuchautoren war auch ich beim Schreiben des vor Ihnen liegenden Buchs auf das Wissen von Experten angewiesen.

In zahlreichen Vorträgen und Gesprächen zeigten sie mir den Weg durch den Irrgarten wissenschaftlicher Studien und verwiesen mich an Kollegen, die mich ebenfalls an den Früchten ihrer Arbeit teilhaben ließen. Bei einigen, die mir ihre Zeit und ihre Erkenntnisse geschenkt haben, um gesichertes und bewährtes Wissen gegen Spekulatives und Reißerisches abzugrenzen, möchte ich mich besonders bedanken.

Lange Zeit war der Darm ein »verkanntes« Organ. Dabei dient der rund sieben Meter lange Muskelschlauch zur Steuerung lebenswichtiger Prozesse.

Wertvoller Expertenrat

Prof. Dr. Michael Blaut vom Deutschen Institut für Ernährungsforschung gab mir einen entscheidenden Hinweis zur Ernährung bei entzündlichen Darmerkrankungen. Prof. Dr. Gerhard Reuter und Dr. Günther Klein vom Institut für Fleischhygiene an der Freien Universität Berlin vermehrten mein Wissen über die Darmflora. Prof. Dr. Hannelore Daniel vom Institut für Ernährungswissenschaft der Universität Gießen erklärte mir die molekularbiologischen Grundlagen der Darmbarriere mit Hilfe von Zettel und Zeichenstift. Prof. Dr. Klaus Paulus half mir, wissenschaftliche Forschungsergebnisse zu bewerten und trug seine lebensmitteltechnologischen Kenntnisse bei. Karin Schanzenbach sprang für mich ein und brachte eine Fülle von Informationen in eine lesefreundliche Ordnung. Geduldige Freundinnen und Kollegen beantworteten mir indiskrete Fragen zu ihrer Darmtätigkeit und mussten in puncto ballaststoffreicher Ernährung als Versuchskaninchen herhalten. Für die freundschaftliche Unterstützung bei der Einstufung und Bewertung medizinischer Problemstellungen danke ich der Arbeits- und Umweltmedizinerin Dr. Gunhild Reimann und dem Nervenarzt Dr. Ulrich Steinbeck. Beide haben mir aus ihrer langjährigen Praxis berichtet und die Sicht des Arztes eingebracht.

Der Darm steuert nicht nur die Grundfunktionen des Stoffwechsels, sondern beeinflusst auch das Gefühlsleben massiv.

Nach bestem Wissen und Gewissen

Mein besonderer Dank gilt Dr. Uwe Wenzel vom Institut für Ernährungswissenschaft der Universität Gießen. Er hat mein Manuskript durchgesehen und mich vor Fehlern bewahrt. Irrtümer, Ungereimtheiten oder Unklarheiten, die das Buch trotz sorgfältiger Bearbeitung womöglich immer noch enthält, gehen aber natürlich auf mein eigenes Konto.

Elisabeth Lange

Eine ausgewogene und bewusste Ernährung ist die ideale Voraussetzung für die Gesundheit Ihres Darms.

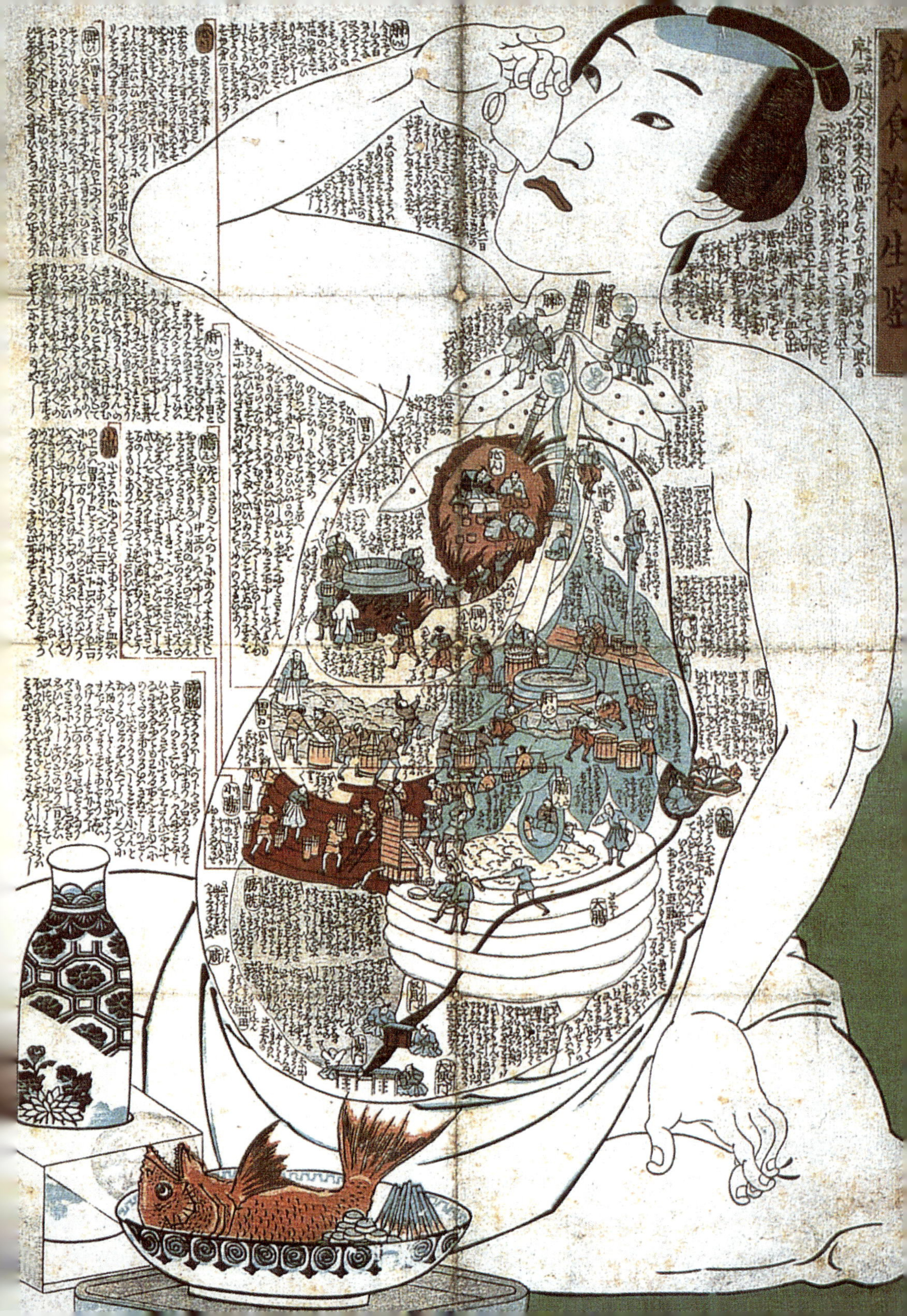
飲食養生鑑

FUNKTIONEN DES VERDAUUNGSSYSTEMS

Ein langes Leben in Schönheit, Wohlbehagen und Vitalität, das wünschen wir uns alle. Sobald der jugendliche Glaube an die eigene Unsterblichkeit schwindet – bei vielen geschieht dies so um den 30. Geburtstag herum –, machen wir uns auf die Suche nach dem Jungbrunnen. Wer sich frisch, schlank und attraktiv erhalten will, setzt vielleicht auf die Errungenschaften der Kosmetikindustrie oder er verfällt dem Körperkult und trimmt sich an Fitnessgeräten. Auch die Esoterik mit ihren undurchschaubar vielfältigen Botschaften gehört zu den Fluchtpunkten des modernen Menschen, der auf der Suche nach ganzheitlicher Gesundheit ist.

Trotz vieler Hinweise auf die zentrale Rolle des Darms für die Gesundheit, die immer wieder aus der Erfahrungsheilkunde kamen, waren lange Zeit nur wenige Forscher neugierig genug, um sich genauer mit dem muskulösen Schlauch im Inneren unseres Körpers zu beschäftigen.

Botschaften aus dem Bauch

Neue Forschungsergebnisse sprechen jedoch dafür, dass unsere beste Chance, den uns eigenen natürlichen Jungbrunnen zu finden, darin liegt, sich mit den Qualitäten eines bislang unterschätzten Organs auseinanderzusetzen. Der Darm hat unsere Aufmerksamkeit verdient. Jahrzehntelang betrachteten Mediziner und Ernährungsexperten beispielsweise den Dickdarm mehr oder weniger als simples Abfallrohr, das die unangenehme Aufgabe erledigt, übel riechende Reste unverdaulicher Nahrung wegzuschaffen.

Das sehen Experten heute anders. Nun ist klar: Das rund sieben Meter lange Organ steht im Zentrum der wichtigsten Leben erhaltenden Prozesse. Als großer Macher im Dunklen steuert es die Grundlagen unserer Existenz. Jedes Kind weiß, dass der Darm als Verdauungsorgan Essen und Trinken in Nährstoffe verwandelt, den Körper mit Energie versorgt und ausgelaugte Nahrungsreste und andere unerwünschte Stoffe ins Klo entsorgt. Doch er leistet viel mehr.

Der Darm beeinflusst auch die Seele

Heilkundige der Antike glaubten an Körpersäfte, die das Gemüt und die Handlungen der Menschen bestimmen. Auch die mehrere tausend Jahre alten Bücher der chinesischen Medizin beschreiben Ähnliches. Neue Forschungsergebnisse von Nerven- und Hormonexperten sprechen dafür, dass es die geheimnisvollen Säfte gibt und dass sie vor allem im Darm entstehen.

Moderne Wissenschaftler drücken sich zwar anders aus, doch sie glauben an denselben Zusammenhang. Sie kommen durch neue Erkenntnisse auf eine alte ganzheitliche Sicht des Menschen zurück und sehen Körper und Seele wieder als Ganzes. Sie haben herausgefunden, dass ein großer Teil der Psyche einzig und allein von der Biochemie des Stoffwechsels bestimmt wird.

Hausgemachte Psychodrogen

Der Darm ist nicht nur der Hüter unseres Immunsystems, sondern vielleicht sogar der Wächter über unseren Schlaf.

So spielt der Darm sicher eine wichtige Rolle für unser Gefühlsleben, weil er eine ganze Reihe von Psychodrogen herstellt. Diese Substanzen prägen unser Gemüt und bilden die Grundlage unseres Temperaments und unserer seelischen Stimmung.

Es sind u. a. angstlösende morphiumähnliche Botenstoffe (Endorphine) und beruhigende valiumähnliche Substanzen. Sie schwirren auf Nerven- und Blutbahnen zwischen Gehirn und Darm hin und her, sind sozusagen biologische E-Mails im Internet des Körpers. Sie können uns high machen und überglücklich. Aber sie können uns auch lähmen, Stimmungstiefs auslösen oder uns durch grundlose Ängste das Leben vermiesen.

Menschen mit Darmproblemen fühlen sich vielleicht deshalb oft tief bedrückt und antriebsschwach. Umgekehrt zeigen sich Depressionen nicht selten durch Störungen der Verdauung.

Serotonin – der Launemacher

Lebensfreude entsteht also nicht zuletzt im Darm! Vor allem der Stimmungsmacher unter den Hormonen, das Serotonin, wird zu 90 Prozent in der Schleimhaut unseres Verdauungstrakts gebildet. Wie viele wichtige Funktionen dieses Hormon besitzt, weiß man noch nicht, doch dass es eine zentrale Rolle bei der Entstehung von

Hunger und Sättigung spielt, ist bereits erwiesen. Der viel beschworene fröhliche Dicke ist in der Realität oft ein schwermütiger Mensch, der unter einem Mangel an Serotonin leidet. Botenstoffe aus dem Darm sind außerdem an so gegensätzlichen Wirkungen wie der Regulation unseres Blutdrucks, der Atmung und der Körpertemperatur beteiligt. Ja, sie bestimmen sogar die Art, wie wir Schmerz empfinden und wie unsere inneren Organe auf Anforderungen reagieren.

Botenstoffe regulieren den Schlaf

Auch wer zu Schlafstörungen neigt, tut gut daran, freundlicher als sonst mit seinem Darm umzugehen. Denn das Hormon, das unsere innere biologische Uhr steuert und den Schlaf-wach-Rhythmus beeinflusst, stammt zu einem kleinen Teil ebenfalls aus dem Darm. Es heißt Melatonin und entsteht aus dem Serotonin. So ist auch der Darm mit seinen Botenstoffen an der Regulation des Schlafs beteiligt. Überhaupt schläft der Mensch sehr wahrscheinlich nur, weil er die Scharen von Mikroorganismen, die sich, von der Nahrung eingeschleppt, in unserem Darm tummeln, davon abhalten muss, den Körper mit Giften aus ihren Zellwänden zu überschwemmen.

Mehr als jeder Arzt können wir selbst für uns tun, wenn es um die Gesundheit des Darms geht. Wenn man sich die Arbeit des Verdauungstrakts genauer ansieht, bekommt man einen Eindruck davon, wie sehr er sich schinden muss, um mit unserer fett- und eiweißreichen Wohlstandskost zurecht zu kommen.

Folter für ein sensibles Organ

Der moderne Mensch quält das empfindsame Organ im Inneren seines Körpers, ohne es zu bemerken. Leider meldet der Darm nicht sofort, was ihm Probleme macht, sondern präsentiert die Rechnung seiner täglichen Pein erst nach Jahren, wenn wir unter Krebserkrankungen, Übergewicht, Reizdarm, Gallensteinen, Divertikulose, geschwollenen Hämorrhoiden, entzündlichen Darmerkrankungen, Fettstoffwechselstörungen, Brustkrebs oder Diabetes mellitus leiden müssen. Alle diese Erkrankungen – davon sind Experten aus vielen Forschungsbereichen überzeugt – entstehen durch den langjährigen Mangel an Ballaststoffen und stärkereichen Nahrungsmitteln. Unsere Verdauungsorgane sind zwar enorm flexibel und verarbeiten die unterschiedlichsten Nahrungsmittel. Doch eins vertragen sie nicht: die fast völlige Abwesenheit von unverdaulichen Nahrungsbestandteilen. Sie gerät dem Darm zur Folter und macht ihn krank.

Falschmeldungen aus dem Magen

Schon der Magen schickt falsche Signale an den Darm, weil er auf anständige Portionen Grobkost, also einen gut gefüllten Teller, eingestellt ist. Nur dann sagen seine Dehnungsrezeptoren frühzeitig: »Genug gegessen!« Wir werden viel zu spät satt, weil der Magen in unserer Entwicklungsgeschichte nicht gelernt hat, auf kalorienreiche Extrakte in Miniportion zu reagieren. Ähnlich überfordert zeigt sich der Dünndarm, wenn täglich immer wieder Fett und Eiweiß in solchen Mengen anrollen, dass die Drüsen kaum noch nachkommen in der Produktion von Enzymen und verdauungswirksamen Hormonen. Das beste Beispiel für diese Art von Überforderung zeigt sich beim Typ-II-Diabetiker, dessen Verdauungshormon Insulin immer unwirksamer wird, je mehr die Bauchspeicheldrüse davon herstellen muss. Am Ende geraten Fett- und Kohlenhydratstoffwechsel völlig durcheinander, das gefürchtete metabolische Syndrom entsteht.

Nichts gegen ein lustvolles Drei-Sterne-Menü hin und wieder – mag dann auch die Schlagsahne in Strömen fließen. Erst wenn Luxusessen alltäglich werden, leidet der Darm.

Verstopfung – das Massenleiden

Nach außen sichtbar und für Millionen Menschen deutlich spürbar zeigt sich die Qual des Darms in einer so simplen Störung wie der Verstopfung. Nur wenn der Nahrungsbrei durch ausreichende Mengen Quell- und Faserstoffe üppig ausfällt und weich gleitet, können die Muskeln der Darmwand ihn problemlos vorantreiben, dann klappt die Verdauung wie geschmiert. Weil jedoch von Currywurst, Baguettebroten, Hummer, Pizza und Tiramisù kaum Masse übrigbleibt, müssen die Muskeln sich entsetzlich quälen, das bisschen Restkot zu umschließen und voranzuschieben. Dann steigt der Druck im Inneren des Dickdarms enorm an. Wird die Belastung übermächtig, treibt der Druck der Muskeln die Schleimhaut vom Inneren des Darms durch die natürlichen Lücken in der Muskelschicht nach außen. Flaschenförmige Aussackungen können die Folge sein. Am Ende muss der Mensch willentlich noch einmal kräftig pressen, wenn harte Kotknöllchen nicht herausrutschen wollen. Der zarte, mit Schleimhäuten und Schließmuskeln ausgestattete »Hinterausgang«, der After, nimmt diesen Druck auf Dauer äußerst übel: Geschwollene Hämorrhoiden und schmerzhafte Risse in der Analschleimhaut entstehen so. Das sind deutlich sichtbare Zeichen der harten Arbeit unseres Darms und Folgen unserer ballaststoffarmen Ernährung.

Normalerweise dauert die Reise der Nahrung durch unseren Körper ein bis zwei Tage. Faserstoffreiche Kost verkürzt diese Zeit, fettreiche und ballaststoffarme verlängert sie deutlich – und kann zu schmerzhafter Verstopfung führen.

Schützende Bakterien müssen hungern

Doch die Leiden des Organs sind damit noch längst nicht beendet, denn falsche Ernährung torpediert auf Dauer sogar die ausgeklügeltesten Schutzsysteme. So arbeitet die Darmflora im Dickdarm für eine gesunde Schleimhaut. Sie macht aus den vom Dünndarm bereits ausgelaugten Nahrungsresten energiereiche Stoffe, die die Schleimhäute ernähren und den Darm beweglich und gesund erhalten.

Gelangen zu wenig Ballaststoffe in den Darm, hungern die freundlichen Bakterien im Darm, und damit gerät auch die für das Immunsystem so wichtige Schleimhaut in Not. Ohne ausreichende Versorgung mit Nahrung verkümmert sie, wird immer dünner und durchlässiger. Am Schluss dieser Entwicklung kann sie sich gegen die Krebsauslöser im Darminhalt nicht mehr zur Wehr setzen. Sie gibt ihre Barrierefunktionen Stück für Stück auf. Darmkrebs und vielleicht auch die quälenden chronischen Darmentzündungen sind nach Jahren der Fehlernährung die Folgen.

Nach Angaben der Weltgesundheitsorganisation sind 1996 weltweit 431 000 Frauen und 445 000 Männer an Darmkrebs erkrankt, 231 000 Frauen und 257 000 Männer starben in dieser Zeit daran.

Gesundheit aus dem Darm

Wer wissen will, wie er seinen Darm gesund halten und ihm optimale Bedingungen für seine vielfältigen Aufgaben bieten kann, muss sich mit dem Thema »Ernährung« beschäftigen. Denn schließlich gelangt alles, was wir täglich essen und trinken, in den Darm. Unser Verdauungssystem entwickelte sich seit prähistorischen Zeiten immer mit dem Ziel, die Nahrungsmittel perfekt zu verarbeiten, die den Menschen zur Verfügung standen. Was aber aßen die Menschen im Lauf ihrer Entwicklungsgeschichte? Anthropologen, die Forscher, die sich mit der Entwicklungsgeschichte des Menschen beschäftigen, glauben, dass unsere Vorfahren überwiegend von Samen, Beeren, Kräutern und Wurzeln lebten und dass nur dann Fleisch oder Fisch den Speisezettel ergänzten, wenn ihnen ab und zu das Jagdglück lachte. Unser Verdauungstrakt entstand als Antwort auf die Nahrung, die den Menschen am häufigsten zugänglich war. Da unsere Vorfahren vor allem von Körnern, Wurzeln und Knollen lebten, stellte sich der Bauch darauf ein.

Unser Darm reagiert flexibel auf alle Bestandteile der Nahrung, die er aus der Entwicklungsgeschichte des Menschen kennt. Mit moderner schlackenarmer Kost kommt er aber nicht zurecht, davon wird er auf Dauer krank.

Getreide wurde zur Hauptnahrung

Es ist etwa 10 000 Jahre her, da entdeckten Menschen, die im Mittleren Osten lebten, den Ackerbau und säten Getreide aus. Sie begannen, die Körner zu mahlen, Brot daraus zu backen und Brei zu kochen. Hirse wurde das Grundnahrungsmittel in Afrika, Weizen wuchs im Mittleren Osten, Gerste und Hafer gedieh im kühleren Nordeuropa, Reis wurde zur Hauptnahrung Asiens. Die meisten Menschen der bäuerlichen Gesellschaften lebten von Getreidekörnern, Wurzeln und Knollen wie etwa Yams, Cassava oder Kartoffeln und von Hülsenfrüchten wie etwa Erbsen, Bohnen und Linsen.

Nichts hat den komplizierten Aufbau unserer Verdauungsorgane so sehr beeinflusst wie das, was wir essen. Unser Darm musste sich in der langen Entwicklungsgeschichte des Menschen Fähigkeiten zulegen, die es ihm ermöglichten, »gut« und »böse«, also schädliche und nützliche Nahrungsbestandteile zu trennen. Nur deshalb kann er seine Aufgaben perfekt erfüllen und dafür sorgen, dass alle notwendigen Nährstoffe für die Erhaltung unseres Körpers vorhanden sind, wenn sie gebraucht werden.

Luxus bekommt dem Darm nicht

Die Veränderung der Ernährungsgewohnheiten ist für den Einzelnen fast unmerklich verlaufen. Der Mensch isst heute, was ihm schmeckt, nicht mehr, was er sich finanziell leisten kann. Und so sind in den letzten 40 Jahren viele sättigende billige Gerichte vom Speisezettel der meisten Menschen verschwunden. Eintöpfe aus Hülsenfrüchten, Kartoffeln, Graupen oder Grünkern werden nur noch in wenigen Haushalten regelmäßig gekocht. Dicke deftige Brotscheiben sind den allgegenwärtigen frischen Brötchen gewichen. Außerdem essen wir heute rund doppelt so viel Süßigkeiten, Fleisch, Käse und fette Imbissgerichte wie die Generationen vor uns. So wird beispielsweise die Hälfte der in der Europäischen Union verkauften Sahne in Deutschland gegessen. Deutsche und Briten teilen sich außerdem den Spitzenplatz im Verbrauch von Süßigkeiten.

Brot satt!

- Der Durchschnittsdeutsche isst heute 230 Gramm Brot pro Tag, das sind drei Scheiben Brot und zwei Brötchen.
- Dagegen wurden in früheren Zeiten, aus heutiger Sicht betrachtet, schier unglaubliche Mengen verzehrt. Brot und Mehlspeisen bildeten das Rückgrat der Ernährung.
- Wie aus historischen Quellen hervorgeht, vertilgten Berner Klostermägde im 16. Jahrhundert täglich zwischen 700 und 950 Gramm Brot.
- Von den Gästen des Bischofs von Arles weiß man, dass sie rund 1600 Gramm täglich verputzten.
- Die Mönche des Klosters Saint-Germain-des-Pres erhielten im 9. Jahrhundert an Festtagen pro Kopf zwei Kilogramm.
- Im 18. Jahrhundert kam es zu »Brotkrawallen«, wenn nach Missernten der Getreidepreis zu stark anstieg.
- Noch im 19. Jahrhundert erhielten preußische Soldaten Rationen von über einem Kilogramm Brot täglich. Brot gehörte zu jeder Mahlzeit.
- Bauern aßen neben ihrem morgendlichen Getreidebrei (»Mus«) noch Brot, sie tunkten es in Suppen und Saucen.

In Deutschland gibt es einen »Roggenäquator«, der etwa bei Hannover verläuft. Nördlich davon wohnen die absoluten Roggenfans, je mehr man nach Süden kommt, desto seltener haben die Bäcker reines Roggenvollkornbrot im Angebot.

Vermeidbare Krankheiten

Wer seinen Darm fit macht, sorgt gleichzeitig dafür, dass alle anderen Organe beste Arbeitsbedingungen erhalten. Denn unser Verdauungssystem steht durch seine vielfältigen Regulationsaufgaben im Zentrum unserer Gesundheit.

Eigentlich gibt es nichts wirklich Neues zu berichten, denn bereits in vorchristlicher Zeit war bekannt, dass von feinem weißem Brot und fetten Leckereien nach der Verdauung nichts übrig bleibt, dass dunkles Brot und Gemüse dagegen, die Armeleutekost zu allen Zeiten, den Darm putzen und viel bekömmlicher sind. Immer wieder, vom Mittelalter bis heute, warnten Experten vor allzu luxuriösem Essen. Doch erst in den letzten Jahrzehnten haben wir es wohl wirklich zu weit getrieben. Heute zeigen sich in den Krankheitsstatistiken die bedrohlichen Folgen unserer Essgewohnheiten. So unterschiedlich die Darmerkrankungen sein mögen, fast alle lassen sich auf dieselbe Ursache zurückführen: falsche Ernährung, die von viel Fett und wenig Ballaststoffen gekennzeichnet ist.

Umsiedlung erhöht oder senkt das Krebsrisiko

Wie stark der Einfluss der Essgewohnheiten ist, erkannten die Wissenschaftler, als sie die Krebsrisiken von Umsiedlern untersuchten. So bekamen Japaner, deren Darmkrebsrisiko statistisch sehr niedrig liegt, innerhalb von einer Generation genauso oft Krebs wie die geplagten Einwohner ihrer neuen Heimat Hawaii. Europäer, die nach Australien umzogen, steigerten ihr Krebsrisiko sogar innerhalb von zehn Jahren auf das höhere Niveau der Australier. Umgekehrt verschonte der Krebs Menschen, die aus Hochrisikogebieten wegzogen in Gegenden mit geringen Krebsraten. Es ist also nicht die Veranlagung, die Japaner vor Krebs bewahrt und Menschen in Hawaii bedroht, sondern der Lebensstil, die Essgewohnheiten, die sich oft sehr schnell an die Gepflogenheiten des Landes anpassen. Gene dagegen, die unsere geerbten Veranlagungen prägen, brauchen viel länger für Veränderungen.

Geheimnisse des Orients: Chinesen leiden selten an Krebs. Unsere Erkrankungsrate liegt fünfmal höher als ihre. Warum? Eine Antwort liegt wohl in der Vorliebe der Chinesen für Kohlgemüse, Sojabohnen und Reis.

Mehr essen statt weniger

Kein Mensch verzichtet gern auf seine in Jahrzehnten lieb gewordenen Essgewohnheiten. Eine radikale Umstellung kann einem nicht nur den Spaß am Essen verderben, sondern auch gesundheitliche Nachteile bringen. Wer von heute auf morgen seinen Essstil total verändert und z. B. plötzlich große Mengen rohes Gemüse und Getreide isst, bekommt möglicherweise erst einmal Verdauungsprobleme. Die beste Art, Änderungen ohne einen Verlust an Lebensqualität zu erreichen, ist es, die Sache positiv anzugehen. Verbieten Sie sich nichts, sondern nehmen Sie sich lieber vor, etwas Gutes zusätzlich zu tun. Sagen Sie nicht: Ab morgen esse ich weniger Süßes, sondern: Ab morgen esse ich jeden Tag etwas Obst. Wer sich vornimmt, auf sein geliebtes Steak für immer zu verzichten, scheitert wahrscheinlich an seinem eigenen Verbot. Fasst man jedoch den Vorsatz, zu jeder Mahlzeit ein Stück Brot zu essen, kommt man sicher besser zurecht – und der Fleischanteil im Essen sinkt mit der Zeit von selbst.

Sechs Tipps für den gesunden Darm

Amerikanische Krebsspezialisten haben viele tausend Studien überprüft und daraus handfeste und leicht nachvollziehbare Ernährungsratschläge abgeleitet. Die ersten drei der folgenden Tipps geben diese Empfehlungen an Sie weiter. Doch die Gesundheit des Darms hängt nicht nur von der Ernährung ab. Bewegung und Lebensstil bestimmen das Wohlbefinden des sensiblen Organs mindestens ebenso sehr, darin stimmen europäische mit US-Forschern überein.

Wer in einem Hochrisikoland für Darmerkrankungen wie Deutschland lebt, tut gut daran, seinen Lebensstil zu überprüfen. Mit kleinen Korrekturen ist oft schon viel erreicht.

1. Pflanzliche Sattmacher

Essen Sie sich an pflanzlichen Lebensmitteln satt. Nur Pflanzen liefern die für den Darm unentbehrliche Kombination von Stärke und Ballaststoffen. Mischen Sie Gemüse, Obst, Hülsenfrüchte mit anderen stärkereichen Lebensmitteln wie etwa Getreide und Kartoffeln.

2. Die richtige Menge an Kohlenhydraten

Essen Sie täglich 600 bis 800 Gramm kohlenhydratreiche Nahrungsmittel. Das könnte im Alltag etwa so aussehen: sechs Scheiben Brot, eine Portion gekochte Nudeln oder Kartoffeln, 100 Gramm Linsen oder Erbsen und für den süßen Hunger eine Hand voll Rosinen, eine Banane und einige Kekse.

3. Fünf Mahlzeiten täglich

Essen Sie das ganze Jahr über jeden Tag 400 bis 800 Gramm Gemüse und Obst, und verteilen Sie die Nahrungsmittel auf mindestens fünf Mahlzeiten. Nur wenn Wirkstoffe aus Obst und Gemüse dem Organismus in jeder Mahlzeit zur Verfügung stehen, schützen sie den Verdauungstrakt vor Erkrankungen. Schon drei Stücke Obst, eine Portion Gemüse und eine Portion Salat reichen aus.

Wie kompliziert und trickreich das Energiekonzept des menschlichen Körpers und wie groß die Rolle des Darms dabei ist, das erforschen Experten erst seit wenigen Jahren.

4. Ausreichend Bewegung

Bewegen Sie sich mindestens eine Stunde täglich. Wer seine Muskeln im Beruf kaum braucht, sollte den Körper durch strammes Gehen, Laufen, Radfahren, Schwimmen oder Rollschuhfahren unterstützen. Schweißtreibende Sportarten, die den Puls hochtreiben, sorgen für gute Durchblutung der Verdauungsorgane.

5. Spannungen abbauen

Lassen Sie sich vom Stress nicht überwältigen. Nutzen Sie jede Gelegenheit, seelische Spannungen abzubauen, denn der Darm ist ein empfindsames Organ. Spiel, Sport, Körpertherapien und Selbsthilfegruppen bringen Körper und Seele ins Gleichgewicht.

6. Ausreichend Schlaf gönnen

Schlafen Sie lieber, als Übermüdung mit anregenden Getränken wie Tee oder Kaffee zu überdecken. Ideal ist eine kurze Schlafpause untertags, sie hilft dem Immunsystem bei Reparaturarbeiten.

Ein tiefer und erholsamer Schlaf ist für die Gesundheit von großer Bedeutung. Der Körper nutzt diese Ruhephasen, um sich intensiv zu regenerieren, z. B. defekte Zellen zu reparieren und tagsüber verbrauchte Substanzen neu zu bilden.

Die Straße der Nährstoffe

Unser Verdauungsapparat besteht aus einer Serie von zusammenhängenden schlauchähnlichen Hohlorganen, die sich vom Mund bis zum Po durch den Körper schlängeln. Sie alle sind mit einer Muskelschicht umgeben, von einem engmaschigen Nervengeflecht durchzogen und mit einer weichen elastischen Haut, der Schleimhaut oder, wie Mediziner sie erheblich hübscher nennen, der Mukosa von innen ausgeschlagen.

In dieser Haut sitzen Millionen von Zellen, die als Drüsen schützenden Schleim ausscheiden. Bei Kontakt mit dem Speisebrei produzieren andere Zellen die passenden Verdauungssäfte, die helfen, unsere Nahrung in ihre Bestandteile zu zerlegen. Denn mit dem, was wir essen, also z. B. Brot, Gemüse, Käse oder Fleisch, kann der Körper nichts anfangen.

Nahrungsmittel und Getränke müssen erst einmal in kleinste Teile, in die Moleküle der Nährstoffe, zerlegt werden. So können sie vom Blut aufgenommen werden und in jede Zelle gelangen. Entweder verwenden die Körperzellen zugeführte Nährstoffe als Baumaterial oder sie nutzen sie als Energiequelle für Muskelkraft und Körperwärme. Manche Nahrungsbestandteile wirken auch als Signalstoffe und regulieren die komplexen Abläufe des Stoffwechsels.

Jedes Verdauungsorgan hat eine eigene Rolle, jedoch hängen alle buchstäblich und in ihrer Funktion eng zusammen.

Wie die Verdauung funktioniert

Verdauungsarbeit beginnt, wenn uns das Wasser im Mund zusammenläuft und unsere Zähne die Nahrung zerkleinern. Sie endet im Dickdarm mit den Bakterien der Darmflora, die aus den ballaststoffhaltigen Resten unseres Essens noch einmal wichtige Stoffe produzieren. Muskeln in den Wänden der Verdauungsorgane verengen und weiten den Durchmesser der Organe im Wechsel. Auf diese Weise durchmischen sie den Speisebrei und treiben ihn auf seiner Reise durch den Körper voran. Diese Bewegungen setzen sich ähnlich wie Meereswellen rhythmisch durch die kräftige Muskulatur fort. Man nennt diese fließenden Bewegungsabläufe Peristaltik.

Ohne unseren Willen

Die erste Bewegung unseres Verdauungskanals können wir mit dem Schlucken bewusst in Gang setzen. Danach entzieht sich der Vorgang unserem Willen und setzt sich ohne unser Zutun fort, gesteuert vom vegetativen Nervensystem, das unabhängig von unseren Absichten und Entscheidungen arbeitet.

Die Speiseröhre schiebt die zerkleinerten Speisen in Richtung Magen. Den versperrt zwar ein ringförmiger Muskel, der dafür sorgt, dass der Rückweg vom Magen hinauf in die Speiseröhre verschlossen bleibt. Doch sobald Nahrung durch die Speiseröhre abwärts rutscht, entspannt sich der Muskelring und gibt den Weg in den Magen frei. Hier sammelt sich der Speisebrei. Bewegungen der Magenwände vermischen ihn mit der Magensäure, einer salzsäurehaltigen Verdauungsflüssigkeit, die auch dafür sorgt, dass die meisten Mikroben, die wir mitgeschluckt haben, unschädlich gemacht werden. Ein bis zwei Stunden lang bleibt die Nahrung meist im Magen. Dort verändern Verdauungssäfte vor allem das Eiweiß und entlassen den Nahrungsbrei dann vorverdaut in den Dünndarm. Was einem schwer im Magen liegt und für längere Verweilzeiten sorgt, sind fett- und eiweißreiche Speisen wie etwa ein Steak mit Kräuterbutter, ein Stück Schweinebraten mit Kruste oder ein Stück fetter Käse.

Eines der großen Wunder unseres Körpers: Die starke Säure und die aggressiven eiweißspaltenden Bestandteile des Magensafts greifen den Magen selbst nicht an. Kein anderes Gewebe des Körpers könnte der scharfen Flüssigkeit standhalten.

Nur der Dünndarm macht dick

Mund und Magen bereiten den Speisebrei vor. Erst der Dünndarm verdaut den Speisebrei so weit, dass er die Nährstoffe durch die Schleimhaut aufnehmen kann. Dafür braucht er vor allem zwei Helfer: die Bauchspeicheldrüse (Pankreas) und die Leber.

Beide sondern Säfte ab, die mit dem Speisebrei vermischt werden und ihn in seine Bestandteile zerlegen. Die Hauptarbeit leistet dabei die Bauchspeicheldrüse. Sie stellt Enzyme für alle Arten von Nahrungsstoffen her. Pankreasenzyme können Kohlenhydrate, Fett und Eiweiß gleichermaßen zerstückeln. Die Leber sorgt vor allem durch die Bildung von Galle dafür, dass das im Nahrungsbrei verteilte Fett gelöst wird und dann in praktische, leicht transportable Päckchen (Mizellen) gepackt wird. Auch der Darm selbst trägt seinen Teil bei und produziert Enzyme, die Kohlenhydrate in eine Form bringen, die der Körper aufnehmen kann.

Unabhängig, aber kooperativ

Wir haben zwar die Wahl, was wir essen. Doch den Rest regelt der Verdauungstrakt allein. Das Verdauungssystem funktioniert beim gesunden Menschen vor allem deshalb so unauffällig und verlässlich, weil es sich weitgehend selbst reguliert. Mit der Entscheidung, was wir essen, bestimmen wir, was im Körper geschieht. Denn durch den Kontakt mit dem Speisebrei angeregt, entlässt der Körper zugleich mit den Verdauungssäften Hormone und nervenwirksame Substanzen in das Blut. Sie reisen durch den ganzen Körper, sorgen dafür, dass weitere Hormone ausgeschüttet werden, lassen die Verdauungssäfte fließen, lenken das Tempo der Verdauung, die Muskelbewegungen des Darms und die Aktivitäten der beteiligten Organe.

Nervenzellen und Botenstoffe kommunizieren

Der Darm ist ein empfindsames Organ. Rund 100 Millionen Nervenzellen – mehr als im Rückenmark – überwachen das Geschehen im Verdauungstrakt.

Ein Netzwerk von Nervenzellen und Botenstoffen aus dem Darm schickt seine Informationen an Muskeln und Drüsen des ganzen Verdauungstrakts. Sind die Speisen einmal geschluckt, lösen sie durch ihren Kontakt mit Fühlern (Rezeptoren) im Verdauungstrakt eine Reihe von Veränderungen aus. Sehr vereinfacht und bildlich gesprochen funktioniert das etwa so: Der Magen schickt nach dem Essen eine Botschaft, sozusagen eine E-Mail, an den Dünndarm und meldet: »Meine Dehnungsrezeptoren sagen, dass ich ganz schön voll bin. Du kannst dich schon auf die erste Ladung vorbereiten! Es wird wohl keine Riesenarbeit für dich, nur Kohlenhydrate, kaum Fett und Eiweiß. Die Sachen sind außerdem schon gut vorbereitet, der Typ da oben kaut prima und hat schon genügend Spucke untergemischt.« Kopien dieser Botschaften gehen an das Gehirn, werden dort gelesen und mit Signalen an das Sättigungszentrum beantwortet.

Verdauung – Teamarbeit der Organe

Nach vollendeter Arbeit öffnet der Magen die Pforte, die erste Ladung Speisebrei rutscht in den Dünndarm. Eine kräftige Dusche aus alkalisch wirkenden Verdauungssäften (bis zu zwei Liter täglich) neutralisiert die saure aggressive Mischung aus dem Magen, die den Darm sonst im Nu zersetzen würde. Jetzt macht sich der Dünndarm an die Arbeit. Er zerlegt die Speisen mit Hilfe von Enzymen in ihre kleinsten Bestandteile, schleust sie durch die Darmwand in die Blutbahn und schickt sie mit entsprechenden Botschaften an die Leber, die die Nahrungsbestandteile in Substanzen verwandelt, die der Körper benötigt. Nach getaner Arbeit meldet der Dünndarm an den Dickdarm: »Achtung, jetzt kommt Material für dich!« Und wieder geht diese Botschaft auch an das Gehirn und an andere Organe.

Der Bauch hat seinen eigenen Kopf

Bis vor wenigen Jahren glaubte man, der Magen-Darm-Trakt würde nur vom Gehirn gesteuert. Doch als sich Nervenspezialisten die Verbindungen zwischen Kopf und Darm genauer ansahen, stellten sie fest, dass enorm viel im Verdauungssystem passiert, ohne dass der Kopf sich groß einmischt. Amerikanische Experten sprechen heute sogar vom visceral brain, vom Bauch-Hirn.

Je mehr man über das in zwei Schichten aus rund 100 Millionen Zellen eng geflochtene Nervennetzwerk des Darms erfährt, desto mehr möchte man seinen »Bauchgefühlen« vertrauen und Entscheidungen, die »aus dem Bauch heraus« entstehen, ernst nehmen. Denn sie könnten Einsichten bergen, die unserem Kopf vorenthalten bleiben. Der Bauch kann jedenfalls den Kopf mindestens genauso stark beeinflussen wie der Kopf den Bauch, das ist heute schon klar.

Wer hat nicht schon einmal »Schmetterlinge« im Bauch gehabt, wenn der oder die Angebetete plötzlich vor einem stand? Den Nervenkitzel lösen Botenstoffe aus, die zwischen Verdauungstrakt und Gehirn hin- und herschwirren.

Der Darm – Domizil der Gefühle

Der Verdauungstrakt spielt eine wesentliche Rolle bei der Entstehung von Glücksgefühlen und Depressionen, das zeigt die Produktion von Hormonen wie Serotonin und Melatonin, Dopamin und Norephedrin, die allesamt das Gemüt und die Stimmung des Menschen beeinflussen. Fast jede nervenwirksame Substanz, die den Stoffwechsel des Gehirns kontrolliert, ist auch im Darm vorhanden.

Neben vielen anderen nervenwirksamen Stoffen findet sich im Darm verblüffenderweise auch Benzodiazepin, ein Wirkstoff, den viele Menschen als Beruhigungspille unter dem Markennamen »Valium« kennen. Ob der Darm selbst den Stoff absondert oder die Darmflora an der Herstellung dieser Psychodroge gegen Stress beteiligt ist, weiß man noch nicht. Doch eines ist klar: Nur weil die Körperzellen den selbst gemachten Tranquilizer erkennen und verwerten können, wirken auch die Pillen der Pharmaindustrie.

Enge Verbindung zum Immunsystem

Wichtig für das reibungslose Funktionieren des Darms und damit für unsere Abwehrkräfte gegen Krankheiten ist wohl auch die enge Nachbarschaft von Nervenzentrum und Immunsystem. Im Bauch könnte die vielleicht wichtigste Schnittstelle für das Zusammenspiel von Körper und Seele angesiedelt sein. So besitzen die Immunzellen aus dem Darm Fühler (Rezeptoren) für Nervenbotenstoffe. Nervenzellen schicken Botschaften in Form von Molekülen an das Immunsystem, die wie ein Schlüssel ins Schloss der Abwehrzellen passen. Immunsystem und Nervensystem teilen sich eine Vielzahl von Botenstoffen, sie tauschen sich darüber aus, was zwischen Körper und Seele passiert. Bauch-Hirn und Immunsystem »plaudern« in jeder Sekunde miteinander und lernen auf diese Weise dazu.

Durch den Kontakt mit den gegessenen Speisen angeregt, entlässt der Körper zugleich mit den richtigen Verdauungssäften auch eine Reihe von Hormonen und nervenwirksamen Substanzen in das Blut.

Enzyme – wehe, wenn sie losgelassen

Enzyme – früher nannte man sie Fermente – braucht der Körper nicht nur für die Verdauung, sondern für jede noch so winzige Veränderung im Körper. Ohne Enzyme wäre Leben überhaupt nicht möglich. Sie gehören zu einer faszinierenden Gruppe von Eiweißstoffen, die in der Lage sind, jedes biologische Gewebe zu zerkleinern und umzubauen, ohne sich selbst zu verändern. Daher nennt man sie Biokatalysatoren. Der Körper setzt diese gefährlich scharfen Instrumente nur mit großer Vorsicht ein. Denn die emsigen Substanzen zerschnippeln die Moleküle ihrer Umgebung blitzschnell. Dabei koppeln sie an einen Partnerstoff an, verändern ihn und lassen ihn wieder los. Träge Enzyme tun dies einmal pro Sekunde, schnelle schaffen es 100 000-mal in der gleichen Zeit. Jedes Enzym greift jeweils nur an einer ganz bestimmten Stelle an, denn alle sind Spezialisten. Lipasen zerlegen nur bestimmte Fette, Amylasen stürzen sich auf das Stärkemolekül, und Proteasen sind die Eiweißabbauexperten. Um die Wirkung der Enzyme jederzeit im Griff zu behalten, produziert der Körper, wenn Arbeit ansteht, eine ungefährliche Vorstufe, das Proenzym. Er macht es erst scharf, wenn es gebraucht wird. Ganze Kaskaden von Kontrollmechanismen steuern die Aktivität von Enzymen und schalten sie an oder ab, ganz nach den Erfordernissen des Stoffwechsels. Ist die Aufgabe eines Enzyms erledigt, legen Inhibitoren, Antienzyme, es sofort wieder fest an die Kette.

KOHLENHYDRATE UND BALLASTSTOFFE

Der Begriff »Ballaststoffe« ist uns heute so geläufig, dass man kaum glauben mag, wie jung er noch ist. Erst in den siebziger Jahren kamen Wissenschaftler den Wirkungen der unverdaulichen Nahrungsbestandteile auf die Spur. Zu Beginn des 20. Jahrhunderts galten diese Teile des Essens als überflüssiger Ballast, von dem man annahm, dass er den Körper durch zusätzliche Verdauungsarbeit schwäche. Auch deshalb wertete man grobes dunkles Mehl und derbe Gemüsesorten wie Hülsenfrüchte und Kohl als Armeleuteessen ab. Erst nachdem englische Forscher einen Zusammenhang zwischen allzu verfeinerter Nahrung und Zivilisationskrankheiten fanden, nahmen sich auch die Ernährungsfachleute des Themas an.

Wie siamesische Zwillinge sind auch Kohlenhydrate und Ballaststoffe nur schwer voneinander zu trennen. Pflanzliche Lebensmittel enthalten immer beide gleichzeitig. Die Natur hat dafür gesorgt, dass der Mensch ursprünglich, wenn er sättigende Stärke oder süßen Zucker wollte, den Ballaststoffen nicht ausweichen konnte.

Gesundheit im Doppelpack

Kohlenhydrate und Ballaststoffe sind in pflanzlichen Lebensmitteln so eng miteinander verbunden, dass man sie nur schwer voneinander trennen kann. Pflanzen lagern Kohlenhydrate in ihren Vorratskammern, den Körnern, Knollen und Früchten, ein. So liegt etwa die Stärke stets eingebettet in einem festen Gerüst aus Pflanzenfasern und ist durchzogen von anderen unverdaulichen Stoffen, die sich im Wasser lösen. Für den Chemiker gehören dem Aufbau der Moleküle gemäß ohnehin fast alle Ballaststoffe zur großen Familie der Kohlenhydrate. Darüber hinaus gibt es Kohlenhydrate, die eigentlich gut verdaulich sind wie etwa Stärke und Milchzucker, sich aber unter bestimmten Bedingungen der Verdauung im Dünndarm entziehen, in den Dickdarm gelangen und dort in die Rolle eines Ballaststoffs schlüpfen. So bezeichnen manche Experten den Milchzucker als den Ballaststoff der Muttermilch.

Ballast erfüllt viele Aufgaben

Beim Roggen ist die Mischung aus reichlich unlöslichen Faserstoffen und einer guten Portion löslicher Ballaststoffe ideal und zeigt beim Gang zur Toilette sichtbare Folgen: Ein Gramm Roggenballaststoffe steigert die Stuhlmenge um sechs Gramm.

Unverdauliche Stoffe machen sich im Körper auf vielfältige Weise nützlich. Faserähnliche Ballaststoffe (Zellulose), die beispielsweise aus den Randschichten vom Getreide (Kleie) oder aus den Häutchen der Hülsenfrüchte stammen, nehmen Wasser auf, quellen dabei, vergrößern die Menge des Nahrungsbreis und verringern so den Druck im Darm. Sie beschleunigen die Reise der Nahrung durch den Verdauungstrakt, regen die Beweglichkeit des Dickdarms an und vergrößern am Ende die Stuhlmenge.

Pektine aus Früchten z. B. haben andere Eigenschaften. Sie lösen sich in Flüssigkeiten auf, machen diese aber dickflüssiger. Den Dünndarm beeinflussen sie anders als Faserstoffe. Sie verlangsamen den Nahrungsbreitransport, bremsen die Ausschüttung von Hormonen und Enzymen. Sie verzögern also die Verdauung, Nährstoffe gelangen langsamer ins Blut. Den Dickdarm hingegen bringen sie auf Trab, beschleunigen den Abtransport der Nahrungsreste und dienen der Darmflora als Nahrungsquelle. Eine Reihe von weiteren Ballaststoffen, sie stammen aus Algen und Getreide, helfen dem Körper, sich gegen Umweltbelastungen zu wehren. Sie nehmen Schwermetalle auf und schubsen sie beschleunigt aus dem Darm.

Der Fettstoffwechsel wird reguliert

Ist der Stuhl durch reichlich Ballaststoffe locker, sinkt die Konzentration an Enzymen, die Nahrungsbestandteile in giftige Substanzen umwandeln können. Damit wird der Anteil an Darmgiften geringer.

Auch in die Balance der Hormone und in den Fettstoffwechsel greifen Ballaststoffe regulierend ein. Haferballaststoffe beispielsweise senken den Cholesterinspiegel auf doppelte Weise: Zum einen binden sie Gallensäuren. Den Nachschub für dieses Fettverdauungsmittel baut der Körper aus Cholesterin auf und senkt so den Cholesterinspiegel im Blut. Zum anderen entstehen aus Haferballaststoffen im Dickdarm Komponenten, die die körpereigene Produktion von Cholesterin hemmen. Weil Cholesterin auch der Baustoff verschiedener Hormone ist, greifen Ballaststoffe indirekt in das Zusammenwirken dieser Botenstoffe ein. Wer viel Ballaststoffe konsumiert, hat »großen« Erfolg auf der Toilette. Bei grober Kost entsteht im Darm statt kleiner harter Kotteile ein üppiges Quantum an weichem Stuhl mit hohem Wassergehalt. Dieser Verdünnungseffekt spielt eine wichtige Rolle bei der Vorbeugung gegen Darmerkrankungen.

Ballaststoffe und ihre Wirkung

Diese – natürlich unvollständige – Übersicht überzeugt auch den Laien, dass man täglich möglichst viele unterschiedliche Ballaststofflieferanten auf den Tisch bringen muss, wenn man die gesundheitlichen Vorzüge der unverdaulichen Substanzen optimal nutzen möchte.

Lebensmittel	Ballaststoff	Effekt	Gesundheitsnutzen
Obst, vor allem Zitrusfrüchte und Äpfel, viele Gemüsesorten	Lösliche Ballaststoffe: Pektin und Quellstoffe bzw. Pflanzengummi	Machen die Aufnahme von Nährstoffen langsamer, binden Gallensäuren, füttern die Darmflora	Regulieren den Blutzuckerspiegel, senken den Cholesterinspiegel
Bohnen, Erbsen, Linsen, Kichererbsen	Unlösliche und lösliche Ballaststoffe	Machen die Aufnahme von Nährstoffen langsamer, binden Gallensäuren, füttern die Darmflora, erhöhen die Stuhlmenge, steigern die Produktion von Schutzstoffen	Regulieren den Blutzuckerspiegel, senken den Cholesterinspiegel, schützen vor Darmkrebs
Hafer und Gerste	Lösliche und unlösliche Ballaststoffe: Faser- und Schleimstoffe (Beta-Glukane)	Machen die Aufnahme von Nährstoffen langsamer, füttern die Darmflora und steigern die Produktion von Schutzstoffen	Senken den Cholesterinspiegel, schützen vor Darmkrebs
Weizen, Roggen	Etwa 70 % unlösliche und 30 % lösliche Ballaststoffe. In den Randschichten der Körner: Zellulose, Schleimstoffe und Lignane	Binden Gallensäuren, erhöhen die Stuhlmenge, verkürzen die Transitzeiten im Darm, steigern die Produktion von Schutzstoffen	Verbessern den Blutzuckerspiegel, schützen vor Darm- und Brustkrebs
Leinsamen	Unlösliche Pflanzenfasern, Quellstoffe, Lignane	Binden Gallensäuren, erhöhen die Stuhlmenge, verkürzen die Transitzeiten im Darm	Schützen vor Darm- und Brustkrebs

Hilfe für den aktiven Darm

Ballaststoffreiches Essen gilt als sicheres Mittel, den Kampf gegen steigende Darmkrebsraten, koronare Herzerkrankungen, Fettstoffwechselstörungen, Diabetes mellitus, Übergewicht und andere Zivilisationskrankheiten zu gewinnen. Trotzdem essen wir Deutschen im Durchschnitt viel zu wenig, nämlich nur etwa 20 Gramm Ballast pro Tag, mindestens 30 Gramm sollten es jedoch sein. Erst ab Mengen von 40 bis 50 Gramm Ballast pro Tag verdoppelt sich jedoch das Stuhlvolumen. Dann läuft der Transport der Nahrungsreste so schnell und reibungslos, dass man sich richtig wohl fühlt und schädliche Stoffe aus dem Darminhalt schnell genug weggeschafft werden, um den Körper nicht zu belasten.

Wie wichtig europäische Experten das Thema »Ballaststoffe« nehmen, zeigt das Forschungsprojekt PROFIBRE. 31 Arbeitsgruppen in 14 Ländern sind daran beteiligt und werden von der Europäischen Kommission gefördert.

Ballaststoffreiche Ernährungspläne

Es ist nicht ganz einfach, sich ballaststoffreich zu ernähren. Das zeigen diese Beispiele von Lebensmitteln, die man an einem Tag essen müsste, um die empfohlenen 30 bzw. 50 Gramm Ballaststoffe zu erreichen.

Tagesplan mit etwa 30 Gramm Ballaststoffen	
3 Scheiben Vollkornbrot	12,8 g
2 Scheiben Mischbrot	4,6 g
1 große Orange	4,0 g
1 Portion gekochte Nudeln (200 g)	3,8 g
1 Portion tiefgekühlte Erbsen (150 g)	8,2 g
Gesamt	*33,4 g*

Tagesplan mit etwa 50 Gramm Ballaststoffen	
1 Portion Haferflocken (50 g)	2,7 g
4 Scheiben Vollkornbrot	17,1 g
1 großer Apfel	3,7 g
1 Portion gekochte Vollkornnudeln (250 g)	13,0 g
1 Paprikaschote	6,0 g
1 Portion tiefgekühlte Erbsen (150 g)	8,2 g
Gesamt	*50,7 g*

Kohlenhydratreich essen

50 bis 60 Prozent des Kalorienetats sollte man – so raten die Ernährungsautoritäten bei uns und in vielen Ländern der Welt – in kohlenhydratreichen Lebensmitteln anlegen. Wenn wir einen täglichen Bedarf von 2000 Kilokalorien annehmen, sollen demnach 1200 Kilokalorien aus Brot, Kartoffeln, Nudeln, Obst, Hülsenfrüchten und anderen Gemüsesorten stammen.

Erst kürzlich rieten amerikanische Krebsforscher, täglich 600 bis 800 Gramm kohlenhydratreiche Nahrungsmittel zu essen und nahmen bei dieser Empfehlung auf Kaloriengrenzen keine Rücksicht (siehe auch Seite 19). Für fett- und eiweißreiche Sachen wie etwa Fleisch, Wurst, Käse, Streichfette und Süßigkeiten bleibt, richtet man sich nach diesen Empfehlungen, nur ein winzig kleines Budget übrig. Selbst für Vegetarier ist diese Art zu essen ungewohnt. Denn beim Butterbrot schlägt Streichfett und Belag meist mit viel mehr Kalorien zu Buche, als das Brot selbst, und auch Kartoffeln, Gemüse und Nudeln isst niemand gern pur. Die meisten von uns mögen sie am liebsten mit einer cremigen Sauce oder als Gratin mit einer gehaltvollen Käsekruste – dann aber stimmt die Kalorienkalkulation meist überhaupt nicht mehr!

Ein starkes Duo: Stärke und Ballaststoffe. Beide sind Kohlenhydrate und kommen in den Sattmachern unter den pflanzlichen Lebensmitteln gemeinsam vor.

Es wäre jedoch schon viel gewonnen, wenn Kohlenhydrate beim täglichen Essen wieder die Rolle spielen würden, die sie früher einmal hatten: die Hauptrolle. Denn die Dickmacher von gestern sind die Schlankheitskur von heute. Stärkereiches befriedigt länger und mit weniger Kalorien als fett- und eiweißreiche Gerichte. Heißhunger und Stimmungstiefs verschwinden bei solcher Kost von selbst.

Warum der Darm Körner liebt

Getreide ist seit Jahrtausenden als Nahrungsmittel erprobt. Der Darm hatte also alle Zeit der Welt, sich an diese Art von Nahrung anzupassen. Weizen, Reis, Roggen, Hirse, Gerste, Hafer & Co. waren für die Menschen immer schon echte Überlebensmittel. Körner sind Jahre haltbar, wenn man sie trocken lagert. Die biblische Geschichte von Josef und seinen Brüdern beruht auf diesem Zusammenhang zwischen guter Getreideernte, der Möglichkeit, die Körner zu lagern, und dem Überleben eines ganzen Volks, der Ägypter. Nur mit

Gemessen an den Zeiträumen der menschlichen Entwicklungsgeschichte sind 200 Jahre helles Mehl nur wie ein kurzer Augenblick und im Verhältnis zu mehreren tausend Jahren Vollkornküche eine erbärmlich kurze Testphase.

Getreide war Vorsorge für Hungerzeiten möglich. Erst im 19. Jahrhundert begannen Müller, die dunklen Randschichten vom vollen Getreidekorn zu trennen, damit das Mehl feiner und weißer wurde. Dieser Fortschritt in der Müllerei machte feinen Kuchen und Kekse überhaupt erst möglich und veränderte unsere gesamten Essgewohnheiten dramatisch.

Der Mensch ist ein Gewohnheitstier

Bei acht von zehn deutschen Verbrauchern – so die Marktforscher – entscheidet vor allem anderen der Geschmack über den Kauf eines Lebensmittels. Wohlschmeckend soll alles sein – und danach erst gesund. So lehnen denn auch viele Menschen ballaststoffreiche Lebensmittel ab, weil sie ungewohnt aussehen, ihnen oft schon der erste Bissen im Mund quillt oder faserig in den Zähnen sitzt.

Moralpredigten der Ernährungsberater nützen nichts. Denn Kultur und Erziehung prägen unser Verhalten. So selbstverständlich wie ein Kind seine Muttersprache lernt, gewöhnt es sich auch an die spezielle Küche seiner Heimat, seiner sozialen Gruppe, seiner Familie, und so schwierig ist eine Änderung der Gewohnheiten. Daher suchen Experten nach neuen Wegen, Ernährungsverhalten zu verändern. Die größte Chance liegt darin, vertraute Lebensmittel durch die richtige Zubereitung oder durch Zugabe von gesundheitsfördernden Komponenten zu verbessern, dabei jedoch den gewohnten Geschmack möglichst wenig zu verändern.

Deutsche Mühlen produzieren nur noch fünf Prozent Vollkornmehl. Wenn der Trend zu Weißbroten wie Ciabatta, Pita, Toast und Fladenbrot anhält, sinkt der Anteil an ballaststoffreichem Vollkornbrot demnächst noch weiter.

Stärke ist kein Dickmacher

Die eigentlich unspektakulär klingende Erkenntnis, dass stärkereiche Lebensmittel sehr gesund sind, beruht auf 20 Jahren Forschungsarbeit, vor allem in England, Skandinavien und Deutschland. Anfang der siebziger Jahre dachte man noch, dass Stärke im Dünndarm komplett verdaut würde, von den wichtigen Wirkungen der Darmflora hatte kaum jemand gehört. Aus dieser Zeit stammt der schlechte Ruf stärkereicher Lebensmittel als Sättigungsbeilage und reine Kalorienlieferanten; das schier unausrottbare Märchen von Kartoffeln und Nudeln als Dickmacher macht seit damals die Runde. Erst später stellte man fest, dass der Körper nicht alles wirklich nutzen kann, was in den Mund gesteckt wird. Von grob geschrotetem Getreide bleibt nach der Reise durch den Dünndarm viel mehr Unverdautes übrig als von feinem Mehl, weil die Verdauungssäfte die groben Partikel einfach nicht schnell genug kleinkriegen. Auch an den deftigen Schalen der Hülsenfrüchte haben die Enzyme so sehr zu knabbern, dass ein erheblicher Teil der Stärke unverdaut im Dickdarm landet.

Stärke macht nützliche Bakterien stark

Nützliche Darmbakterien, die den Dickdarm bevölkern und unsere Gesundheit fördern, sind wählerisch. Landen etwa nur die Überreste von eiweiß- und fettreichen Mahlzeiten mit viel Fleisch, Fisch, Wurst und Käse im Dickdarm, müssen sie hungern. Auch bekannte Ballaststofflieferanten wie Weizenkleie schmecken ihnen nicht sonderlich, sie können nur etwa ein Viertel davon nutzen. Die meisten freundlichen Darmbakterien brauchen zum Leben Stärke, wie sie in einfachen, preiswerten Sattmachern steckt. Wer seinen Hunger täglich mit kräftigen Portionen Kartoffeln, Nudeln, Brot, Getreidegerichten und Hülsenfrüchten stillt, füttert damit gleichzeitig auch die kleinen Freunde im Darm.

Von Resten aus Wurst, Fleisch und Käse können nützliche Darmbakterien nicht existieren, sie brauchen Pflanzenkost, um gut zu gedeihen. Schon deshalb leben Vegetarier gesünder.

Nahrung für die Darmflora

Ein Ballaststoff, der sich als Nahrung für die nützlichen Bakterien des Darms besonders gut eignet, ist die unverdauliche, so genannte Resistente Stärke. Sie wurde erst 1982 aufgespürt, als Experten bemerkten, dass sich ein Teil der ganz normalen Stärke aus Kartoffeln, Brot und Nudeln durch Kochen und Abkühlen (unter 50 °C) so verändert, dass unsere Verdauungssäfte im Dünndarm sie nicht auflösen können. Auch ungekochte Stärke (z. B. im Kartoffelmehl) und Stärkedepots, die noch unversehrt in den Vorratskammern der Pflanzenzellen liegen, bleiben für die Verdauungssäfte im Dünndarm unerreichbar. Alle diese unverdaubaren Stärkereste werden Resistente Stärke genannt, denn sie gelangen in den Dickdarm und sind dort ein gefundenes Fressen für hocherwünschte Darmbakterien. Doch leider stecken heute in der Kost des Normalbürgers pro Tag nur etwa zwei bis drei Gramm Resistenter Stärke. Dies ist zu wenig, um eine gute Grundlage für das Gedeihen der Darmbewohner zu bilden.

Resistente Stärke schmeckt man nicht

Durch Kochen und Abkühlen verändert sich Stärke so, dass unsere Verdauungssäfte sie nicht kleinkriegen. Sie wird zur Resistenten Stärke, einem Ballaststoff.

Experten halten den altbekannten Nährstoff Stärke für besonders viel versprechend, wenn es um die Vorbeugung gegen chronische Krankheiten geht. Es zeigte sich, dass in denjenigen Ländern Darmkrebs am seltensten ist, in denen am meisten Stärkereiches gegessen wird. Außerdem schmeckt ein Gericht, in dem als Ballaststoff zusätzliche unverdauliche Stärke enthalten ist, nicht anders als gewohnt. Viele Menschen würden sich zur Vorbeugung gegen Krebs und andere schleichende Erkrankungen sicher gern auf eine ballaststoffreiche Essweise umstellen, wenn der Unterschied zwischen der gewohnten und der gesunden Kost nicht zu bemerken wäre und sie auf lieb gewordene Gerichte nicht verzichten müssten.

Ruhig einmal Aufgewärmtes essen

Für gesundheitsbewusste Verbraucher heißt es deshalb: möglichst viel stärkehaltige Sachen essen, denn davon bleiben mindestens fünf Prozent, manchmal sogar rund 20 Prozent, unverdaut, so dass genug Futter übrig ist für die »Haustierchen« im Darm.

Wer den Gehalt an Resistenter Stärke in der gewohnten Nahrung zusätzlich erhöhen möchte, kocht öfter einmal die doppelte Menge Kartoffeln, Nudeln oder Getreide und wärmt sie am nächsten Tag wieder auf. Nebenbei ist das Vorkochen natürlich für viele Berufstätige ausgesprochen praktisch.

Pasta – doppelt gut

Freundliche Darmbakterien sind billige Kostgänger; sie lieben beispielsweise Nudelauflauf, Bratkartoffeln und Erbseneintopf.

Aber vor allem sollte man die stärkereichen Sattmacher in den Mittelpunkt der Mahlzeit stellen und dafür die fett- und eiweißreichen Zutaten als feine, aber kleine Beilagen servieren. Italiener machen es richtig: Sie häufen einen Berg Nudeln auf den Teller und geben nur ein, zwei Löffel Sauce und einen Löffel Parmesan dazu. Auch in Japan, Thailand oder China essen die Menschen vorbildlich: Die große Portion Reis stillt den Hunger, und eine gut gewürzte Beilage aus viel Gemüse und wenig Fleisch oder Fisch schmeichelt dem Gaumen. Nudelfans werden sich doppelt bestätigt fühlen, denn neben dem ansehnlichen Gehalt an Resistenter Stärke enthalten gekochte kalte Nudeln einen hohen Anteil an so genannter langsamer Stärke, die nur allmählich verdaut wird und dafür sorgt, dass man nach einem

Teller Nudelsalat, einem Nudelauflauf oder aufgebratenen Nudeln über längere Zeit angenehm satt bleibt. Dieser Effekt ist übrigens für Diabetiker besonders günstig, weil ihr Blutzuckerspiegel dann lange stabil bleibt.

Obst und Gemüse der Vitamine wegen immer frisch auf den Tisch bringen. Resistente Stärke entsteht allerdings nur in stärkereichen Sattmachern, wie z.B. Hülsenfrüchten.

Frisches am besten als Rohkost essen

Wer gern Hülsenfrüchte wie Erbsen oder Bohnen isst, bekommt viel Resistente Stärke mitgeliefert. Dagegen ist sie in frischem Gemüse und Obst wie etwa Kohl, Paprikaschoten und Äpfeln überhaupt nicht enthalten. Aber Früchte und Gemüse sollte man ohnehin nicht aufgewärmt, sondern lieber frisch und mindestens zum Teil sogar roh verzehren, damit Vitamine, Mineralstoffe und alle biologisch aktiven Substanzen möglichst perfekt erhalten bleiben.

Der Anteil der Ballaststoffe im Gemüse ist wegen des hohen Wassergehalts der Pflanzen mit ein bis fünf Prozent Ballast recht gering, aber durch die günstige Zusammensetzung trotzdem sehr effektvoll. Außerdem stimulieren die groben Partikel von rohem Gemüse (Salat oder Rohkost) die Darmwand wie bei einer innerlichen Massage, fördern so die Durchblutung und die Beweglichkeit des Darms. Ballaststoffe haben also auch eine rein mechanische Funktion.

Die Jahreszeiten bieten eine Fülle von Obst- und Gemüsesorten. Wer saisongerecht isst, bekommt genügend Pflanzenstoffe für einen gesunden Darm.

Rechtzeitig und reichlich trinken

Nicht alle Getränke eignen sich zur darmanregenden Flüssigkeitszufuhr. Am besten sind Mineralwässer, Obst- und Gemüsesäfte (z.B. Holunder-, Pflaumen-, Sauerkraut- und Zitronensaft) sowie Kräutertees. Ganz schlecht sind Limonaden, Kaffee, Kakao und Colagetränke.

Ausreichende Mengen Flüssigkeit sind für einen gesunden Darm mindestens so wichtig wie ballaststoffreiches Essen. Unser Durstempfinden hinkt nämlich dem effektiven Bedarf oft hinterher. Gerade wenn der Kopf abgelenkt ist, bemerken wir den Durst erst, wenn bereits ein Mangel vorliegt.

Fehlt dem Organismus Flüssigkeit, sind Kraftlosigkeit, Reizbarkeit und deutlich verlängerte Reaktionszeiten die Folgen. Bei hohen Außentemperaturen und für Leistungssportler erweisen sich Mineralwässer mit mehr als 100 Milligramm Magnesium pro Liter und einem Natrium-Kalium-Verhältnis von höchstens zehn zu eins und leicht gesalzene Gemüsesäfte als günstig, weil die enthaltenen Mineralsalze das Wasser im Körper festhalten.

Im Alltag reichen Kräutertees, wohlschmeckende Mineralwässer, Fruchtsaftschorlen oder auch einfach reines Leitungswasser, das in den meisten Gegenden bei uns ebenfalls noch von guter Trinkqualität ist. Je ballaststoffreicher Sie essen, desto mehr sollten Sie trinken. Ballaststoffe benötigen sehr viel zusätzliche Flüssigkeit zum Aufquellen – nur dann können sie wirksam dem Darm die Arbeit erleichtern und ihn beweglich machen.

Resistente Stärke – ein Schlankmacher

So ganz präzise haben die Wissenschaftler den Energiegehalt der Resistenten Stärke noch nicht herausgefunden, doch gilt als sicher, dass sie höchstens halb so viele Kalorien liefert wie die übliche leicht verdauliche Stärke oder wie Zucker, also statt vier Kilokalorien pro Gramm nur etwa zwei Kilokalorien. So müssen demnächst wohl die Kalorientabellen umgeschrieben werden. Ein weiterer Vorteil für die Figur: Lebensmittel, die reich an Resistenter Stärke sind, sättigen besonders gut und halten lange Zeit vor.

Wie viel Resistente Stärke in einem Gericht steckt, ist selbst für Experten gar nicht so einfach herauszufinden, denn dafür muss man den komplizierten Vorgang der menschlichen Verdauung im Labor genau nachvollziehen. Die Zahlen in der folgenden Tabelle sind so ermittelt worden und stammen von englischen Forschern. Bis man alle gebräuchlichen Lebensmittel auf diese Weise untersucht hat, werden wohl noch einige Jahre vergehen.

Hochwillkommen: Mikroben der Darmflora erzeugen aus Stärkeresten Stoffe, die unsere Darmschleimhaut vor krankhaften Veränderungen wie Polypen, Krebserkrankungen und chronischen Entzündungen schützen.

Resistente Stärke in Lebensmitteln

100 Gramm	Stärkegehalt	Resistente Stärke	Andere Ballaststoffe
Weißbrot	77 g	1 g	3 g
Vollkornbrot	60 g	1 g	8 g
Cornflakes	78 g	3 g	4 g
Haferflocken	65 g	2 g	5 g
Roggenknäckebrot	61 g	3 g	7 g
Kartoffeln, gekocht (heiß)	74 g	5 g	2 g
Kartoffeln, gekocht (kalt)	75 g	10 g	2 g
Kartoffelstärke (roh)	99 g	75 g	–
Weizenmehl (Type 405)	81 g	2 g	4 g
Spaghetti, gekocht	79 g	5 g	2 g
Gerste/Graupen, gekocht	73 g	9 g	4 g
Hirse, gekocht	75 g	6 g	1 g
Tiefgekühlte Erbsen, gegart	20 g	5 g	5 g
Linsen, gekocht	54 g	9 g	4 g
Weiße Bohnen, gekocht	45 g	18 g	7 g

Inulin – ein ganz besonderer Zucker

Mag unsere Darmflora Süßes?

Nein, wahrscheinlich sind die netten Mikroben in unserer Dickdarmschleimhaut nicht sehr scharf auf Süßigkeiten. Bei einem Forschungsprojekt der EU fütterte man eine Gruppe Ratten mit Zucker, die andere mit Resistenter Stärke und schaute sich dann die Darmschleimhaut genau auf Schäden hin an. Das Ergebnis: Hatten die Ratten reichlich Zucker im Futter, zeigten sich mehr Veränderungen. Andere Studien kamen zu ähnlichen Ergebnissen.

Ganz anders verhält es sich mit Milchzucker. Wer schon einmal Milchzucker pur verwendet hat, kennt meist auch den Effekt. Sind größere Mengen (z. B. ein, zwei Esslöffel) dieses leicht löslichen und nur ganz mild süß schmeckenden Pulvers im Essen enthalten, wird die Verdauung deutlich beschleunigt. Der Grund: Milchsäurebakterien lieben Milchzucker. Wenn Sie das weiße Pulver löffelweise verwenden, landet immer ein kleiner Teil unverdaut im Dickdarm und ernährt dort die Darmflora (prebiotische Wirkung). Die freundlichen Milchsäurebakterien vermehren sich dann kräftig – und damit auch die Stuhlmenge. Doch als echter Ballaststoff gilt Milchzucker deshalb noch nicht.

Wer ihn gut verträgt (siehe dazu auch Seite 102f., Laktoseintoleranz), sollte ihn ruhig beim Kochen und Backen verwenden. Er ist übrigens auch für Diabetiker gut geeignet, denn der Blutzuckerspiegel reagiert günstig auf diese Zuckerart.

Oligosaccharide sind bereits in der Muttermilch vorhanden, sie sorgen für eine gesunde Bifidusflora im Darm der Säuglinge.

Oligofruktose – Feinkost für den Bifidus

Fasziniert sind viele Forscher von der Wirkung einer anderen Gruppe von löslichen Ballaststoffen, den so genannten Mehrfachzuckern (Oligosaccharide; sprich: Oligo-Sacharide). Vor allem die Oligofruktose, ein Stoff, der aus bis zu 60 Fruchtzuckermolekülen besteht, ist bereits sehr gut erforscht. Sicher ist der Fachbegriff vielen gesundheitsbewussten Lesern gänzlich unbekannt, doch gegessen hat jeder von uns Oligofruktose bereits unzählige Male. In den großen Zuckermolekülen bewahren über 30000 Pflanzen ihre Energievorräte für die kalte Jahreszeit auf, daher ist Oligofruktose – ähnlich wie Stärke – in vielen traditionellen Lebensmitteln enthalten.

Wie kommt es, dass ein Stoff, der vollständig aus Zucker besteht, wie ein Ballaststoff wirkt? Das ist ganz einfach zu erklären: Unsere Verdauungssäfte im Dünndarm kriegen die großen Moleküle einfach nicht klein. Die Zuckerkette ist so fest geknüpft, dass sie nicht in verdauliche kleine Stücke zerlegt werden kann. So gelangen die Riesenzuckerstücke schließlich unverdaut als Ballaststoff in den Dickdarm. Dort stürzen sich in erster Linie die nützlichen Bifidusbakterien aus unserer Darmflora auf sie.

Erst kürzlich belegte ein holländischer Experte, dass Inulin die Aufnahme von Mineralstoffen wie Eisen und Kalzium aus dem Darm fördert. Das ist besonders interessant, denn unlösliche Ballaststoffe wie etwa Weizenkleie bewirken eher das Gegenteil.

Der Ballaststoff Inulin

Eine sehr gute Quelle für Oligofruktose ist Inulin. Es wird vor allem in Belgien als feines weißes Pulver aus den Wurzeln der Zichorie (Chicorée) gewonnen. Die Prozedur ist einfach – heißes Wasser genügt, um den Naturstoff aus den klein geschnittenen Knollen herauszulösen. Viele Gemüse und Getreide enthalten den in Wasser leicht löslichen und fast geschmacklosen Ballaststoff. So stecken beispielsweise in 100 Gramm Weizenmehl zwischen einem und vier Gramm Inulin, das sich übrigens auch im Brot wiederfindet, denn beim Backen geht es nicht verloren. Wer also viel Gemüse und Getreide isst, dessen Darmflora ist mit Sicherheit besser versorgt als die eines Menschen mit hohem Konsum an Fleisch, Wurst und Käse. Statistisch gesehen essen wir bereits etwa fünf bis acht Gramm Inulin pro Tag. Aber das scheint zu wenig zu sein. Rund fünf Prozent der Deutschen essen laut Umfragen niemals Gemüse, und zehn Prozent sagen, sie äßen diese wichtigen Lebensmittel nur sehr selten.

In Reinform besser verträglich

Doch auch absolute Gemüsefans können ihren Inulinkonsum kaum steigern, denn gerade die Gemüsesorten, die reichlich von dem nützlichen Ballaststoff enthalten, wie etwa Zwiebel und Topinambur, lassen sich nur schwer in größeren Mengen täglich auf den Tisch bringen, vor allem weil sie spürbar blähen. Reines Inulin verursacht – nach kurzer Eingewöhnungszeit – kaum Blähungen, denn die Bifidusbakterien, die sich vorzugsweise von diesem Ballaststoff ernähren, produzieren keine Gase. Allerdings werden Menschen, die sonst nur wenige Ballaststoffe konsumieren, anfangs bemerken, dass ihr Darm stärker gefüllt ist und sich mehr bewegt.

Ein erprobter Stoff

Tests zeigen, dass unempfindliche Menschen täglich rund 30 Gramm Inulin essen können, ohne etwas davon zu merken. Wer sensibel auf ballaststoffreiche Nahrung reagiert, kann im Schnitt immerhin noch fünf bis zehn Gramm Inulin unter sein Essen mischen – ohne dass der Darm lästige Reaktionen zeigt. Gut für die Verträglichkeit und die Wirkung von Inulin ist es, den Konsum über den Tag zu verteilen. Am besten gelingt dies, wenn man sich angewöhnt, etwas von dem löslichen Pulver unter andere gewohnte Zutaten wie etwa Müsli, Mehl, Saucenpulver oder Zucker zu mischen.

Japanische Hersteller gewinnen Oligofruktose meist aus Sojabohnen, europäische aus den Wurzeln von Chicorée.

Die Wirkung von Oligosacchariden, wie sie in Inulin enthalten sind, wurde bereits in einer ganzen Reihe von wissenschaftlichen Studien am Menschen überprüft. Das war nur möglich, weil bereits zu Beginn des Jahrhunderts bewiesen wurde, dass Inulin vollkommen ungiftig und ungefährlich ist. Es wird daher sogar für Infusionen und andere medizinische Zwecke genutzt.

So viel Inulin steckt in Gemüse und Getreide

Wer sich aus natürlichen Quellen mit dem löslichen Ballaststoff Inulin versorgen möchte, hat es nicht leicht. Denn die Lebensmittel mit hohem Gehalt an Inulin wie etwa der Knoblauch oder der Topinambur würden den meisten Menschen kaum regelmäßig in größeren Mengen schmecken.

100 Gramm	Inulingehalt in Gramm
Banane	0,3 – 0,7
Roggenkörner	0,5 – 1,0
Gerstenkörner	0,5 – 1,5
Weizenkörner	1,0 – 4,0
Zwiebeln	2,0 – 6,0
Lauch/Porree/Artischocke	3,0 – 10,0
Knoblauchzehen	9,0 – 16,0
Zichorien- bzw. Chicoréewurzel	15,0 – 20,0
Topinambur	16,0 – 20,0
Löwenzahnwurzel	12,0 – 15,0

So wirkt Inulin bei Beschwerden

- *Durchfall:* Inulin fördert nützliche Bifidusbakterien, die wiederum Durchfallerreger vertreiben.
Wirkung sichtbar ab drei bis acht Gramm
- *Verstopfung:* Inulin erhöht das Stuhlgewicht, bindet Wasser, macht den Darminhalt geschmeidig und regt die natürlichen Bewegungen des Darms an.
Wirkung sichtbar ab 3 bis 15 Gramm
- *Hoher Blutdruck:* Diastolischer Blutdruckwert sinkt leicht, der Mechanismus ist allerdings unbekannt (eventuell beruht der Effekt auf einer Entlastung der Nieren).
Wirkung sichtbar ab 3 bis 12 Gramm
- *Erhöhter Blutzucker*: Lösliche Ballaststoffe wie Inulin verzögern die Aufnahme von Kohlenhydraten aus dem Nahrungsbrei und verhindern so Blutzuckerspitzen.
Wirkung sichtbar ab vier Gramm
- *Verminderte Leberfunktion:* Es entstehen weniger leberschädliche Stoffe im Darm; so wird die Leber von ihrer schweren Entgiftungsarbeit entlastet.
Wirkung sichtbar ab drei Gramm

Inulin hilft beim Kaloriensparen. Es liefert nur etwa eine Kilokalorie pro Gramm. Zum Vergleich: Ein Gramm Fett liefert neun Kilokalorien, ein Gramm Eiweiß, Stärke oder Zucker liefert vier Kilokalorien.

Bifidus – das nützliche Bakterium

Seit fast 20 Jahren halten japanische Forscher Bifidusbakterien für die wichtigsten Bestandteile der Darmflora. Sie haben dafür gut erforschte Gründe. Etwa ein Viertel der Bakterien in der Darmflora eines gesunden Erwachsenen besteht im Durchschnitt aus Bifidusbakterien, bei einem gestillten Neugeborenen sind es 95 Prozent. Die nützlichen Mikroben können schädliche Keime wie etwa Salmonellen und Escherichia coli verdrängen, denn sie schaffen ein saures Klima im Darm, das gefährliche Fäulnisbakterien und Krankheitserreger nicht vertragen. Außerdem verfügen sie über einen chemischen Kampfstoff, beim Bifidus Bifidin genannt, der die gefährlichen Bestandteile der Darmflora (z. B. Salmonellen) zurückdrängt.

Schon ein leicht gehäufter Teelöffel Inulin (vier Gramm) pro Tag reicht aus, um die günstigen Bifidusbakterien in der Darmflora deutlich anwachsen zu lassen.

Japanische Forscher konnten bereits 1986 zeigen, dass mit dem zusätzlichen Verzehr von unverdaulichen Zuckern (Oligosacchariden) der Anteil an Bifidusbakterien in der Darmflora deutlich ansteigt. 1995 wiesen auch europäische Wissenschaftler diesen Effekt nach; sie gaben gesunden Erwachsenen täglich 15 Gramm Inulin – mit Erfolg: Der Anteil der Bifidusbakterien in der Darmflora wuchs von 17 Prozent auf rund 70 Prozent an.

Wirksam gegen Giftproduzenten

Vor allem, wenn wir regelmäßig reichlich Fettes und große Fleischportionen essen und vielleicht auch noch gern täglich Schnaps und Bier trinken, werden im Dickdarm erhebliche Mengen gesundheitsschädigender Stoffe gebildet, z. B. Ammoniak und Amine (Lebergifte), Nitrosamine, Phenole und Kresole (Krebs erregend), endogene Östrogene (als Auslöser von Brustkrebs verdächtigt), sekundäre Gallensäuren (Darmkrebsauslöser) und andere schädliche Substanzen. Wenn man bedenkt, dass unser Kot fast zur Hälfte aus Bakterien besteht, kann man sich leicht vorstellen, wie beträchtlich die Giftmengen ausfallen und wie sie über das Blut den ganzen Körper belasten. Es sind allerdings ganz bestimmte Bakteriengruppen (vor allem Escherichia coli – Kolibakterien – und Clostridien), die den Löwenanteil dieser Gifte produzieren. Doch wenn man die im Darm wohnenden Bifidusbakterien zusätzlich mit drei bis sechs Gramm Inulin täglich füttert, sinkt der Gehalt an giftigen Stoffen im Stuhl innerhalb von etwa drei Wochen um mehr als 40 Prozent – das bestätigen gleich mehrere Studien japanischer Wissenschaftler.

Fehlbesiedlung nennen es Experten, wenn sich in der Darmflora anstelle von nützlichen Milchsäure- und Bifidusbakterien schädliche Keime ausbreiten.

Nette Mikroben mögen Abwechslung

Natürlich ist es nicht der Weisheit letzter Schluss, nur eine Bakterienfamilie wie etwa die Bifidusbakterien zu füttern. Je mehr unterschiedliche Nützlinge in der Darmflora zu Hause sind, desto besser reagiert das Immunsystem. Freundliche Darmbewohner lieben nicht nur Stärke und Inulin, sondern auch andere lösliche Ballaststoffe wie etwa die aus Hafer und Gerste stammenden Schleimstoffe, von Fachleuten Beta-Glukane genannt.
Besonders reich an dieser Art von Ballaststoffen sind Haferflocken, Haferkleie, Graupen, Roggen und Müslis mit Gersten- und Haferflocken. Getrocknete Hülsenfrüchte wie etwa Erbsen, Bohnen und Linsen sind ebenfalls reich an wasserlöslichen Ballaststoffen, die als Futter für die Darmflora dienen können. Auch sie fielen den Forschern auf, weil sie bei Menschen mit gestörtem Fettstoffwechsel den Cholesterinspiegel senken, wenn man reichlich davon isst.

Bei überreichlichem Konsum von Fett, Fleisch und Alkohol gerät die Darmflora aus dem Gleichgewicht. Schädliche Bakterien produzieren dann immer mehr Gifte.

Kochen mit mehr Ballast

Tipps für den Einkauf

Ganz gleich, welche Sorte ballaststoffreicher Lebensmittel Ihnen am besten schmeckt und bekommt, essen Sie anfangs nur kleine Mengen davon, am besten unter gewohnte Speisen gemischt. So verändert sich der vertraute Geschmack kaum, und Ihre Verdauungssäfte und die Darmflora passen sich peu à peu an die neue Zusammensetzung der Mahlzeiten an. Nach einer Eingewöhnungszeit von einigen Tagen oder – je nach Empfindlichkeit – auch Wochen kann man die Mengen steigern – ohne dass der Darm lautstark protestiert.

Vielseitige Getreideflocken

Beim Stichwort »Ballaststoffe« denken die meisten von uns vielleicht an Vollkornbrot und Weizenkleie. Tatsächlich sind die Schalenbestandteile der verschiedenen Getreidesorten sehr wirksam und gut verträglich. Beim Kochen und Backen können Sie den Gehalt Ihrer Lieblingsgerichte durch die Zugabe von Getreidekleie erhöhen. Sie finden im Handel zwei Sorten mit ganz unterschiedlichen Eigenschaften: die unlösliche faserstoffreiche Weizenkleie und lösliche quellstoffreiche Haferkleie. Probieren Sie, welche Sorte zu welchem Gericht am besten passt.

Wer gern Hafer isst, hat viel Auswahl. Neben ursprünglichen Produkten wie Schrot, Flocken und Hafermehl gibt es ballaststoffreiche Spezialitäten wie Kleie und Kleieflocken und knusprige Müsliprodukte. Beim Kochen lassen sich Flocken vielseitig verwenden. Sie lockern Bouletten und Bratlinge, binden Saucen, ersetzen bei Panaden die Semmelbrösel und saugen unerwünschte Flüssigkeit auf, z. B. bei saftigen Obstkuchen oder allzu flüssigen Gemüsegerichten. Im Reformhaus und im Lebensmittelhandel gibt es neben altbekannten weizenkleiehaltigen Erzeugnissen wie Kleiebroten, -brötchen und -knäcke neue Produkte in unterschiedlichen Mischungen und – vor allem – zu ganz unterschiedlichen Preisen. Ein kritischer Blick auf die Zutatenliste schützt jedoch meist vor Fehlkäufen.

Hülsenfrüchte wie Erbsen, Bohnen, Linsen, Sojabohnen und Kichererbsen liefern fast doppelt so viel unverdauliche Fracht wie Vollkornbrot, nämlich bis zu 20 Prozent.

Öfter Hülsenfrüchte auf den Tisch

Neben Faserstoffen enthalten Hülsenfrüchte auch Inulin und Resistente Stärke, dazu kommen unverdauliche Schleimstoffe und Pflanzengummiarten. Deshalb sind Mehle aus Hülsenfrüchten eine ideale Ballaststoffquelle. Sie vereinen die ganze Palette nützlicher Ballaststoffe in sich und lassen sich nicht nur beim Kochen sondern auch beim Backen verwenden.

Darmgesundheit aus Rüben und Obst

Nicht aus Getreide, sondern aus Rüben stammen ballaststoffreiche Flocken, die etwas langsamer aufquellen und sich in Eintöpfen und in kleinen Mengen auch beim Backen gut verwenden lassen. Sie eignen sich für Getreideallergiker und sind glutenfrei. Man findet sie in Reformhäusern, allerdings manchmal nur auf Bestellung. Auch Pektin gibt es in vielen Formen: Apfelpektin als Pulver, mit Kleie gemischt und als Kautabletten, flüssiges Pektin, das sich zum Einmachen und für Desserts gut eignet. Ebenfalls ballaststoffreich sind Trockenfrüchte wie Pflaumen, Feigen, Ananas und Datteln. Es werden auch ballaststoffreiche Extrakte oder Säfte daraus angeboten.

Rezepte mit reichlich Resistenter Stärke

Auch wenn der Begriff »Resistente Stärke« noch ungewohnt ist, die Rezepte werden Ihnen kein bisschen fremd vorkommen. Vielleicht erinnern einige Sie sogar an die Küche Ihrer Eltern oder Großeltern. Das wäre kein Zufall, denn die Altvordern haben sicher in dieser Hinsicht viel vernünftiger gegessen als wir heute.

100 Gramm Haferflocken enthalten etwa fünf Gramm wasserlösliche Ballaststoffe (Beta-Glukane), Haferkleie liefert fast die doppelte Menge, nämlich neun Gramm.

Nudelsalat mit Oliven

Zutaten *(für 4 Portionen) 250 g kleine Nudeln (z. B. Hörnchen, Zöpfe) • Salz • 1 EL Olivenöl • 500 g Fleischtomaten • 100 g frische Oliven (nicht aus Dose oder Glas) • 150 g Mozzarella • 1 Bund Basilikum • 1 Knoblauchzehe • 3 EL Mayonnaise • 150 g Joghurt mit lebenden Kulturen • Pfeffer aus der Mühle*

Zubereitung Nudeln in Salzwasser knapp gar kochen und abgießen. Mit dem Öl vermischen und erkalten lassen. Die Tomaten vierteln, die Kerne herausdrücken und das Fruchtfleisch in Streifen schneiden. Die Oliven entsteinen, den abgetropften Mozzarella würfeln. Basilikum in feine Streifen schneiden, einige Blättchen zum Garnieren zurückbehalten. Knoblauch abziehen.

Mayonnaise mit Joghurt und zerdrückter Knoblauchzehe verrühren. Mit Salz und Pfeffer kräftig würzen und die Hälfte des Basilikums untermischen. Nudeln, Tomaten, Mozzarella, Oliven und restliches Basilikum in einer Schüssel mischen. Die Basilikummayonnaise darüber geben. Mit den zurückgelegten Basilikumblättchen garnieren. Den Salat sofort servieren.

Pro Portion: 458 kcal / Fett: 20 g / Ballaststoffe: 5 g

Tipp Nudelsalate wie diesen kann man in einer Plastikdose verpackt gut als Proviant mitnehmen.

Aufgewärmte Nudeln enthalten mehr Ballaststoffe als frisch gekochte. Der Grund: Beim Abkühlen entsteht Resistente Stärke, die unserer Darmflora als Nahrung dient.

Schneller Nudelauflauf

Zutaten *(für 4 Portionen) 500 g Fleischtomaten • 700 g gekochte Nudeln • 300 g tiefgekühlte Erbsen • 1 Bund Lauchzwiebeln 1 Knoblauchzehe • 200 g Crème fraîche • 100 g geriebener Käse Salz • Pfeffer aus der Mühle • 150 g Mozzarella*

Zubereitung Tomaten waschen, vierteln und die Kerne herausdrücken. Das Fruchtfleisch würfeln. Mit Nudeln, Erbsen, fein geschnittenen Lauchzwiebeln, zerdrücktem Knoblauch, Crème fraîche und geriebenem Käse vermischen.
Mit Salz und Pfeffer kräftig würzen, in eine flache ofenfeste Form geben. Mozzarella in feine Scheiben schneiden und auf den Nudeln verteilen. Im vorgeheizten Backofen bei 180 °C (Gas Stufe 2 bis 3; Umluft 160 °C) etwa 30 Minuten lang goldbraun backen.
Pro Portion: 646 kcal / Fett: 27 g / Ballaststoffe:10 g

Knoblauchspaghetti

Zutaten *(für 4 Portionen) Salz • 400 g Spaghetti • 1 EL geschmacksneutrales Öl • 1–2 getrocknete rote Chilischoten 5 Knoblauchzehen • 4–5 EL kaltgepresstes Olivenöl 1/2 Bund glatte Petersilie • einige Tropfen Zitronensaft 100 g frisch geriebener Parmesan oder Pecorino*

Zubereitung Am Vortag Wasser für die Spaghetti zum Kochen bringen und kräftig salzen. Die Nudeln darin kochen, abgießen, mit geschmacksneutralem Öl mischen und abkühlen lassen.
Am nächsten Tag Chilischoten hacken. Knoblauchzehen abziehen und blättrig schneiden. Chili und Knoblauch in einem großen Topf in Olivenöl bei mittlerer Hitze etwa 2 bis 3 Minuten lang anbraten. Fein geschnittene Petersilie und Zitronensaft untermischen und für kurze Zeit durchziehen lassen.
Die kalten Spaghetti zum scharf gewürzten Öl in den Topf geben, gründlich mischen und bei mittlerer Temperatur aufwärmen. Mit geriebenem Käse servieren.
Pro Portion: 595 kcal / Fett: 24 g / Ballaststoffe: 6 g
Tipp Noch schneller geht es in der Mikrowelle: Die Nudeln vor dem Mischen mit der Sauce 2 Minuten lang erhitzen.

Wer wenig Zeit zum Kochen hat, kann Nudeln durchaus auch einmal aufwärmen. Sie sättigen dann sogar gründlicher.

Kartoffelsalat mit Rauke

Zutaten *(für 4 Portionen) 1 kg fest kochende Kartoffeln*
Salz • Pfeffer aus der Mühle • 125 ml Brühe • 2–4 EL Weinessig
1 Bund Lauchzwiebeln • 200 g Rauke • 3 EL qualitativ hochwertiges Olivenöl

Zubereitung Die Kartoffeln waschen und in Salzwasser 20 Minuten lang kochen. Noch warm schälen und würfeln.
Salz und Pfeffer mit heißer Brühe und Essig verrühren. Die Kartoffeln in die Essigbrühe geben, beiseite stellen. Die Kartoffeln sollen die Flüssigkeit weitgehend aufsaugen.
Lauchzwiebeln putzen und in feine Ringe schneiden, Rauke waschen und in feine Streifen schneiden. Mit dem Öl zum Salat geben und gut durchmischen. Mit Salz und Pfeffer nachwürzen.
Variante: Einen säuerlichen Apfel schälen, entkernen und fein würfeln. Kurz vor dem Servieren unter den Salat mischen.
Pro Portion: 237 kcal / Fett: 9 g / Ballaststoffe: 6 g
Tipp Je nach Kartoffelsorte nimmt der Salat mehr oder weniger Flüssigkeit auf. Eventuell noch etwas Brühe untermischen.

Kartoffeln bringen im Schnitt etwa ein Fünftel unserer täglichen Ballaststoffe auf den Teller. Wenn man sie abgekühlt als Salat oder für Kartoffelplätzchen verwendet, ist ihr Gehalt an Ballaststoffen noch höher. Denn beim Erkalten entsteht Resistente Stärke, die unserer Darmflora gut tut.

Kartoffelplätzchen

Zutaten *(für 3 Portionen) 750 g mehlige Kartoffeln • Salz*
3 EL Milch • 20 g Butter • 100 g Haferflocken • 2 EL gemahlenen
Leinsamen • 1 Ei • Muskatnuss • Öl zum Braten

Zubereitung Kartoffeln schälen, klein schneiden und mit wenig Wasser und etwas Salz gar kochen. Die Kartoffeln abgießen, kurz abdampfen lassen und zerstampfen oder durchpressen und abkühlen. Milch, Butter, 2 Esslöffel Haferflocken, Leinsamen und Ei unter den erkalteten Kartoffelbrei rühren. Mit Salz und geriebener Muskatnuss abschmecken.
Plätzchen formen und in den restlichen Haferflocken wenden. Öl erhitzen und die Plätzchen darin goldbraun braten.
Pro Portion: 457 kcal / Fett: 21 g / Ballaststoffe: 9 g
Tipp Sollte der Kartoffelteig zu weich sein, mehr Haferflocken oder mehr Leinsamen unterrühren; ist er zu fest, 1 Esslöffel Milch zufügen, damit sich der Teig gut formen lässt.

Bauernfrühstück

Zutaten *(für 2 Portionen) 400 g fest kochende oder gekochte Kartoffeln vom Vortag • Salz • 2 Zwiebeln • 50 g Schinken 1 EL Öl • 1/2 TL Thymianblättchen (auch getrocknet) • 3 Eier 3 EL Milch • Pfeffer aus der Mühle • Salzgurken nach Geschmack*

Bauernfrühstück und Rösti, beliebte Varianten der Bratkartoffel, enthalten eine gute Portion Resistente Stärke und sind damit ballaststoffreicher als man denken sollte.

Zubereitung Kartoffeln mit der Schale in Salzwasser 20 Minuten lang kochen. Abkühlen lassen, schälen und in Scheiben schneiden. Zwiebeln abziehen und würfeln. Schinken in Streifen schneiden.
Öl in einer Pfanne erhitzen. Zwiebeln darin glasig dünsten, mit Thymian bestreuen und an den Pfannenrand schieben.
Kartoffeln in die Pfannenmitte geben und hellbraun braten. Schinkenstreifen untermischen und kurz erwärmen. Eier und Milch gut miteinander verquirlen, eventuell sparsam salzen und über die Kartoffel-Schinken-Mischung gießen. Mit Pfeffer aus der Mühle nach Belieben würzen und in der geschlossenen Pfanne bei mittlerer Hitze stocken lassen.
Das Bauernfrühstück wie ein Omelett auf eine vorgewärmte Platte gleiten lassen. Nach Geschmack mit Salzgurken oder anderem pikant eingelegten Sauergemüse anrichten.
Pro Portion: 380 kcal / Fett: 18 g / Ballaststoffe: 5 g

Rösti

Zutaten *(für 3 Portionen) 1 kg gekochte kalte Pellkartoffeln (fest kochende Sorte) • Salz • Pfeffer aus der Mühle 30 g Butterschmalz*

Zubereitung Die Pellkartoffeln schälen und grob raspeln. Mit Salz und Pfeffer würzen. Die Hälfte des Butterschmalzes in einer beschichteten Pfanne erhitzen. Die Kartoffeln hineingeben und gleichmäßig in der Pfanne verteilen, dabei etwas festdrücken. Von der Unterseite goldbraun und knusprig braten.
Zum Wenden die Rösti auf einen flachen Deckel oder einen großen Teller gleiten lassen, wenden und wieder in die Pfanne geben. Das restliche Butterschmalz zufügen und weiterbraten, bis die zweite Seite braun geworden ist.
Pro Portion: 281 kcal / Fett: 10 g / Ballaststoffe: 6 g

Die nussig schmeckenden Sonnenblumenkerne enthalten viele Vitamine und wertvolle ungesättigte Fettsäuren. Auch das aus ihnen gewonnene Öl ist äußerst schmackhaft und gesund.

Kartoffelnudeln mit Sonnenblumenkernen

Zutaten *(für 4 Portionen) 2 EL Sonnenblumenkerne*
750 g mehlig-fest kochende Kartoffeln • 1 Ei • 100 g Mehl
Salz • Pfeffer aus der Mühle • 2–3 EL Haferflocken
(zum Formen) • 2–3 EL Öl zum Braten

Zubereitung Sonnenblumenkerne in einer beschichteten Pfanne leicht anrösten. Die Kartoffeln durch eine Kartoffelpresse geben und mit Sonnenblumenkernen, Ei und Mehl verkneten. Mit Salz und Pfeffer abschmecken.

Den Kartoffelteig dritteln. Haferflocken auf die Arbeitsfläche geben. Aus jedem Teigstück eine etwa 2 Zentimeter dicke gleichmäßige Rolle formen, davon 3 bis 4 Zentimeter lange Stücke abschneiden. In Haferflocken wenden, dabei die Enden mit der Hand spitz formen. Öl in einer Pfanne erhitzen, Kartoffelnudeln darin rundherum goldbraun braten.

Pro Portion: 322 kcal / Fett: 11 g / Ballaststoffe: 5 g

Ein vegetarisches Hauptgericht für Berufstätige: Gekochte Kartoffeln vom Vortag verwandeln sich in weniger als 20 Minuten in eine kross gebratene Spezialität. Dazu passt eine Schüssel Salat.

Energiebällchen

Zutaten *(für 16 Stück) 125 g Butter • 150 g flüssiger Honig*
200 g getrocknete Aprikosen • 60 g Walnusskerne
100 g Sonnenblumenkerne • 300 g Weizenvollkornmehl
125 g Haferflocken • 60 g Kartoffelstärke

Die leicht gesüßten Bällchen enthalten viel Resistente Stärke, schmecken ähnlich wie Müsliriegel, sättigen intensiv und halten lange vor. Sie sind ideal als Proviant für unterwegs, beim Wandern oder beim Sport.

Zubereitung Weiche Butter mit 3 Esslöffeln Wasser und Honig mit den Quirlen des Handrührers cremig schlagen.
Aprikosen zusammen mit den Walnusskernen im Blitzhacker fein zerkleinern. Sonnenblumenkerne, 250 Gramm Mehl, Haferflocken und Kartoffelstärke mischen und mit den Aprikosen zur Buttercreme geben, gut durchmischen. Restliches Mehl auf die Arbeitsfläche geben, Teig darauf glatt kneten.
Eine Rolle formen und in 16 gleich große Stücke teilen. Aus jedem Stück eine Kugel formen, mit einem Tuch bedeckt 2 Tage lang trocknen lassen. Bis 4 Wochen haltbar, kühl lagern.
Pro Stück: 278 kcal / Fett: 13 g / Ballaststoffe: 4 g

Sandplätzchen

Zutaten *(für 35 Stück) 125 g Mehl • 125 g Kartoffelstärke*
125 g Butter oder Margarine • 60 g Puderzucker
1 Päckchen Vanillezucker • Salz • 1 Ei

Die Idee für diese köstlichen Plätzchen stammt von englischen Forschern, die die Wirkung von Resistenter Stärke prüfen wollten, ohne dass die Testpersonen etwas davon bemerkten.

Zubereitung Mehl mit Kartoffelstärke mischen. Weiches Fett, Puderzucker, Vanillezucker, 1 Prise Salz und Ei zufügen und alles mit den Knethaken des Handrührers gut vermischen.
Die krümeligen Teigzutaten auf die Arbeitsfläche geben und mit dem Händen einen glatten Teigkloß zusammendrücken. Nicht lange kneten, sonst wird der Teig brüchig und zäh.
Den Teig zu einer etwa 30 Zentimeter langen Rolle formen. Für 30 Minuten in Folie gewickelt kalt stellen. Mit einem Messer etwa 3 Millimeter dünne Scheiben von der Rolle schneiden und auf ein mit Backpapier belegtes Backblech legen.
Im vorgeheizten Backofen bei 200 °C (Gas Stufe 3 bis 4; Umluft 180 °C) backen, bis die Plätzchen hellbraune Ränder haben – das dauert je nach Ofen etwa 12 bis 15 Minuten.
Pro Stück: 61 kcal / Fett: 3 g / Ballaststoffe: 0 g

Info Weil Kartoffelstärke ohne Flüssigkeit beim Backen roh und damit unverdaulich bleibt, wirkt sie vergleichsweise wie ein Ballaststoff auf die Darmflora. So ist der Gehalt an Unverdaulichem in diesen mürben und zugleich köstlichen Plätzchen sehr hoch.

Rezepte mit Inulin

Wer gern mit Inulin kochen und backen möchte, kann diesen angenehmen Ballaststoff nicht im Supermarkt kaufen. Inulin wird vor allem als Zutat in Fertigprodukten wie etwa Joghurts, Milchdrinks oder Kaubonbons verwendet und selten pur angeboten. Doch weil dieser lösliche Ballaststoff so angenehm spurlos in vielen Gerichten und Getränken verschwindet und sich damit den ganz persönlichen Essgewohnheiten anpasst, finden Sie im Anhang eine Bezugsquelle (siehe Seite 220). So können Sie ausprobieren, wie sich das kristalline, geschmacksneutrale Pulver am besten verwenden lässt.

Béchamelsauce

Zutaten *(für 4 Portionen) 40 g Butter • 60 g feines Vollkornmehl*
1 EL Inulin • 1/2 l Milch oder Brühe • Salz • Pfeffer aus der Mühle
Muskat oder Zitronensaft

Zubereitung Die Butter schmelzen lassen, Mehl mit Inulin mischen, einstreuen und verrühren. Für 2 Minuten unter kräftigem Rühren hellgelb andünsten. Von der Kochstelle nehmen und erkalten lassen. Milch mit dem Schneebesen unterrühren. Die Sauce wieder auf den Herd stellen und aufkochen. Bei milder Hitze 10 Minuten lang kochen, zwischendurch öfter umrühren.

Mit Salz, Pfeffer und 1 Prise Muskat oder Zitronensaft abschmecken.

Pro Portion: 205 kcal / Fett: 13 g / Ballaststoffe: 5 g

Tipp Die Sauce lässt sich gut auf Vorrat zubereiten und mindestens eine Woche lang im Kühlschrank aufheben. Je nach Rezept mit Weißwein, Sherry oder trockenem Wermut verfeinern. Ideal für Gemüse-, Kartoffel- oder Nudelaufläufe. Zum Überbacken einfach geriebenen Parmesan untermischen. Geraspelten Käse wie etwa Gouda oder Emmentaler am Schluss darüber streuen.

Dies ist eine klassische Sauce, die zu fast jedem Gemüse passt und sich gut zum Gratinieren von Aufläufen eignet. Im Vergleich zu Sahne- oder Buttersaucen ist sie kalorienarm.

Brokkoli gehört zur großen Familie der Kohlgewächse. Er hat einen ansehnlichen Anteil an Ballaststoffen und leistet daher einen guten Beitrag zu gesunder Ernährung.

Brokkolikuchen

Zutaten *(für 1 Springform von 26 cm Ø; entspricht 8 Portionen)*
Teig: *125 g Butter oder Margarine • 250 g Mehl • 1/2 TL Salz*
1 Eigelb • Mehl zum Kneten ***Füllung:*** *800 g frischer Brokkoli*
(ersatzweise tiefgekühlt) • Salz • 250 g Magerquark • 1 EL Inulin
1 EL gemahlener Leinsamen • 3 Eier • 1 Eiweiß • 150 g Joghurt
Muskat • Pfeffer aus der Mühle

Durch die Zugabe von Inulin und gemahlenem Leinsamen wird der Gemüsekuchen ballaststoffreich, ohne dass man den »gesunden« Anteil auf Anhieb herausschmeckt. Wer mag, kann für den Teig Vollkornmehl nehmen.

Zubereitung Fett, Mehl, Salz, Eigelb und 2 Esslöffel kaltes Wasser in eine Schüssel geben und mit den Knethaken des Handrührers einen glatten Teig herstellen. In Folie wickeln und kalt stellen. Für die Füllung den frischen Brokkoli putzen und in kleine Stücke schneiden. Abgetropft in einen großen Topf mit kochendem Salzwasser geben und für 5 Minuten kochen lassen. In ein Sieb gießen und mit eiskaltem Wasser abbrausen. Gut abtropfen lassen und trockentupfen. (Tiefgekühltes Gemüse auftauen und klein schneiden.) Teig auf der bemehlten Arbeitsfläche ausrollen und die gefettete Form damit auslegen. Im vorgeheizten Backofen bei 200 °C (Gas Stufe 3 bis 4; Umluft 180 °C) 12 Minuten vorbacken. Quark, Inulin, Leinsamen, Eier, Eiweiß und Joghurt verrühren. Salzen, mit Muskat würzen und pfeffern. Die Creme auf den Teig geben. Brokkoli darauf verteilen. Den Kuchen in den Ofen schieben und für weitere 30 Minuten backen.
Pro Portion: 326 kcal / Fett: 18 g / Ballaststoffe: 5 g

Joghurt-Himbeer-Creme

Zutaten *(für 6 Portionen) 300 g Himbeeren • 6 Blatt weiße Gelatine • 4 Eier • 4 EL Puderzucker • 1 EL Inulin • 1 EL Zitronensaft • 2 EL Zucker • 250 g Joghurt mit lebenden Kulturen*
125 g Schlagsahne

Zubereitung Himbeeren verlesen, waschen und abtropfen lassen. Gelatine in kaltem Wasser einweichen. Eier trennen.
Die Eigelbe mit 2 Esslöffeln Wasser in eine Schüssel geben. Puderzucker und Inulin vermischen und zufügen. Mit den Quirlen des Handrührers schlagen, bis eine dicke, helle Creme entstanden ist.
Die Hälfte der Himbeeren zerdrücken, mit Zitronensaft und Zucker vermischen. Den Joghurt unterrühren. Die Gelatine abtropfen lassen und bei milder Hitze auflösen. Erst etwas von der Joghurtcreme in die Gelatine rühren, dann die Gelatinemischung in die Joghurtcreme rühren (so kann nichts gerinnen).
Die Creme kalt stellen, bis sie zu gelieren beginnt. Eiweiß und Sahne separat steif schlagen, auf die Creme häufen und mit einem Schneebesen unterziehen. Die ganzen Früchte vorsichtig unterheben.
Die Creme zum Bestreichen eines Tortenbodens verwenden oder als Dessert in Schälchen füllen und bis zum Servieren kalt stellen.
Pro Portion: 245 kcal / Fett: 12 g / Ballaststoffe: 5 g

Ideal als Tortenfüllung für den Biskuitboden (siehe Seite 54) oder einfach als feines Dessert. Schmeckt auch gut mit Erdbeeren, Pfirsichen oder Aprikosen.

Trinkschokolade

Zutaten *(für 3 Portionen) 3 TL Kakaopulver • 1 1/2 EL Zucker (ersatzweise Süßstoff) • 3 TL Inulin (etwa 12 g)*
1/2 l fettarme Milch

Zubereitung Das Kakaopulver mit Zucker und Inulin mischen. Mit 3 Esslöffeln kalter Milch glatt verrühren. Die restliche Milch in einem Topf langsam erhitzen. Das angerührte Kakaopulver in den Topf geben. Unter ständigem Rühren ganz kurz aufkochen und von der Kochstelle ziehen. Heiß oder gekühlt servieren.
Pro Portion: 122 kcal / Fett: 3 g / Ballaststoffe: 5 g
Tipp Anstelle von Kakao werden heute oft Schokopulver angeboten, die mit Zucker oder anderen Zutaten vermischt sind. Sie besitzen weniger Aroma und liefern mehr Kalorien.

Ein idealer Ballaststoff-Kalzium-Drink für Kinder und Jugendliche, der schön cremig schmeckt. Ideal für alle, die es am liebsten süß mögen und nicht gern kauen.

Rosinenkuchen

Zutaten *(für 1 Napfkuchenform von 2 l Inhalt) 200 g Butter oder Margarine • 175 g Zucker • 1 Päckchen Vanillezucker • Salz 4 Eier • 375 g Mehl • 30 g Inulin (ca. 1 1/2 EL) • 1 Päckchen Backpulver • 125 ml Milch • 250 g Rosinen*

Dieses Rührkuchenrezept ist leicht abzuwandeln: Einfach die Rosinen durch 200 Gramm Schokostreusel, gehackte Mandeln oder 100 Gramm Zitronat ersetzen.

Zubereitung Fett, Zucker, Vanillezucker und 1 Prise Salz mit den Quirlen des Handrührers schlagen, bis der Zucker nicht mehr knirscht. Die Eier unter ständigem Schlagen nach und nach zufügen. Mehl, Inulin und Backpulver mischen, zur Fett-Ei-Mischung geben und mit der Milch unterrühren. Rosinen leicht mit Mehl bestäuben, zufügen und unterrühren. Eine Form fetten, den Teig einfüllen und glatt streichen.

Im vorgeheizten Backofen bei 175 °C (Gas Stufe 2; Umluft 155 °C) etwa 50 bis 60 Minuten lang backen. Aus der Form stürzen und auf einem Gitter abkühlen lassen. Ergibt etwa 16 Stücke.

Pro Stück: 296 kcal / Fett: 13 g / Ballaststoffe: 3 g

Biskuitboden

Zutaten *(für 1 Springform von 26 cm Ø) 4 Eigelbe • 125 g Zucker 4 Eiweiße • 75 g Mehl • 40 g Speisestärke • 1 TL Inulin*

Zubereitung Eigelbe und 5 Esslöffel warmes Wasser dickschaumig schlagen und nach und nach den Zucker dazugeben. So lange weiterschlagen, bis eine dicke cremige Masse entstanden ist.

Eiweiß zu sehr steifem Eischnee schlagen, auf die Eigelbmasse geben. Mehl mit Stärke und Inulin vermischen, auf den Eischnee geben und alles mit einem Schneebesen kurz unterheben.

In eine vorbereitete Springform füllen und in den vorgeheizten Backofen schieben. Bei 200 °C (Gas Stufe 3 bis 4; Umluft 180 °C) 30 bis 35 Minuten lang backen. Ergibt etwa 12 Tortenstücke.

Wichtig: Inulin nicht in Fruchtsäfte mischen. Die darin enthaltene Säure macht den Ballaststoff schlecht verdaulich.

Ein lockerer Biskuitboden gelingt einfach nicht mit ballaststoffreichem Vollkornmehl. Dagegen verschwindet der lösliche Ballaststoff Inulin spurlos im Teig und macht ihn gesünder.

Pro Stück: 101 kcal / Fett: 2 g / Ballaststoffe: 1 g

Tipp Die Teigmenge reicht auch für 2 flache Obstkuchenbodenformen oder für 1 Biskuitrolle.

Mit frischen Himbeeren und einer Joghurtmasse (Rezept siehe Seite 53) lässt sich der Biskuitboden schnell und einfach in eine phantasievolle Himbeertorte verzaubern.

Süße Haferplätzchen

***Zutaten** (für 60 Stück)* *250 g Butter oder Margarine*
300 g Haferflocken • 100 g Haferkleie • 3 Eier • 200 g Zucker
1 Päckchen Vanillezucker • 100 g Mehl (Type 550 oder 1050)
1 TL Backpulver • 50 g kandierter Ingwer (oder Zitronat)
50 g Rosinen • 50 g Kürbiskerne

Zubereitung Das Fett in einer großen Pfanne schmelzen, Haferflocken und Haferkleie zufügen, unter stetigem Rühren hellbraun anrösten. Die Mischung abkühlen lassen.

Eier mit Zucker und Vanillezucker schaumig schlagen. Mehl mit Backpulver mischen und unterheben. Haferflocken und -kleie, fein gehackten Ingwer, Rosinen und Kürbiskerne untermischen und kurz miteinander verkneten.

Mit einem Teelöffel walnussgroße Häufchen auf ein Blech setzen. Im vorgeheizten Backofen bei 190 °C (Gas Stufe 3; Umluft 170 °C) etwa 12 bis 14 Minuten lang backen.

Pro Stück: 86 kcal / Fett: 5 g / Ballaststoffe: 1 g

Tipp Gut auch für Schulkinder als kleiner Snack in der Pause.

Kekse können gut schmecken und gleichzeitig ein Beitrag zum gesunden Essen sein. Diese Kekse liefern viele lösliche Ballaststoffe, ohne dass man es beim Essen bemerkt.

DIE DARMFLORA GESUND ERHALTEN

Bis zur Geburt ist der Darm des Menschen frei von Keimen. Doch schon in den ersten Lebensstunden besiedeln Bakterien vom Mund aus diese innere Grenze des Körpers zur Außenwelt. Jeder Säugling entwickelt dabei innerhalb des ersten Lebensjahres seine eigene individuelle Darmflora in der Schleimschicht der Darmwand. Bei gestillten Kindern wachsen dort vor allem Bifidusbakterien, die sich von den Resten der Muttermilch ernähren und ein günstiges, saures Klima im Darm schaffen, das z. B. Fäulnisvorgänge unterdrückt. Inhaltsstoffe der Muttermilch ermöglichen diese gesunde Darmflora. Sobald gestillte Kinder Kuhmilch oder Brei bekommen, verändert sich die Zusammensetzung der Keimflora und enthält weniger vom freundlichen Bifidus als vorher.

Von der Lebensgemeinschaft mit den Darmbakterien profitieren nicht nur Säuglinge, auch die Gesundheit eines jeden erwachsenen Menschen ist auf das Zusammenspiel mit den Mikroben angewiesen. Symbiose nennen Biologen solche profitablen Freundschaften zwischen zwei unterschiedlichen Arten von Lebewesen.

Wissenschaftler konnten beweisen, dass gestillte Säuglinge seltener an Blähungen, Virusinfekten, Darmerkrankungen und Durchfällen leiden als Kinder, die mit gekaufter Säuglingsnahrung ernährt werden.

Bakterien und Immunsystem

In letzter Zeit erfassen Ernährungsforscher immer neue Zusammenhänge zwischen Immunsystem und Essgewohnheiten. Ein wichtiger Teil des menschlichen Immunsystems ist im Darm, diesem unpopulärsten Teil unseres Körpers, angesiedelt.

GALT (Gut-Associated-Lymphoid-Tissues) nennen die Experten das ausgeklügelte Abwehrsystem im Lymphgewebe der Darmwand, das mit einer geschätzten Gesamtfläche von 200 Quadratmeter unseren Körper vor der Invasion von Bakterien, Pilzen und Viren aus der

Wer Eier für Eischnee, Mayonnaise oder Cremes roh verwendet und Kinder oder ältere Menschen in seinem Haushalt hat, kauft zur Vorsicht besser nur ganz frische Eier mit aufgedrucktem Legedatum.

Besprüht man Küken kurz nach dem Schlüpfen mit nützlichen Bakterien, haben Salmonellen keine Chance mehr. Küken können die schützende Flora der Mutter nur übernehmen, wenn sie mit ihr zusammenleben, was bei der Massentierhaltung nicht mehr gewährleistet ist.

Durch Probiotics – Eier ohne Salmonellen

Die Methode der Skandinavier, mit nützlichen Bakterien schädliche zu verdrängen, hat sich als wirksamer erwiesen als die Praktiken deutscher Tierexperten. Hier füttern Mäster gestresste Batteriehühner, Schweine, Rinder und Puten noch immer mit Tiernahrung, der Antibiotika beigemischt sind. Die Hersteller nennen diesen Zusatz beschönigend Leistungsförderer. Salmonellenprobleme wurden damit nicht gelöst. Doch Experten konnten beweisen, dass Krankheitserreger durch die Dauerverwendung von Antibiotika im Tierfutter resistent, also gegen Antibiotika unempfindlich werden und dass im Ernstfall keine wirksamen Medikamente mehr zur Verfügung stehen.

Wichtige Medikamente werden unwirksam

Immerhin findet man bereits bei etwa zehn Prozent der gesunden Menschen antibiotikaresistente Krankheitserreger in der Darmflora. So waren Ärzte geschockt, als sie Infektionen durch Erreger feststellten, die bereits gegen das Antibiotikum Virginiamyzin resistent waren, noch bevor man mit diesem Medikament auch nur einen einzigen Menschen behandelt hatte. Als Masthilfe war dieses Mittel schon so lange benutzt worden, dass die Bakterien im Tierkörper Zeit hatten, sich daran zu gewöhnen. Eine beängstigende Situation, wenn

man bedenkt, dass schwere Infektionskrankheiten weltweit wieder auf dem Vormarsch sind. Neue Forschungsergebnisse veranlassen Experten, den Verzicht auf Antibiotikamasthilfen immer energischer zu fordern. Sie fürchten nicht mehr kalkulierbare Risiken für die Gesundheit der Menschen.
Immerhin haben beispielsweise schwedische Behörden antibiotikahaltiges Futter zum Mästen von Tieren bereits 1986 verboten. In diesem Zusammenhang sollte auch die Verwendung von Antibiotika in Kliniken und Krankenhäusern auf den Prüfstand gestellt werden. Denn auch dort entstehen resistente Krankheitskeime.

Nützliche Milchsäurebakterien – ein alter Hut! Wir verwenden sie bereits seit Jahrtausenden, beispielsweise beim Sauerteig fürs Brotbacken, beim Einlegen von Oliven und bei der Herstellung von Käse.

Milchsäurebakterien als Probiotics

An eine einzige Gruppe von Bakterien knüpfen Ernährungsforscher heute ihre Hoffnungen, wenn es um heilsame Effekte für den Menschen geht: Sie interessieren sich fast ausschließlich für Milchsäurebakterien. Unter diesem Namen fassen Mikrobenfachleute alle Keime zusammen, die eine Eigenschaft gemeinsam haben – sie produzieren Milchsäure. Die meisten werden seit Jahrtausenden traditionell zur Herstellung von Lebensmitteln verwendet.
Mit einem Wort, sie sind eigentlich alte Bekannte und unsichtbare kleine Helfer bei der Herstellung von Joghurt, Sauerkraut und Salami, von Oliven und eingelegten Gurken. So machten z. B. noch unsere Urgroßmütter einen Teil des im Garten geernteten Gemüses haltbar, indem sie es mit Salz zum Gären brachten. Sie nutzten dabei die überall vorhandenen wilden Milchsäurebakterien, die sich ganz von selbst in den Fässern und großen Gärtöpfen niederließen.
Ist also das Thema »Probiotics« nur alter Wein in neuen Schläuchen, oder gibt es brandneue Erkenntnisse über die gesundheitlichen Wirkungen der nützlichen Bakterien? Immerhin galten Lebensmittel, die mit Hilfe von Milchsäurebakterien hergestellt werden und die lebende Kulturen dieser Mikroben enthalten, schon immer als gesundheitsfördernd. Doch das neue Wort »Probiotics« gilt heute vor allem für Bakterien aus Lebensmitteln, deren besonderer Vorzug sein soll, dass sie den schwierigen Weg durch Magen und Dünndarm lebend überstehen und dann im Dickdarm wirken.

Altes Wissen – lange vergessen

Schon zu Beginn unseres Jahrhunderts beobachtete der russische Naturwissenschaftler Elie Metschnikoff, dass bulgarische Bauern überdurchschnittlich alt wurden und dabei – wie wir heute sagen würden – topfit blieben. Weil die Bauern täglich große Mengen Joghurt aßen, schloss Metschnikoff auf einen Zusammenhang zwischen ihrer Langlebigkeit und der für die damalige Zeit ungewöhnlichen Ernährungsweise. So schrieb er bereits im Jahr 1908, dass der Mensch durch fermentierte (milchsaure) Lebensmittel, die roh gegessen werden, seit undenklichen Zeiten gigantische Mengen von Milchsäurebakterien in seinen Verdauungskanal gelangen lässt und auf diese Weise, ohne es zu wissen, die schädlichen Folgen von Verwesungsvorgängen im Darm verhindert.

Für seine Forschungen auf dem Gebiet der Immunologie erhielt Metschnikoff den Nobelpreis für Medizin, den er mit dem deutschen Bakteriologen Paul Ehrlich teilte. Obwohl er also ein angesehener Wissenschaftler seiner Zeit war, gerieten seine Erkenntnisse bei uns in Vergessenheit. Er kam wohl einfach zu früh damit. Erst mehr als 50 Jahre später, als die Forschung begann, die gesundheitlichen Wirkungen der Ballaststoffe bei der Vorbeugung gegen Darmkrebs zu erkennen, erinnerte man sich seiner Erkenntnisse.

Nützliche Bakterien halten Lebensmittel frisch. Probiotische Keime sollen lebend bis in den Darm gelangen, um dort ihre gesundheitsfördernde Wirkung zu entfalten.

Neue Erkenntnisse über die Laktobazillen

Obwohl in der Volksheilkunde vieler Länder schon seit langer Zeit auf die günstigen Wirkungen von milchsauren Produkten wie Joghurt und fermentiertem Gemüse wie etwa Sauerkraut oder Kimchi hingewiesen wird, untersuchen Wissenschaftler erst seit wenigen Jahren systematisch, was Laktobazillen (Milchsäurebakterien) für die Gesundheit tun können.

Immerhin beweisen die ersten großen Studien am Menschen, dass der regelmäßige Verzehr von Lebensmitteln mit lebenden Milchsäurebakterien einen messbaren Einfluss auf das Immunsystem hat. Wird beispielsweise Joghurt mit lebenden Kulturen gegessen, reagiert das menschliche Immunsystem prompt und produziert mehr Abwehrstoffe (IgA) als vorher. Auch andere Teile des Abwehrsystems kommen in Schwung. So werden z.B. hochaktive Zellbotenstoffe wie das Interferon gebildet und freigesetzt.

Wie Milchsäurebakterien wirken

Man weiß, dass Milchsäurebakterien bei ihrer Arbeit Stoffe produzieren, die diese Effekte verursachen. Denn das Ganze funktioniert selbst dann noch einigermaßen, wenn man milchsaure Sachen isst, in denen keine lebenden Bakterien mehr vorhanden sind. In den letzten Jahren wurden viele neue Eigenschaften der Milchsäurebakterien beobachtet. Die Experten sehen die Sache folgendermaßen. Alle Milchsäurebakterien, die in den Darm gelangen:

- Helfen beim Verdauen von Milch
- Regen das Immunsystem an
- Regenerieren die Darmflora nach der Behandlung mit Antibiotika, Strahlen- und Chemotherapie
- Regulieren die Beweglichkeit des Darms

Keine Angst: Milchsäurebakterien mutieren nicht zu Krankheitserregern. Sie sind harmlos; wir nehmen sie immer auf, wenn wir beispielsweise Milch trinken und Käse essen.

Einige Stämme können noch mehr, sie:

- Stoppen Durchfall
- Mindern das Darmkrebsrisiko
- Vertreiben Krankheitserreger

Der Schutz muss stets erneuert werden

Bei so vielen gesundheitsfördernden Eigenschaften gibt es natürlich auch einen Wermutstropfen: Die Wirkung der nützlichen Bakterien lässt schnell wieder nach, wenn man keine fermentierten (milchsauren) Lebensmittel mehr isst. Der Schutz bestimmter Bakterien hält wahrscheinlich nur für Stunden und Tage an; andere Stämme sollen – so wird berichtet – noch ein, zwei Wochen nach der letzten Mahlzeit im Stuhl auftauchen und daher eine längere Wirkungszeit besitzen. Doch eines ist sicher: Wer seine Darmflora auf Dauer günstig beeinflussen möchte, muss generell ballaststoffreich essen (siehe dazu Seite 28ff.), denn nur dann bekommen die nützlichen Mikroben im Darm auch genügend Futter.

Viel versprechend – die neuen Joghurts

Das bekannteste milchsaure Lebensmittel der Welt ist wahrscheinlich der Joghurt. Er entsteht, wenn man bestimmten Milchsäurebakterien (Streptococcus thermophilus und Lactobacillus bulgaricus) Zeit genug lässt, die Milch bei Temperaturen von 42 bis 44 °C in eine

aromatisch säuerliche Spezialität zu verwandeln. Kaum eine Warengruppe ist in den letzten 20 Jahren so sehr in Mode gekommen wie Joghurt und ähnliche Sauermilchspezialitäten. Ihr größter gemeinsamer Vorzug ist wohl, dass sie auch von solchen Menschen konsumiert werden, die kaum jemals ein Glas Milch trinken würden.
Seit einiger Zeit werben die Hersteller von Joghurt und Milchdrinks mit den gesundheitsfördernden Wirkungen von speziellen Bakterienkulturen. Diese in Japan schon seit 60 Jahren beliebten fermentierten Milchprodukte sind jetzt auch bei uns in den Kühlregalen zu finden. Weil die meisten dieser Fabrikate gut schmecken und den Gesundheitseffekt sozusagen nebenher versprechen, hat sich für die Hersteller daraus ein profitables Geschäft entwickelt. Der beworbene Vorteil der zugesetzten Bakterien: Sie sollen die Reise durch das menschliche Verdauungssystem bis zum Dickdarm zu einem großen Teil unbeschädigt überstehen. Einige Stämme sollen sich dort sogar für kurze Zeit ansiedeln. Inzwischen preist fast jeder größere Joghurtfabrikant sein ganz spezielles probiotisches Milchprodukt an. Was aber steckt tatsächlich in den verlockenden Gläsern, Plastikbechern und Trinkampullen?

Bei Tests der Bundesforschungsanstalt in Karlsruhe waren nach Ablauf des Mindesthaltbarkeitsdatums in fast allen untersuchten Produkten noch genügend Bakterien enthalten, um wirksam sein zu können.

Darmbakterien in der Milch

Neben üblichen Zutaten wie Milch, traditionellen Joghurtkulturen und Geschmackszutaten kommen Bakterienstämme ins Produkt, die ursprünglich aus dem menschlichen Verdauungstrakt stammen. Das klingt nicht sonderlich appetitanregend und wird daher auch gern verschwiegen. Aber man geht davon aus, dass Keime aus der Darmflora am besten an das Klima in unserem Körperinneren angepasst sind. Sie sollen ja, wenn sie den schwierigen Weg durch Magen und Dünndarm lebend überstanden haben, im Dickdarm ihre Wirkung tun und das Immunsystem unterstützen.
Da aber Milch nicht unbedingt den besten Nährboden für Darmbakterien bildet, ist keineswegs sicher, dass sich am Ende der Mindesthaltbarkeit noch genügend lebende Exemplare im Milchprodukt finden. In Deutschland gibt es bisher keine Regelung, in anderen europäischen Ländern schreibt das Gesetz bei probiotischen Produkten bereits vor, dass auch am Ende des Haltbarkeitsdatums noch eine bestimmte Menge von lebenden Keimen vorhanden sein muss.

Probiotische Keime – die Qual der Wahl

Die meisten Forschungsergebnisse stammen aus Tierversuchen und Experimenten mit Zellkulturen. Weil fast alle Ergebnisse in die gleiche Richtung weisen, halten auch kritische Experten den positiven Einfluss der Milchsäurebakterien auf die Gesundheit für sehr wahrscheinlich. Wie stark die Wirkung jedoch ist und ob die neuerdings rege beworbenen Mikroben wirklich nützlicher sind als die Keime traditioneller Sauermilcherzeugnisse oder milchsaurer Gemüse, wird sich noch herausstellen. Von der Europäischen Kommission beauftragte Wissenschaftler überprüfen zur Zeit immerhin 300 Laktobazillusstämme, um herauszufinden, welche davon die besten gesundheitlichen Wirkungen aufweisen und beispielsweise den Cholesterinspiegel senken oder einen besonderen Schutz gegen Krebserkrankungen verleihen.

Italienische Forscher fanden bereits viel versprechende probiotische Milchsäurebakterienstämme in traditionellen Joghurtsorten. Als Forscher der Universität Hohenheim 63 Bakterienstämme aus Rohwürsten (wie etwa Salami), Sauerteig, asiatischen Fischsaucen und gärenden Früchten durch eine simulierte Magen-Darm-Passage schickten, zeigte sich, dass überraschend viele davon das Bad in den aggressiven Verdauungssäften überlebten und unbeschadet im Dickdarm landeten. Einige dieser Bakterien konnten im Reagenzglas sogar schädlichen Kolibakterien den Garaus machen.

Probiotische Bakterien aus Milchprodukten entfalten ihre positiven Wirkungen nur für kurze Zeit. Das ist auch gut so, denn sonst könnten sie das empfindliche Gleichgewicht der Darmflora stören.

Ergebnisse stammen aus Laborversuchen

Die meisten Beobachtungen, wie probiotische Keime wirken und was sie für die Gesundheit des Menschen tun können, stammen aus dem Reagenzglas, also aus reinen Laborversuchen, oder aber aus Tierexperimenten. Die Angaben sind also mit Vorsicht zu genießen, denn am lebenden Menschen können bis heute nur wenige Effekte studiert werden, und Ergebnisse sind daher nicht ohne weiteres übertragbar. Viele Hersteller von Milchprodukten verwenden für ihre probiotischen Kulturen statt der exakten wissenschaftlichen Bezeichnung hübsche Markennamen, die sich in der Werbung gut machen. Damit Sie beim Einkauf die Produkte leichter vergleichen können, werden in der Übersichtstabelle (siehe folgende Seite) die auf der Verpackung angegebenen Namen in Klammern angegeben.

Die Wirkstoffe probiotischer Keime	
Lactobacillus casei »Goldin und Gorbach«/ LGG (»Vifit«)	• Nur zehn Prozent der Keime überleben den Weg bis zum Darm • Sie können sich im Darm ansiedeln • Sie können schädliche Keime hemmen und Durchfälle verkürzen • Sie senken den Gehalt an schädlichen Substanzen im Darm • Sie stärken die Abwehrkräfte beim Menschen
Lactobacillus acidophilus/ LA1 (»LC1«)	• 40 Prozent der Keime überleben den Weg bis zum Darm • Sie können sich für kurze Zeit im Darm ansiedeln • Sie können schädliche Keime zurückdrängen • Sie stärken die Abwehrkräfte beim Menschen
Lactobacillus casei actimel (»Actimel«)	• Nur zehn Prozent der Keime überleben den Weg bis zum Darm • Sie bremsen Durchfälle, vor allem bei Kindern • Sie stärken die Abwehrkräfte
Lactobacillus casei Shirota (»Yakult«)	• Die Keime überleben den Weg bis in den Darm gut • Sie können sich für kurze Zeit im Darm ansiedeln • Sie bremsen Durchfälle, vor allem bei Kindern • Sie können schädliche Keime zurückdrängen • Entsprechende Produkte sind seit 60 Jahren in Japan erprobt
Bifidus bacterium longum BB536 (»Procult3«)	• Die Keime überleben den Weg bis zum Darm gut • Sie können schädliche Keime zurückdrängen • Sie bremsen Durchfälle, vor allem bei Kindern • Sie regenerieren die Darmflora nach Strahlen- und Antibiotikabehandlungen • Sie stärken die Abwehrkräfte • Sie besitzen Antikrebswirkungen
Lactobacillus lactis L1A (in allen Sauermilchkulturen)	• Die Keime überleben den Weg bis zum Darm gut • Sie können sich für kurze Zeit im Darm ansiedeln • Sie besitzen Antikrebswirkungen; das zeigten Versuche mit Tieren und am Menschen

Nur gesund – oder noch gesünder?

Die Frage vieler Verbraucher, ob probiotische Joghurts und Milchdrinks auch halten, was die Hersteller versprechen, ist noch nicht beantwortet. Vor allem, weil die in der nebenstehenden Übersicht gezeigten Effekte meist im Labor und bei Tierversuchen beobachtet wurden. Dazu kommt die Frage nach der Menge. Wie viel Joghurt muss ich essen, damit ich all die Wirkungen bekomme? Wenn unser Immunsystem erst ab – sagen wir – zwei Kilogramm Joghurt pro Tag reagieren würde, könnte man die Sache vergessen.

Leider weiß bis heute noch niemand, wie viele Millionen oder Milliarden lebende Exemplare der probiotischen Keime in den menschlichen Darm gelangen müssen, um dort so gut zu wirken wie im Labor oder im Tierversuch. Und weil wir auch nie so genau wissen, wie viele der nützlichen Keime in einem gerade gekauften Joghurt überhaupt vorhanden sind, ist die Wirkung für den Käufer nicht zu kalkulieren. Darüber hinaus scheinen auch andere Milchsäurebakterien Gutes zu tun (wie man in der Tabelle am Lactobacillus lactis sehen kann). Also: Joghurt mit lebenden Kulturen ist mit Sicherheit gesund. Probiotischer Joghurt ist vielleicht noch ein kleines bisschen gesünder. Vielleicht!

Wer seine Darmflora stärken möchte, kauft Naturjoghurt. Lohnend ist auch der Versuch, Joghurt selbst zu machen. Starterkulturen mit Joghurtbazillen bekommt man im Reformhaus.

Wertvolle alte Kulturen

Die meisten Joghurthersteller verwenden heute Bakterien, deren Eigenschaften sie genau kennen. Sie legen z.B. besonderen Wert auf eine milde Säuerung, eine dickliche Beschaffenheit und ein ausgeprägtes Aroma. Meist werden ihnen diese Bakterien von Spezialfirmen gefriergetrocknet oder tiefgekühlt als so genannte Starterkultur geliefert. Der Hersteller muss die Mikroben dann nur noch in die angewärmte Milch rühren und warten, bis der Joghurt fertig ist.

Glücklicherweise gibt es auch noch Milchfirmen, die ihre eigenen Milchsäurebakterienkulturen pflegen und selbst weitervermehren. In solchen traditionell hergestellten Joghurts wurden viel versprechende Bakterienstämme mit probiotischen Eigenschaften gefunden.

Milchsäurebakterien gelten – ganz gleich ob probiotisch oder nicht – fast alle als komplett harmlos. Selbst wenn man das Gesundheitsbewusstsein maßlos übertreiben würde und regelmäßig pfundweise Joghurt mit einer probiotischen Spezialkultur essen sollte, braucht

Ballaststoffe, die probiotischen Darmbakterien als Nahrung dienen können, nennen englische Experten Prebiotics oder Fermentables, auf deutsch: Vergärbares. Symbiotics sind Joghurts mit löslichen Ballaststoffen.

man keine negativen Folgen für seine Gesundheit zu befürchten. Es blieben sehr wahrscheinlich nicht genügend Keime übrig, um die Verhältnisse im Darm gravierend zu verändern. Es könnte sich höchstens eine Ökonische bilden, in der diese Keime überleben.

Probiotics – Prebiotics – Symbiotics

Führende Wissenschaftler meinen, nicht nur lebende Bakterien wie etwa die aus dem Joghurt brächten einen Vorteil, sondern es wäre ebenso wichtig, die bereits im Darm vorhandenen »guten« Mikroben so gut zu füttern, dass sie sich kräftig vermehren. Passende Verpflegung in Form von löslichen Ballaststoffen, Prebiotics genannt, soll deshalb reichlich im Essen vorhanden sein. Das ist auch der Grund, warum bereits einige Joghurthersteller Ballaststoffe in ihre Produkte mischen. Allerdings sind die Mengen sehr gering.

Ein Beispiel: 100 Gramm eines Milchdrinks enthalten 0,4 Gramm vom löslichen Ballaststoff Inulin (siehe Seite 38ff.), also eine winzige Menge, von der man nicht allzu große Wirkung erwarten darf. Natürlich kann es nicht schaden, beides zu tun, oft milchsaure Lebensmittel auf den Tisch zu bringen und mehr Ballaststoffreiches zu essen. Auch für diese vernünftige Kombination gibt es bereits ein mondänes Schlagwort: Symbiotics nennen es die Mikrobenforscher.

Ob probiotische Joghurts tatsächlich all das halten, was sie versprechen, ist noch nicht geklärt. In jedem Fall aber schmecken sie gut und lassen sich beispielsweise mit Obst zu leichten und belebenden Zwischenmahlzeiten kombinieren.

Positive Effekte durch Probiotics

Viele Beschwerden werden – darauf deutet vieles hin – durch probiotische Bakterien günstig beeinflusst. Beispielsweise konnte man bei folgenden Krankheiten positive Wirkungen beobachten:

- Durchfallerkrankungen
- Verstopfung
- Entzündungen im Magen- und Darmtrakt
- Übersäuertem Magen
- Hohem Cholesterinspiegel
- Hautproblemen
- Anfälligkeit für Infektionen

Milchsaures Gemüse

Milchsaure Gemüse werden in fast allen Ländern der Erde gegessen. Deutsche und Elsässer lieben ihr Sauerkraut, Engländer schwören auf Mixed Pickles, Polen und Russen auf hausgemachte Salzgurken. Koreaner mögen ihren Sauerkohl Kimchi schon zum Frühstück, und die Völker des Mittelmeerraums essen fast täglich Oliven. Bei all diesen Spezialitäten sind Milchsäurebakterien am Werk. Sie verleihen das spezielle Aroma, vertreiben Fäulnisbakterien und Pilze und machen die Gemüse durch Milchsäure haltbar.

80 bis 90 Prozent unserer jährlichen Weißkohlernte wandert mit Salz ins Krautfass und vergärt dort zu aromatischem und lang haltbarem Sauerkraut.

So gesund wie Joghurt

Nicht nur die Keime aus dem Joghurt, auch Milchsäurebakterien aus fermentierten Gemüsen, naturgereifter Wurst und anderen Lebensmitteln tun unserer Darmflora gut. Zwar haben sich viel mehr Wissenschaftler mit Milchprodukten befasst als mit anderen fermentierten Lebensmitteln, doch der Grund dafür liegt vor allem in der Finanzkraft der Molkereiindustrie, die es sich leisten kann, viel Geld in die Forschung zu stecken. Gemüsebauern und Sauerkrauthersteller sind allein auf staatliche Forschung angewiesen; ihnen fehlt die Lobby. Dennoch kommen jetzt zunehmend mehr Hinweise darauf, dass fast jedes fermentierte Lebensmittel, in dem noch lebende Milchsäurebakterien vorhanden sind, probiotische Eigenschaften besitzt. Viele der seit Jahrzehnten benutzten Helfer beim Haltbarmachen von Lebensmitteln überstehen den Weg bis in den Dickdarm lebend. Auch sie stimulieren dort das Immunsystem und helfen durch ihre Produktion von Milchsäure effektiv dabei, Fäulnisvorgänge im Darm zu verhindern.

Eine uralte Methode

Wer Gemüse durch Milchsäurebakterien haltbar machen will, bedient sich einer uralten Methode. Meist wird Gemüse für den Gärvorgang erst einmal zerkleinert oder gestoßen und gesalzen. Den Rest der Arbeit übernehmen die Mikroben. Beim Sauerkraut z.B. entwickelt sich immer erst eine Mischflora aus Bakterien, Schimmelpilzen und Hefen. Nach einigen Tagen übernehmen dann die Milchsäurebakterien das Kommando, sorgen für das säuerlich-würzige Aroma und machen die harten Blätter des Kohls mürbe.

Milchsaure Gemüse sollte man möglichst roh essen. Beim Garen sterben die nützlichen Milchsäurebakterien ab, und ein Teil der günstigen Wirkung geht verloren.

Wer z.B. gern Oliven isst, kann ganz nebenher etwas für die Gesundheit tun. Denn auch die würzig-pikanten Mittelmeerfrüchte gehören in die Gruppe der fermentierten, also milchsauren Lebensmittel. Bevor allerdings Milchsäurebakterien innerhalb von zwei bis drei Monaten das knochenharte Fleisch der Früchte mürbe machen und ihr typisches Aroma hervorbringen können, müssen die Oliven in ein Laugenbad, das einen Bitterstoff entfernt. Ohne diese Vorbehandlung würde die milchsaure Gärung nicht gelingen. Am besten sind Oliven frisch aus dem Fass. Sie werden heute fast nur auf Wochenmärkten und in Gemüsegeschäften angeboten, die von Südeuropäern geführt werden. In konservierten Früchten aus Gläsern und Dosen sind keine lebenden Milchsäurebakterien mehr enthalten.

Milchsaure Gurken

Oft werden sie auch Salzgurken oder einfach saure Gurken genannt. Für diese Art, Gurken über das Jahr bis zu nächsten Ernte zu konservieren, gibt es noch in vielen Familien sorgsam gehütete Rezepte. Die Methode ist jedoch letztlich immer gleich: Makellose kleine Gurken lässt man in einer Salzlake mit Gewürzen, vor allem Dill, so lange stehen, bis sich genügend Milchsäurebakterien eingefunden haben, um andere Mikroben wie etwa Pilze und Fäulnisbakterien zu vertreiben. Im Haushalt geht die Sache allerdings häufig genug schief, ohne dass man genau wüsste, warum: Die Gurken sind nach der Gärung weich, schleimig oder haben die Farbe verloren. Beim Einkauf sollte man nachfragen, ob es sich wirklich um echte Salzgurken handelt. Laut Gesetz dürfen bei ihrer Herstellung weder Essig noch künstliche Milchsäure oder Konservierungsmittel verwendet werden.

Milchsaure Rohkost

Man muss nicht unbedingt alles selbst machen, einige milchsaure Lebensmittel kann man in guter Qualität kaufen. Doch beim milchsauren Gemüse bietet der Markt keine große Auswahl. Sauerkraut schmeckt zwar prima, doch wer mag es schon häufiger als einmal die Woche essen? Andere Sorten werden bei uns kaum angeboten. Frische Salate mit Essigsaucen dagegen stehen in vielen Haushalten täglich auf dem Tisch. Es wäre also nur ein kleiner Schritt, auf milchsaure Rohkostsalate umzusteigen – wenn es sie gäbe. Leider kriegt man so gut wie nie köstliche milchsaure Möhren oder würzigen milchsauren Fenchel, denn lebende Milchsäurebakterien lassen sich nicht in Dosen oder Gläser einsperren und für Monate in ein Supermarktregal stellen. Da hilft nur eines: selbst machen!

Obwohl in den Rezepten Milchzucker als Zutat auftaucht, vertragen Menschen mit Laktasemangel (Laktoseintoleranz) das milchsaure Gemüse problemlos. Der Grund: Die Milchsäurebakterien vergären den zugefügten Milchzucker und versorgen den Darm zusätzlich mit dem notwendigen Enzym, so dass es keine Verdauungsstörungen gibt.

Milchsaures macht wenig Mühe

Für milchsaures Gemüse müssen Sie nicht viel mehr arbeiten als für einen konventionellen Rohkostsalat, haben aber dann, wenn es einmal schnell gehen muss, aus dem Vorrat in Minuten einen wohlschmeckenden Salat fertig.

Das Gemüse kommt zum Gären in so genannte Twist-off-Gläser und wird mit einer Mischung aus Salzwasser und Milchzucker übergossen. Nach spätestens einer Woche Wartezeit schmeckt das Gemüse säuerlich pikant und kann gegessen werden. Sie können es dann noch mindestens vier Wochen lang im Kühlschrank aufheben. Das fertige milchsaure Gemüse schmeckt wunderbar, wenn Sie es abgetropft mit einer Salatsauce anrichten. Meist reicht es aber schon, einige Tropfen gutes kaltgepresstes Öl darüber zu träufeln und mit etwas frischem Pfeffer nachzuwürzen. Dabei gibt die Milchsäure eine prickelnd frische mildsaure Note und ersetzt so die Zugabe von Essig.

Sauerkraut für den Start

Kräftig gewürzter milchsaurer Chinakohl kommt dem koreanischen Sauergemüse Kimchi nahe. Er schmeckt gut als Beilage zu milden Reisgerichten, cremigen Suppen oder einfach zum Butterbrot. Wer es gern exotisch mag, gibt noch einige Tropfen Sesamöl darüber.

Früher ließ man das Gemüse mit Salzlake bedeckt einfach so lange stehen, bis sich genügend wilde Milchsäurebakterien aus der Umgebung darin niederließen und nach und nach andere Bakterienarten durch ihre Säure vertrieben. Doch ob dabei ein wohlschmeckendes, frisch säuerliches Gemüse entstand, ob eine muffige Angelegenheit daraus wurde oder ob Schimmel das Ganze am Ende mit einer weißlichen Schicht überzog, war mehr oder weniger Glücksache. Profis verwenden deshalb heute so genannte Starterkulturen. Das sind – ähnlich wie etwa bei der Backhefe – speziell für diesen Zweck gezüchtete Bakterien. Die Starterkulturen garantieren eine stabile Gärung und entscheiden über den guten Geschmack. Weil es für den privaten Haushalt noch keine solche Starterkulturen gibt, kann man sich damit behelfen, gekauftes frisches Sauerkraut vom Fass, das die gewünschten Bakterien in ausreichender Menge enthält, als Starter zu verwenden. Frisches Sauerkraut wird in Gemüseläden und im Reformhaus verkauft. Je besser das Sauerkraut, desto besser auch der Geschmack des Gemüses. Sauerkraut, das beim Kauf schon leicht käsig riecht oder beim genauen Hinschauen Schimmelspuren zeigt, verdirbt den Ansatz. Damit sich die Bakterien von Anfang an wohl fühlen, sich schnell vermehren und sofort mit ihrer Arbeit beginnen, gibt man ihnen (ähnlich wie beim Vorteig für Hefe) etwas Futter in die Aufgussflüssigkeit. Weil Milchsäurebakterien ganz im Gegensatz zu Hefe- und Schimmelpilzen gern Milchzucker mögen, kommt anstelle von Zucker ein Löffel Milchzucker in die Salzlake.

Grundrezept für milchsaures Gemüse

***Zutaten** zum Einlegen (für 3 Gläser à 500 ml)*

20 g Salz (1 gehäufter EL) • 20 g Milchzucker (1 gehäufter EL)

20–30 g frisches unerhitztes Sauerkraut (Dosenware ist ungeeignet)

ca. 1 kg Gemüse

Zubereitung 1 Liter Wasser mit Salz und Milchzucker aufkochen und lauwarm abkühlen lassen. Gläser gründlich heiß spülen und abtrocknen. Das Sauerkraut in die 3 Gläser verteilen.

Das Gemüse gründlich waschen und putzen, alle unansehnlichen Stellen sorgfältig entfernen. Je nach Sorte grob raspeln oder in feine

Scheiben schneiden. So in die Gläser füllen, dass oben für die Gärung etwas Platz bleibt. Mit der erkalteten Salz-Milchzucker-Lake übergießen. Den Deckel nicht zu fest aufschrauben, damit Luft entweichen kann. Das Gemüse auf einem Untersatz bei Zimmertemperatur 4 bis 7 Tage lang stehen lassen. Eventuell noch etwas von der Flüssigkeit nachfüllen, falls das Gemüse nicht mehr bedeckt ist. Wenn in den Gläsern kleine Luftblasen aufsteigen und ein leise blubberndes Geräusch zu hören ist, gelingt die Gärung.
Tipp Geeignete Gemüse zum Selbsteinlegen sind z.B. Möhren, Rettich, weiße Rüben, Steckrüben, Rote Bete, Chinakohl oder Fenchel. Mit eingelegte Gewürze wie frische Ingwerwurzel, Chilischoten, Knoblauchzehen, Kardamomkapseln, Gewürznelken oder ein kleines Stück unbehandelte Zitronenschale ergeben interessante Geschmacksvarianten von mild-würzig bis feurig-exotisch.

Rezepte mit milchsaurem Gemüse

Wenn Sie den bisherigen Informationen gefolgt sind, fragen Sie sich vielleicht: Wie sieht das Ganze nun praktisch aus? Auf den nächsten Seiten ist für jeden Geschmack etwas dabei. Werfen Sie aber auch Ihre Lieblingsrezepte nicht weg, sondern ergänzen Sie sie. So sind die folgenden Rezepte jedenfalls gemeint, sie sollen Ihnen Anregungen geben und Ihr Repertoire erweitern, Sie aber keineswegs in ein Diätregime einzwängen.

Milchsaures muss nicht immer nur in Form von Sauerkraut oder eingelegten Gurken auf den Tisch kommen. Rohkost mit milchsaurem Gemüse tut dem Darm gut und versorgt den Organismus mit reichlich Vitaminen.

Apfel-Möhren-Rohkost

Zutaten *(für 4 Portionen) 2–3 Äpfel • 1 Glas milchsaure Möhren (500 g) • 2 EL kaltgepresstes Sonnenblumen- oder Walnussöl 2 EL Sonnenblumenkerne • 125 g Joghurt mit lebenden Kulturen*

Zubereitung Die Äpfel schälen, die Kerngehäuse herausschneiden und das Fruchtfleisch grob raspeln. Die Möhren leicht abgetropft gut mit den Äpfeln vermischen. Öl unterheben und den Salat mit Sonnenblumenkernen bestreut anrichten. Auf jede Portion jeweils 1 Klacks Joghurt geben.
Pro Portion: 163 kcal / Fett: 11 g / Ballaststoffe: 4 g

Zwiebelsalat mit Orangen

***Zutaten** (für 4 Portionen) 3 Orangen • 150 g abgetropfte milchsaure Zwiebeln • Pfeffer aus der Mühle • 1 TL milder Senf • Zucker Salz und Zitronensaft nach Belieben • 3 EL Öl*

Milchsaure Zwiebeln sind eine herzhafte Beigabe zu belegten Broten oder zu gebratenem Fisch. Sie schmecken aber auch gut anstelle von frischen Zwiebeln in gemischten Salaten und Saucen für Blattsalate.

Zubereitung Orangen schälen, in dünne Scheiben schneiden und auf einer Platte anrichten. Die Zwiebeln darauf verteilen und pfeffern. Für das Dressing 1 Esslöffel von der Einlegeflüssigkeit der Zwiebeln mit Senf und 1 Prise Zucker verrühren, eventuell mit Salz und Zitronensaft abschmecken. Öl unterschlagen und über den Salat verteilen.
Pro Portion: 128 kcal / Fett: 9 g / Ballaststoffe: 2 g

Gurkensalat mit Roter Bete

***Zutaten** (für 4 Portionen) 1 Salatgurke • 1 Glas milchsaure Rote Bete • 150 g Joghurt mit lebenden Kulturen • 1 EL Öl 1–2 TL geriebener Meerrettich • Salz • Pfeffer aus der Mühle Zucker*

Zubereitung Salatgurke schälen und würfeln. Leicht abgetropfte Rote Bete untermischen. Joghurt mit Öl und Meerrettich verrühren, mit Salz, Pfeffer und 1 Prise Zucker kräftig würzen. Salat auf Tellern anrichten und auf jede Portion 1 dicken Klacks Joghurtsauce geben.
Pro Portion: 97 kcal / Fett: 5 g / Ballaststoffe: 3 g

Fenchelsalat mit Birnen

***Zutaten** (für 4 Portionen) 2–3 Birnen • 1 Glas milchsaurer Fenchel • 50 g Feldsalat oder andere Salatblätter • 1 TL Honig oder Ahornsirup • 1 TL Senf • 2 EL Öl • Salz • Pfeffer aus der Mühle 2 EL Kürbiskerne*

Zubereitung Birnen schälen, die Kerngehäuse entfernen und das Fruchtfleisch in Spalten schneiden. Sofort mit abgetropftem Fenchel vermischen, damit es nicht braun wird. Salat waschen, verlesen und untermischen. Honig oder Sirup mit 1 Esslöffel Fenchelflüssigkeit und Senf verrühren, mit Salz und Pfeffer würzen. Öl unterschlagen. Sauce über den Salat geben und mit Kürbiskernen bestreuen.
Pro Portion: 171 kcal / Fett: 10 g / Ballaststoffe: 7 g

Schutzstoffe aus der Darmflora

Noch in den achtziger Jahren meinten Experten, dass der Dünndarm alle Nährstoffe aus dem Speisebrei herausfilterte und der Dickdarm ausschließlich eine Art körpereigene Kompostieranlage sei. Man glaubte, dort würden die bereits ausgelaugten Speisereste nur noch von Bakterien zersetzt, eingedickt und ausgeschieden. Tatsächlich jedoch zeigt sich heute, dass im Dickdarm mit seiner lebendigen Darmflora Stoffe produziert werden, die für unsere Gesundheit unentbehrlich sind und uns vor Zivilisationskrankheiten schützen.

Früher glaubte man, Gifte in der Nahrung lösen Darmkrebs aus. Heute weiß man, dass es der Mangel an Schutzstoffen ist.

Helfer gegen viele Krankheiten

Als 1971 der englische Forscher Denis Burkitt zum ersten Mal auf den Zusammenhang zwischen dem Verzehr von Ballaststoffen und der Entstehung von Darmkrebs hinwies, glaubte er, die nützlichen Effekte der unverdaulichen Fracht lägen hauptsächlich in ihrer Rolle als »Beschleuniger« des Nahrungsbreis auf dem Weg durch den Darm. Und bis in die neunziger Jahre galt als sicher, dass die schnellere Passage dem Darm allzu viel Kontakt zu Krebs erregenden Bestandteilen im Nahrungsbrei ersparen und auf diese Weise das Tumorrisiko senken würde. Doch inzwischen zeigen zahlreiche Studien, dass dies nur ein Effekt von Kleie & Co. ist. Nicht die Gifte in unserer Nahrung lösen den Darmkrebs aus, wie man damals dachte, sondern es ist, wie man heute weiß, der Mangel an Schutzstoffen. Und ein Teil dieser Stoffe stammt aus der Tätigkeit der »kleinen Freunde«, der nützlichen Mikroben in der Darmflora.

Kurzkettige Fettsäuren sind die wichtigsten Reparaturstoffe für den Darm. Unsere Darmflora stellt sie aus Ballaststoffen her.

Die innere Reparaturwerkstatt

So sind lösliche Ballaststoffe wie etwa Resistente Stärke, Inulin und Pektin vor allem deshalb nützlich, weil Darmbakterien sie verspeisen und dafür quasi als Gegenleistung spezielle kurzkettige Fettsäuren (z. B. Butyrat) ausscheiden. Die von den Forschern KKFS abgekürzten Substanzen ernähren und pflegen unseren Darm von innen. Sie liefern Energie für die Schleimhäute, schützen die Zellen vor unkontrolliertem Wachstum und sorgen dafür, dass Schleimhautverletzungen schnell wieder repariert werden können. In jeder Minute des Tages muss der Körper die Schleimhaut des Darms reparieren und instand halten, damit der Darm dicht bleibt und seine Arbeit perfekt verrichten kann. Ein kraftraubender Prozess, der zehn bis fünfzehn Prozent unser Energie verbraucht und nur dann in Gang gehalten werden kann, wenn die Zellen der Schleimhaut genug Nahrung bekommen. Die Darmflora liefert das Kraftfutter dafür.

Sie stinken, aber sie heilen! Kurzkettige Fettsäuren wie etwa die übel riechende Buttersäure (Butyrat) schützen unsere Darmwand vor krankhaften Veränderungen, vor Krebs, Wucherungen und Entzündungen gleichermaßen. Produziert die Darmflora zu wenig davon, schrumpfen die Schleimhäute und werden löcherig.

Sogar Magen- und Dünndarmgeschwüre, die fern ab von der Darmflora des Dickdarms auftreten, profitieren von der Schutzwirkung der KKFS. Denn die Fettsäuren aus der Darmflora vermindern sogar auf dem Umweg über das Blut die Ausschüttung von Magensäure und scharfen Verdauungssäften und verbessern so die Heilungschancen der Kranken erheblich. Auch Menschen, die man infolge von schweren Operationen für längere Zeit künstlich ernähren musste und deren Darmwände deshalb gefährlich durchlässig wurden, haben eine bessere Aussicht zu genesen, wenn sie mit KKFS behandelt werden.

Vorbeugen gegen Brustkrebs

Frauen fürchten sich vor Brustkrebs wie vor keiner anderen Tumorart. Ähnlich angstbesetzt ist für Männer der Prostatakrebs. Beide Erkrankungen stehen in engem Zusammenhang mit den Geschlechtshormonen. Doch welche Rolle spielt der Darm dabei? So verblüffend es klingt: Im Zusammenspiel von Darmflora und Ernährung liegt der Schlüssel zur Vorbeugung gegen hormonabhängige Krebsarten. Der wissenschaftliche Hintergrund ist kompliziert, inzwischen sind zahllose Forschungsergebnisse zu diesem Thema veröffentlicht worden. Vor allem skandinavische und amerikanische Forscher arbeiten daran, den Sachverhalt zu durchleuchten und Konzepte zum Schutz der Frauen vor Brustkrebs zu entwickeln.

Pflanzenhormone gegen Krebserkrankungen

Die Wirkung von pflanzlichen Hormonen aus Nahrungsmitteln ist bereits seit langem bekannt. Tierzüchter nannten sie Brunststoffe. Aber auch der Einfluss auf den Menschen wurde in der Volksmedizin, vor allem in Asien, genutzt. So schätzte man im Norden Thailands ein rübenähnliches Gemüse besonders wegen seiner verjüngenden Wirkung – ohne jedoch zu wissen, dass der positive Effekt auf seinem hohen Gehalt an pflanzlichem Östrogen beruht. Anfang der neunziger Jahre konnten finnische Wissenschaftler beweisen, dass hormonabhängige Krebsarten in den Gegenden der Welt selten auftreten, in denen reichlich Sojabohnen, Vollkornprodukte wie etwa Roggenbrot und andere ballaststoffreiche Lebensmittel gegessen werden. Bei ihrer Suche nach Nahrungsstoffen, die die Entstehung von Krebs verhindern, stießen sie auf zwei Gruppen von östrogenartigen Pflanzenhormonen: Lignane und Isoflavonoide. Lignane finden sich in Deutschland vor allem in so alltäglichen Lebensmitteln wie Roggenvollkornbrot, Leinsamen und Preiselbeeren. Hauptlieferant für Isoflavonoide, die zweite Gruppe pflanzlicher Östrogene, sind Sojaprodukte, die in vielen Ländern Asiens zu den Grundnahrungsmitteln gehören.

Pflanzliche Hormone wirken zwar nur etwa ein Hundertstel bis ein Tausendstel so stark wie die vom Körper selbst hergestellten Östrogene, doch kann man sie mit der Nahrung in so großen Mengen aufnehmen, dass die Intensität durchaus an die der körpereigenen Hormone heranreicht.

Eine Diät gegen Brustkrebs? Wissenschaftler und Forscher sagen, wer viel pflanzliche Östrogene aufnehme, beuge effektiv vor.

Vollkornbrote, besonders solche mit hohem Roggenanteil, enthalten wichtige Biosubstanzen, die einen wichtigen Beitrag zur Krebsprophylaxe leisten können.

Der Östrogenspiegel wird reguliert

Japanische Frauen klagen seltener als Westeuropäerinnen und Amerikanerinnen über Wechseljahrebeschwerden wie Schweißausbrüche, fliegende Hitze und depressive Verstimmungen. Der Grund: Sie essen reichlich Sojaprodukte, deren Gehalt an pflanzlichen Östrogenen die Beschwerden mindert oder sogar verhindert.

Pflanzenöstrogene regulieren den Hormonspiegel des Menschen, sie wirken also nicht nur bei Frauen, sondern auch bei Männern. Sie konkurrieren mit den körpereigenen Hormonen um den Platz in der Zelle und helfen, im Blut zirkulierende Östrogene zu neutralisieren. Experten halten das für bedeutsam, weil das Gewebe der weiblichen Brust auf ein jahrelang andauerndes Übermaß an Östrogenen mit Zellwucherungen, also mit Krebs, reagiert. So steigt beispielsweise das Brustkrebsrisiko, wenn Mädchen sehr früh ihre erste Menstruation bekommen. Junge Asiatinnen werden später reif als ihre westlichen Altersgenossinnen, vermutlich weil sie insgesamt schlanker sind und die Konkurrenz der pflanzlichen Hormone aus sojareicher, überwiegend vegetarischer Kost die sexuelle Reife hinauszögert.

Spitzenlieferanten für pflanzliche Östrogene sind Sojaprodukte und Leinsamen. Doch für Menschen mit unseren deutschen Essgewohnheiten ist das Vollkornbrot als Grundnahrungsmittel noch wichtiger. Die Übersicht auf Seite 81 zeigt, wie viele Lebensmittel man als Quelle für pflanzliche Hormone (also Isoflavonoide und Lignane) nutzen kann.

Vorsicht – Antibiotika können schaden

Auch bei den Hormonen spielt ein gesunder Dickdarm die zentrale Rolle. Die Mikroorganismen unserer Darmflora verwandeln Pflanzenstoffe in wirksame Östrogene, die wir aus dem Darm aufnehmen können. Sie werden vom Blut und anderen Körperflüssigkeiten in jeden Winkel des Körpers getragen.

Arbeitet die Darmflora jedoch nicht richtig, kann der Körper die Hormone aus der Pflanze nicht nutzen, selbst wenn sie im Essen reichlich enthalten sind. Das zeigen Studien mit Menschen, denen bestimmte Darmabschnitte amputiert worden waren. Menschen ohne Dickdarm kommen nur in sehr geringem Umfang in den Genuss der Pflanzenhormone. Der Körper ist auf die Mitarbeit der Mikroorganismen angewiesen, die den ersten Teil des Dickdarms (Colon ascendens) besiedeln. Sie produzieren aus den pflanzlichen Vorstufen für den Menschen wirksame Hormone. Eine Behandlung mit Antibiotika zerstört diese Fähigkeit der Darmflora, denn sie vergiftet nützliche Bakterien ebenso wie Krankheitserreger.

Pflanzenhormone in Lebensmitteln

Lebensmittel	Isoflavonoide	Lignane
Sojamehl	• • •	
Tofu (Sojaquark)	• • •	
Miso	• • •	
Sojadrink (Sojamilch)	• • •	
Leinsamen (ganze Körner)		• •
Leinsamen, gemahlen		• • •
Sonnenblumenkerne	•	•
Kümmel	•	• •
Weizenvollkorn		•
Weizenkleie		• •
Haferkleie		•
Roggenvollkorn		•
Roggenkleie		• •
Kichererbsen	•	•
Mungbohnensprossen	• • •	•
Kürbiskerne	•	• • •
Preiselbeeren		• • •
Erdnusskerne	•	•

Die nebenstehende Übersicht zeigt, wie viele Lebensmittel man als Quelle für pflanzliche Hormone (Isoflavonoide und Lignane) nutzen kann. Ein Punkt deutet auf einen geringen, zwei Punkte auf einen mittleren und drei Punkte auf einen sehr hohen Gehalt von Pflanzenhormonen im jeweiligen Nahrungsmittel hin.

Es kann sechs Monate dauern, bis sich die Mikroben der Darmflora von dem »Giftanschlag« erholt haben und beipielsweise Lignane wieder in ausreichendem Maß umwandeln und damit dem Körper zur Verfügung stellen. Man sollte es sich also lieber dreimal überlegen, ob man bei kleineren Erkrankungen einer Antibiotikabehandlung zustimmt. Denn ohne gesunde Darmflora kommt der Körper an die schützenden Pflanzenhormone nicht heran.

Ein Fett als Antikrebsmittel

Anfang der siebziger Jahre vermuteten die amerikanischen Gesundheitsbehörden Krebs fördernde Substanzen im Fleisch der Hamburger. Experten stöberten die schädlichen Dinge schließlich in der braunen Kruste der Fleischplätzchen auf – und fanden gleichzeitig einen Stoff, der ihr Entstehen verhindert: eine Fettsäure namens CLA (Conjugated Linoleic Acid). Der Schutzstoff entsteht durch einen Bakterienstamm mit dem schier unaussprechlichen Namen »Butyrivibrio fibrisolvens«. Die Mikroben sitzen in den Wiederkäuermägen von Schaf und Kuh und sorgen dafür, dass sich die Fettsäure in Rind- und Lammfleisch, aber vor allem im Milchfett und damit in allen fetthaltigen Milchprodukten wie Sahne und Käse wiederfindet.

Potente Variante der Linolsäure

Mit den Augen des Chemikers betrachtet ist CLA nur eine unscheinbare Variante der schon seit Jahrzehnten als lebenswichtig bekannten Linolsäure, die in fast allen Pflanzenölen vorkommt. Ihre Wirkungen sind allerdings verblüffend. Im Tierversuch erwies sich CLA als potenter Schutzstoff. Die Fettsäure verhindert Haut- und Magenkrebs, stoppt Brustkrebs besonders wirksam und tötet in Zellkulturen menschliche Tumorzellen zuverlässig ab. Weil CLA anstelle von anderen ungesättigten Fettsäuren in die Hülle fast aller Zellen eingebaut wird, glauben Wissenschaftler, dass diese Fettsäure nicht nur, wie manche Medikamente, auf einzelne Krebsarten wirkt, sondern helfen könnte, den ganzen Körper zu schützen.

Eine unscheinbare Variante der Linolsäure zeigt erstaunliche Wirkungen, wie neue wissenschaftliche Forschungen ergeben haben.

Appetithemmer mit positiven Nebenwirkungen

Bei einer der vielen Studien an Mäusen, denen die aus Schaf-, Rinder- und Milchfett gewonnene Fettsäure ins Futter gemischt wurde, stellten die Forscher verblüfft fest, dass die Tiere mit der Zeit überschüssiges Bauchfett verloren, aber keineswegs kränklich und mager wirkten. Nach einigen Wochen mit dem CLA-Futter waren die Tiere schlank, besaßen aber viel mehr Muskeln als vorher. Mit einem solchen Effekt hatte niemand gerechnet. Nun mussten die Forscher herausfinden, wie es dazu kam. Heute erklären sie die Wirkung so: Die Fettsäure CLA ist ein wichtiger neu entdeckter Nährstoff, der – ähnlich wie andere Fettsäuren – im Zusammenspiel des Stoffwechsels eine wichtige Rolle hat. Über Zellbotenstoffe (Zytokine; siehe nächste Seite) greift CLA regulierend in die Energiegewinnung des Körpers ein. Die Fettsäure wirkt dabei wie ein körpereigener Appetithemmer und regt die Produktion von Wachstumshormonen an.

Biomilch enthält mehr CLA

Noch sind die Zusammenhänge nicht gänzlich geklärt. Immerhin könnte es sein, dass die Figurprobleme vieler Menschen mit einem Mangel an CLA zusammenhängen. Dann läge ein Grund dafür in den Methoden der heutigen Landwirtschaft. Denn die CLA-produzierenden Mikroben im Pansen der Kühe mögen kein konserviertes industrielles Mastfutter.

Daher enthält Biomilch von Kühen, die mit faserreichem Futter vom eigenen Hof artgerecht ernährt werden, zwei- bis dreimal so viel von der nützlichen Fettsäure. Das jedenfalls haben Wissenschaftler der Universitäten Jena und Hamburg herausgefunden, nachdem sie die Milch von konventionellen und ökologisch arbeitenden Betrieben ein Jahr lang verglichen haben.

Nett von den Mikroben aus dem Kuhmagen: Sie produzieren einen Schutzstoff gegen Krebserkrankungen und Übergewicht.

Ballaststoffe könnten Eigenproduktion fördern

Auch in der menschlichen Darmflora sitzen vielleicht Mikroben, die CLA herstellen, wenn man ihnen durch eine ballaststoffreiche Ernährungsweise die Chance dazu gibt. Dies ist bisher nur eine Vermutung, doch klar ist bereits, dass nicht nur die Mikroflora von Wiederkäuern wie der Kuh CLA herstellen kann, sondern auch die von Lebewesen mit nur einem Magen (wie der Mensch). Einige Experten würde das nicht verwundern, denn sie haben bereits beobachtet, dass mehr prebiotische Ballaststoffe in unserer Nahrung nach einer Weile die Fettpolster schmelzen lassen.

Zytokine – Botenstoffe der Zellen

Nahezu alle Zellen unseres Körpers produzieren Substanzen, die ihnen helfen, mit ihren Nachbarzellen zu kommunizieren. Die meisten dieser Stoffe sind eng mit unserem Immunsystem verbunden und reagieren z.B. auf Verletzungen oder Entzündungen, sie wirken mit bei der Blutbildung und regulieren das Wachstum bestimmter Gewebe. Aber die Zellbotenstoffe – Fachleute nennen sie Zytokine – beeinflussen auch den Energiestoffwechsel unseres Körpers.

Vereinfacht gesagt: Botenstoffe wie etwa das Interleukin entscheiden mit über unser Körpergewicht. Sie können uns den Appetit nehmen, im Darm die Aufnahme von Nährstoffen bremsen und gleichzeitig den Energieverbrauch erhöhen.

DER DARM UND DIE FIGUR

Wenn die Hose nicht mehr passt und selbst der weiteste Rock unangenehm stramm sitzt, wird man anfällig für die Versprechungen der Diätgurus. »Abnehmen leicht gemacht«, locken sie uns und verheißen: »Sieben Pfund in sieben Tagen«, oder: »Schlank in zwei Wochen«. Natürlich wissen wir tief im Herzen, dass unser Körper die in Monaten und Jahren angegessenen Kilogramm so schnell nicht wieder hergibt. Oder nur zu Lasten unserer Gesundheit. Aber was tun?

Hunger, Essen und Sättigung, also die Grundversorgung der Existenz, reguliert der Körper mit der Weisheit der Entwicklungsgeschichte so, dass auch im Extremfall, wenn es um Kopf und Kragen geht oder das Gehirn durch Stress oder Verletzung beeinträchtigt wird, ein Überleben möglich ist.

Wie wir satt werden

Der Verdauungstrakt, der alles aufnimmt, was wir den lieben langen Tag konsumieren, besitzt großen Einfluss darauf, wie viel von dem Gegessenen sich in unseren Fettpolstern wiederfindet. Es dauert meist mehrere Stunden, bis die Nährstoffe aus einer Mahlzeit vom Verdauungstrakt ins Blut aufgenommen werden. Würde unser Körper also nur den Gehalt an Nährstoffen im Blut messen und die Ergebnisse ans Hirn funken, wüssten wir beim Essen nie, wann es genug ist. Doch wir registrieren meist rechtzeitig, wann es uns reicht. Während man gerade noch hungrig »reingehauen« hat, kommt Löffel für Löffel die Sättigung, und dann ist irgendwann klar: Jetzt kann ich nicht mehr. Danke, ich bin satt. Lange bevor die Speisen im Dünndarm ankommen und verdaut werden, weiß unser Kopf, dass es Zeit ist, mit dem Essen aufzuhören.

Einem Menschen mit gesundem Essverhalten kann man die schönsten Sachen hinstellen, wenn er satt ist, mag er einfach nichts mehr. Sättigung entsteht also schon während des Essens. Fühler (Chemorezeptoren) in Mund, Magen und Dünndarm überprüfen, ob genug auf dem Teller war, um den ersten Hunger zu stillen. Hier macht es also vor allem die Masse – und die ist üppig, wenn reichlich Stärke- und Ballaststoffreiches gegessen wird. Die Methoden des Körpers, unser Gewicht zu regulieren, sind jedoch insgesamt so vielfältig, dass nicht einmal Experten wissen, wie die Sache genau funktioniert. Immerhin schaffen es Verdauungstrakt und Hirn mit Hilfe von Hormonen und Botenstoffen, dass mindestens zwei Drittel aller Menschen schlank sind und bleiben.

Armer Helmut Kohl: Seine jährlichen Hungerkuren machen ihn mit jeder Fastenzeit dicker. Kluger Joschka Fischer: Der grüne Politiker isst gern Nudeln und Gemüse und verschafft sich viel Bewegung. Sein Erfolg beim Abnehmen ist augenfällig.

Hunger macht dick

Viele Experten glauben, dass Hungerkuren die natürliche biologische Regulation zerstören und zu schlimmen Essstörungen führen. Normale Sättigungsmechanismen fallen dann aus, und durch regelmäßige Anfälle von Heißhunger mit Riesenmahlzeiten werden die Menschen dicker statt dünner. Ausgerechnet der so genannte gezügelte Esser, der ständig Kalorien spart, gerät so zum haltlosen Fresser. Die Folge: Abnehmwillige gelangen in einen fatalen Kreislauf von Hungern, wieder Zunehmen, wieder Hungern und noch mehr Zunehmen, in ein zermürbendes Auf und Ab der Kilogramm.
Dass wiederholte Hungerkuren auf Dauer das Körpergewicht steigern, also fett machen, bestreiten nur noch wenige Spezialisten. Wenn beispielsweise Ratten nach einer Diätphase wieder fressen dürfen, was sie wollen, schlingen sie mehr in sich hinein als je zuvor, und vor allem fressen sie viel mehr Fett. Der Fettgehalt ihrer Körper steigt mit jeder Hungerphase an. Doch das gilt nicht nur für Nager: Nach einigen Diätversuchen stürzen sich nachweislich auch Menschen mit Vorliebe auf Fettes.

Die Biologie spielt nicht mit

Nachhaltig abnehmen ist möglich, weil der Darm uns mit seinen Stoffwechseltricks dabei hilft.

Entwicklungsbiologisch macht das Sinn, denn Mangel war immer die größte Bedrohung der Menschheit. Überleben heißt das Ziel. Wen wundert es, dass der Körper auf das Signal »Hunger!« hin alle Register zieht, die seine Gene für ihn bereit halten: Er lässt den Appetit mächtig anwachsen und zwingt damit den Menschen, um jeden Preis Nahrung heranzuschaffen. Gleichzeitig schaltet der Stoffwechsel auf Sparflamme, um die Reserven zu schonen. Kommt dann wieder Nahrung, werden sofort möglichst große Fettpolster angelegt, damit für die nächste Hungersnot vorgesorgt ist. Wenn diese sehr einleuchtende Mutmaßung stimmt, hat man den Dicken in den letzten 40 Jahren das Dümmste geraten, was möglich ist: das Hungern.

Kalorien in die Mottenkiste

Jahrzehntelang riet man Dicken, sie sollten, um ihr Gewicht zu halten, lebenslänglich Kilokalorien oder Kilojoule zählen. Das hat den Übergewichtigen aber keineswegs dabei geholfen, dünner zu werden. Eher schon ist die rigide Kalorienzählerei verantwortlich für die Zunahme der heute weit verbreiteten Essstörung Bulimie. Für den menschlichen Organismus sind Kalorien oder Joule ohnehin völlig ungeeignete Rechengrößen, sozusagen die Maßeinheiten für Milchmädchenrechnungen. Die Fühler (Rezeptoren), die in der Schleimhaut von Magen und Darm sitzen, rechnen nicht in Kalorien. Sie sind auf Nährstoffe programmiert und kalkulieren Eiweiß, Kohlenhydrate und Fett vollkommen unterschiedlich. Nahrungseiweiß (Proteine) spielen als reine Baustoffe beim Entstehen von Fettpolstern fast gar keine Rolle.

Den Treibstoff fürs Leben liefern – Kalorien hin oder her – vor allem Kohlenhydrate in der Form von stärkereichen Lebensmitteln. Das Wunderbare daran: Durch ein geschicktes Manöver des Stoffwechsels werden Kohlenhydrate kaum in Fettpolster umgewandelt. Der Umbau von Kohlenhydraten zu Fett ist für den Körper so mühsam, dass er diesen Weg nur geht, wenn der uneinsichtige Mensch ihm enorme Mengen von Kohlenhydraten anbietet, faul ist und sich nicht genug bewegt; ansonsten wandelt er höchstens ein bis zwei Prozent der Kohlenhydratkalorien in Fett um. Im Gegensatz dazu wandert jedes Gramm Fett, das der Körper nicht für Kraft und Wärme verbraucht, vom Teller direkt in die Fettpolster.

Normal ist ideal: Das persönliche Idealgewicht lässt sich nicht in Tabellen ablesen oder mit Formeln errechnen. Es ist eine individuelle und subjektive Größe, die meist nah beim Normalgewicht liegt und mit vernünftiger Ernährung ohne große Kalorienzählerei zu halten ist. Es ist das Gewicht, mit dem Sie sich schön, gesund und leistungsfähig fühlen.

Schlechte-Laune-Diäten

Warum sind Menschen, die abnehmen wollen und deshalb Kalorien zählen oder gar hungern, eigentlich so oft »ungenießbar«, schlecht gelaunt, ungeduldig und mürrisch? Auch sonst sehr mobile Dicke bewegen sich plötzlich langsam wie in Zeitlupe, Tatkraft und Energie haben sie verlassen. Der zur Unterstützung der Diät gedachte Sport erfordert schier übermenschliche Anstrengung und Disziplin, weil der Körper des Diättreibenden sich anfühlt wie Blei und er einfach keine Lust hat auf Bewegung. Da ist es kein Wunder, wenn Freunde und Familie oft schon nach wenigen Tagen zum Aufgeben der Diät raten, einfach weil der sonst so sympathische Mensch unausstehlich wird. Die meisten Abnahmediäten sind jedoch nicht nur für die Stimmung, sondern auch für den Stoffwechsel eine echte Tortur. Wer häufiger auf den Diättrip geht, fügt sich schweren Schaden zu, das beweisen große amerikanische Bevölkerungsstudien, die von den Gesundheitsbehörden angestellt wurden. Vermutlich zerstört das Rauf und Runter der Pfunde die feine Balance der Hormone und Nervenbotenstoffe. Was aber tun, wenn sich mit den Jahren fast unbemerkt viele Kilogramm angesammelt haben oder man sich durch unbewältigte Probleme Kummerspeck angefressen hat?

Bulimie, früher als typische Frauenkrankheit bezeichnet, ist längst auch zum Männeralptraum geworden. Regelmäßige Essanfälle kommen bei Männern und Frauen gleichermaßen häufig vor.

Wer abnehmen will – muss essen

Der Darm hält für einen Abnehmwilligen eine ganze Reihe von Chancen bereit, Appetit und Körpergewicht zu regulieren. Unser Verdauungstrakt hat sich in der Entwicklungsgeschichte auf stärkereiche Lebensmittel wie Körner, Knollen, Samen und Wurzeln eingestellt. Sie sind fast überall auf der Erde die Grundlage der Ernährung. Ihr Reichtum an Kohlenhydraten und Ballaststoffen bestimmen die anatomische Ausstattung des Darms. Hülsenfrüchte wie etwa Erbsen, Bohnen oder Linsen, aber auch Getreide wie Roggen, Weizen, Dinkel und Hirse gehören zu dieser Gruppe der Energielieferanten, von denen man einfach nicht dick werden kann. Essen wir sie, hat der Darm für lange Zeit Arbeit. Er muss sich stundenlang damit beschäftigen, die in den Nahrungsmitteln enthaltene Stärke herauszulösen und in verwertbaren Zucker (Glukose) zu verwandeln.

Ein Teil flutscht durch

Peu à peu gelangt der Zucker aus dem Darm ins Blut und sorgt über Stunden dafür, dass man sich energiegeladen und kräftig fühlt. Klar ist außerdem: Um schlank zu werden und zu bleiben, darf man nicht an Kalorien sparen, sondern muss mehr davon verbrauchen.

Ein weiterer Vorteil für Leute, die gern schlanker werden möchten: Bei ballaststoffreichen Lebensmitteln wird der Darm verschwenderisch. Der Dünndarm lässt dann einen Teil der Nährstoffe, vor allem aber Stärke, ungenutzt in den Dickdarm rutschen. Das können bis zu 20 Prozent sein, die dem Körper als Kalorien- bzw. Energiequelle nicht mehr zur Verfügung stehen. Sie werden stattdessen von der Darmflora in wichtige Schutzstoffe umgewandelt.

Ballaststoffe sind Bestandteile pflanzlicher Lebensmittel, die unsere Verdauungssäfte nicht zerlegen können. Trotzdem sind sie nicht wirkungslos. Sie füllen den Magen, und einige quellen zusätzlich auf. Wir können uns also satt essen und werden nicht so schnell wieder hungrig. Wer ballaststoffreich isst, konsumiert automatisch weniger Fett und weniger Energie.

Gute Laune macht schlank

Das beste Geschenk, das uns der Darm machen kann, liegt in seiner Fähigkeit, uns vergnügt zu stimmen. Wer richtig isst, kriegt gute Laune. Die Nervenzellen produzieren umso mehr Substanzen, die unser Wohlbefinden stärken, je mehr Kohlenhydrate wir essen. Das Hormon Serotonin spielt dabei eine Schlüsselrolle. Als Botenstoff (Neurotransmitter) sagt es dem Gehirn, wann wir satt sind und sorgt gleichzeitig für wohlige Entspannung und gute Stimmung. Wie die Kohlenhydrate auf unsere Gemütsverfassung einwirken, das haben Forscher vom renommierten Massachusetts Institut of Technologies in Cambridge, USA, viele Jahre lang genau untersucht. Sie stellten fest, dass Eiweiß und Fett bei der Bildung des Stimmungsmachers Serotonin keine Rolle spielen. Das bedeutet, wir reagieren ausgeglichen und entspannen uns, wenn wir reichlich Stärkehaltiges oder auch Süßes essen. Ein fettes Essen (wie etwa Pommes frites mit Mayonnaise) stört diesen angenehmen Effekt nur, und ein eiweißreiches Essen (beispielsweise ein Steak) fördert andere Botenstoffe, die gegenteilig wirken, uns aufmerksam, konzentriert, aber auch angespannt oder gestresst machen.

Der Treibstoff fürs Leben

Was uns satt und zufrieden macht, sind vor allem stärkehaltige Lebensmittel wie Brot, Kartoffeln, Nudeln, Reis und Hülsenfrüchte. Sie liefern den Treibstoff fürs Leben mit langkettigen Kohlenhydraten, die durch ein geschicktes Manöver des Stoffwechsels kaum in Fettpolster verwandelt werden. Nur mit dem Kohlenhydrat Zucker knausert man besser. Höchstens zehn Prozent der täglichen Kalorienmenge

Stärkearten sättigen unterschiedlich

Schnelle Stärke	• Enthalten in frisch gekochten Lebensmitteln wie Reis, Grieß, Pudding und Saucen • Wird schnell verdaut
Langsame Stärke	• Enthalten in rohem Getreide, in gekochten kalten Nudeln, in gekochten Hülsenfrüchten • Wird langsam, aber vollständig verdaut
Resistente Stärke	• In groben Partikeln von Getreide und Hülsenfrüchten, in rohen Kartoffeln und unreifen Bananen, als »verkleisterte» Stärke in gekochten und erkalteten Lebensmitteln, wahrscheinlich in getrockneten Kartoffelprodukten • Unverdaulich, wird von der Darmflora im Dickdarm abgebaut

Wenn Sie ballaststoffreich essen wollen, sind Suppen und Eintöpfe mit Hülsenfrüchten und anderen Gemüsesorten ein prima Tipp. Suppen sättigen gut und für längere Zeit, wenn Sie als Einlage Nudeln, Kartoffeln oder Getreide wählen. Sie können auch einfach ein Stück deftiges Vollkornbrot dazu essen.

sollten aus süßen Sachen stammen, vor allem, weil Zucker weder Vitamine noch Mineralien, Ballaststoffe usw. mitbringt.
Fazit: Wer seinen Hunger völlig ohne Kalorienzählerei mit stärkehaltigen, fettarmen Lebensmitteln stillt, wird nicht dick, sondern nimmt mit der Zeit dauerhaft ab.

Brot und Nudeln beruhigen

Kohlenhydrate sind also wirksame Mittel gegen Stimmungstiefs und Reizbarkeit. Wer sich daran satt isst, wird nicht dick, sondern fühlt sich nach der Mahlzeit gelöst, vergnügt und belastbar. Das beobachteten auch deutsche Forscher, als sie zwei Gruppen von Abnehmwilligen bei einer 1000-Kalorien-Diät begleiteten. Die eine Gruppe erhielt ein Diätprogramm mit der üblichen Mischkost aus Fett, Eiweiß und Kohlenhydraten. Die andere Gruppe aß vegetarisch und bekam so bei gleicher Kalorienmenge mehr Kohlenhydrate und Ballaststoffe als die andere. Das Ergebnis entsprach den Beobachtungen der Amerikaner. Die Vegetariergruppe, die viele Kohlenhydrate gegessen hatte, war viel besserer Stimmung und fand die Diät weniger anstrengend als die Abnehmwilligen mit der gemischten Diät.

Dicke sollen so gemütlich sein

Oberflächlich betrachtet mögen viele Übergewichtige eine freundliche, humorvolle Ausstrahlung haben. Doch wer genauer hinsieht, entdeckt, dass oft gerade das Gegenteil richtig ist. Übergewichtige Menschen sind häufiger als andere depressiv und manchmal ausgesprochen verängstigt. Sie essen massenhaft Kuchen, Nudeln, Schokolade und andere kohlenhydratreiche Speisen wegen des entspannenden und beruhigenden Effekts.

Serotoninähnliche Stoffe werden übrigens heute als Medikamente gegen Depressionen angewendet. Ein Nebeneffekt ist dabei häufig der nachlassende Appetit. Den biologischen Hintergrund haben Forscher so erklärt: Eine kohlenhydratreiche Mahlzeit verstärkt die Ausschüttung von Serotonin, einer Substanz, die als Botenstoff Wohlbefinden, Müdigkeit und Sättigung auslöst. Mancher Essgestörte benutzt süße Sachen deshalb regelrecht als legale Droge, weil er die entspannende Wirkung des Serotonins braucht. Fett werden die traurigen Dicken jedoch nicht wegen der vielen Kohlenhydrate, die sie essen, sondern weil viele Süßigkeiten und die meisten Snacks neben Zucker und Stärke reichlich Fett enthalten – und das wandert dann nach jedem Fressanfall komplett ins Depot, also ins Fettpolster.

Vom Zucker hieß es lange, er sei der größte Dickmacher, verursache Diabetes mellitus und wäre eigentlich sogar ein »Schadstoff«. Heute weiß man, dass Süßes zum Übergewicht weniger beiträgt als Fettes.

Ein Paar überflüssige Pfunde sind kein Grund für eine Radikalkur. Doch wer deutlich zu viel auf die Waage bringt, schadet langfristig seiner Gesundheit. Dann sollte man über eine komplette und dauerhafte Ernährungsumstellung nachdenken.

Auch körperliches Training lässt im Körper Wohlgefühle durch Endorphine entstehen.

Fett macht fett

Beneidenswert, wer bei Schlagsahne, fettem Fleisch und Schokotrüffeln so bedenkenlos zulangen kann wie etwa Leistungssportler oder Schwerarbeiter. Wenn der Körper seine Muskeln mächtig spielen lässt, verbraucht er viel Energie und verbrennt größere Portionen Nahrungsfett. Für alle weniger aktiven Zeitgenossen heißt es knausern. Wer schlank werden möchte, sollte die Empfehlung ernst nehmen. Fett versteckt sich in vielen Lebensmitteln, die besonders gut schmecken. Außerdem ist es beim Kochen schwer zu ersetzen. Doch wer abnehmen will, muss das Streichfett teelöffelweise bemessen. Ideal zum Abnehmen sind zehn Prozent Fettkalorien. Am besten, Sie kaufen nur fettarme Zutaten und benutzen zum Braten eine beschichtete Pfanne. Eine cremige Sauce gelingt übrigens auch ohne Sahne, wenn Sie Saucenbinder und fettarme Milch verwenden. Wer beim Kochen mit dem Fett geizt, hat schon viel für seine Figur getan.

90 Prozent des Neurotransmitters Serotonin werden in den Nervenzellen der Darmwand gebildet und regulieren unseren Appetit. Wer kohlenhydratreich isst, regt die Bildung des erfreulichen Stoffs an und schützt sich so vor Stimmungstiefs und Heißhungeranfällen.

Fettarme Snacks gegen Heißhungeranfälle

Wer auf Dauer abnehmen möchte, sollte Heißhungeranfälle vermeiden. Besser als konsequentes Hungern: Man gönnt sich beim ersten Anzeichen einen kohlenhydratreichen Snack, der die Laune hebt, aber wenig Fett enthält.

Lebensmittel	kcal
1 Scheibe Vollkornbrot mit 2 TL Konfitüre oder Honig	134
2 Scheiben Knäckebrot mit 2 TL Konfitüre oder Honig	112
1 Rosinenbrötchen	128
1 Laugenbrötchen/-brezel/-stange	170
1 Banane	128
1 Portion Popcornmais (40 g)	132
1 Hand voll Salzstangen (30 g)	104
5 Drops (Fruchtbonbons)	98
5 Geleefrüchte	115
5 Marshmallows	16
1 Hand voll Fruchtgummis (z. B. Gummibären, 25 g)	85
1 Hand voll Lakritzkonfekt (z. B. Lakritzschnecken, 25 g)	74

Süßstoff stoppt den Heißhunger nicht

Es gibt verschiedene Sorten der synthetischen Süße, alle schmecken vielfach süßer als Zucker und sind vollkommen oder fast kalorienfrei. Wer seinen Heißhunger auf Süßes allein mit Süßstoff stillen möchte, wird aber enttäuscht. Das Verlangen lässt sich mit dem zuckerähnlichen Geschmack auf der Zunge nicht befriedigen, da muss schon echter Zucker oder »schnelle« Stärke her (siehe Kasten Seite 90). Wenn Sie gern kalorienarm und trotzdem süß essen wollen, kombinieren Sie am besten stärkehaltige und ballaststoffreiche Lebensmittel mit Süßstoff.

Beispiel: Ein zuckerfreies Müsli aus Flocken und Früchten, mit Süßstoff gesüßt, stellt die Zunge zufrieden – und den Körper auch. Denn die Stärke aus dem Getreide wird nach und nach in Zucker zerlegt und geht langsam und kontinuierlich ins Blut über. So bleibt Ihr Kohlenhydrathunger für längere Zeit gestillt. Eine andere Möglichkeit, mit Süßstoff Energie bzw. Kalorien zu sparen: Schmecken Sie Süßspeisen zuerst mit Süßstoff ab, und würzen Sie dann mit etwas Zucker nach. So kommen Geschmacksknospen der Zunge und auch Ihr Körper gleichermaßen auf ihre Kosten.

In den Tagen vor den »Tagen« haben manche Frauen ein psychisches Tief und entwickeln deshalb einen Riesenappetit auf Süßes. Die süße Lust macht durchaus Sinn, denn durch den Einfluss der Hormone heben Kohlenhydrate die Stimmung und entspannen.

Kleine Schritte – großer Erfolg

Weder die radikale Umstellung aller Essgewohnheiten noch drastisches Hungern oder penibles Kalorienzählen bringen uns der ersehnten Traumfigur wirklich näher. Meist sind die Erfolge trotz aller Mühsal nur vorübergehend, und nach der Kur kommen die Pfunde rasch zurück. Einer der vielen Gründe dafür: Jeder Mensch ist in der Art, sich zu ernähren, anders und unverwechselbar. Deshalb ist es kein Wunder, dass die festgelegten Speisepläne der Abspeckkuren die meisten Abnehmwilligen auf Dauer unbefriedigt lassen.

Überlegen Sie sich lieber, welche gesunden Sachen Sie sich zusätzlich gönnen wollen, und fangen Sie mit kleinen Schritten an. Sie könnten sich beispielsweise vornehmen: Ab sofort esse ich jeden Tag zwischen Frühstück und Mittagessen eine Scheibe Vollkornbrot mit Marmelade (ohne Fett). Der nächste Schritt wäre: Ich nehme jetzt immer eine Kartoffel oder einen Löffel Nudeln mehr. Wer noch mehr tun möchte, entscheidet dann vielleicht: Künftig steht zweimal täglich Gemüse auf dem Tisch. Wenn Sie sich nichts verbieten, sondern

Ein Hoch auf die Sättigungsbeilage: Wer schlank sein möchte, sollte reichlich Kartoffeln, Brot, Gemüse und Hülsenfrüchte auf den Teller geben.

einfach mehr von den Sachen essen, die dem Körper gut tun, ergibt sich die richtige Mischung ganz von selbst. Brot-, Kartoffel- und Gemüseliebhaber essen automatisch weniger tierische Lebensmittel, weniger Fett und damit weniger Energie, also Kalorien. Und nehmen dabei langsam, aber sicher ab, ohne zu hungern.

Kohlenhydrate haben einen deutlichen psychologischen Effekt. Sie wirken wie ein Beruhigungsmittel. Mancher Essgestörte benutzt sie deshalb als legale Droge.

Es geht auch auf die Schnelle

Wer im Arbeitsalltag nicht immer Zeit hat, Stunden in der Küche zu verbringen, muss auf figurbewusste Ernährung nicht verzichten. Viele Convenienceprodukte lassen sich mit tiefgekühltem Gemüse oder fertigen Hülsenfrüchten aus der Dose aufwerten und stehen oft schon nach wenigen Minuten auf dem Tisch. Eine Tütensuppe mit einer Portion abgetropften Linsen oder Kichererbsen aus der Dose oder einem Paket Mischgemüse aus der Tiefkühltruhe angereichert, ist allemal besser als eine Currywurst mit Pommes, Schokoriegel oder ein dick belegtes Baguette. Dennoch: Wenn man täglich nur mit schneller Bequemware kocht, kommt der Körper nicht auf seine Kosten, Nährstoffgehalt und Fettqualität der Produkte sind nicht ideal.

Kalorien verschwenden

Fett, das der Körper nicht braucht, bringt er in die Vorratskammern der Fettpolster. Kohlenhydrate werden dagegen, weil unser Körper keine großen Speicher dafür besitzt, bevorzugt verbraucht, also in Kraft oder Wärme umgewandelt.

Um schlank zu werden und zu bleiben, sollte man nicht an Energie bzw. Kalorien sparen, sondern mehr davon verbrauchen. Das bedeutet: Ohne zu hungern, kriegen wir unser Gewicht nur in den Griff, wenn wir uns mehr bewegen, also den Energieverbrauch hochtreiben. Schon wer dreimal die Woche ins Schwitzen kommt, bringt seinen Stoffwechsel auf Touren und damit den Kalorienbedarf in die Balance. Wenn Sie täglich laufen, schwimmen, radeln oder rudern, verschwinden Ihre Figurprobleme meist schon nach kurzer Zeit. Bewegung ist also, neben fettarmem Essen, ein weiterer Schlüssel zur optimalen Figur – bei vollem Teller und guter Laune. Der Darm profitiert von einem Lebensstil mit viel Bewegung so sehr, dass das Risiko zu erkranken gegen null sinkt. Bewegung ist nicht nur ein ideales Mittel, um das Risiko von chronischen Krankheiten zu senken, sondern auch ein Mittel, um die grauen Zellen anzuregen. Wer sich bewegt, hält den Kopf fit.

Echte Chancen für eine gute Figur

- Verbinden Sie Essen mit Begriffen wie Genuss, Ruhe und Freude. Es ist keine Frage der Selbstdisziplin, sondern des Stoffwechsels, wie viel Hunger man hat.
- Wer sich an Kohlenhydraten satt isst, wird nicht dick, ist aber gut gelaunt. Deshalb reichlich Hülsenfrüchte und stärkehaltige Beilagen auf den Tisch bringen.
- Verhindern Sie Heißhungeranfälle mit stärkereichen und fettarmen Zwischenmahlzeiten. Zucker, Traubenzucker oder Bonbons sind besser als Currywurst oder Torte.
- Möglichst wenig Fett essen, weil überschüssiges Fett direkt ins Depot wandert. Dabei auch die vielen unsichtbaren, in Gebäck, Milch- oder Fertigprodukten versteckten Fette berücksichtigen.
- Bei Restaurantbesuchen Lokale mit Mittelmeer- oder Asienküche bevorzugen. Dort werden meist leichtere Salate, Nudeln, Reis und Gemüsegerichte serviert.
- Bewegung ist der beste Weg zu einer guten Figur. Wenn die Muskeln arbeiten, steigt die Stimmung, bessert sich das Konzentrationsvermögen, und der Energieverbrauch geht nach oben.
- Wer sanft abnehmen will, lehnt bei alkoholischen Getränken spätestens das zweite Glas ab.

Wer kohlenhydratreich isst, nimmt in der Regel auch rein rechnerisch weniger Energie (Kilokalorien oder Kilojoule) als Otto Normalverbraucher auf. Das liegt vor allem daran, dass wir von Kohlenhydraten schneller satt werden als von Fett.

Der glykämische Index

Einige Lebensmittel, wie etwa Weißbrot, baut unser Verdauungssystem in so kurzer Zeit ab, dass der Blutzuckerspiegel hochschnellt. Andere Speisen zerlegen die Verdauungssäfte erst nach und nach. Dann geht der enthaltene Traubenzucker (Glukose) entsprechend gemächlich und gleichmäßig ins Blut über und hält lange vor.

Kohlenhydrate haben also – je nachdem, in welchem Lebensmittel sie stecken – unterschiedliche Wirkungen. Im Alltag heißt das: Essen Sie sich hauptsächlich an Gemüse, Hülsenfrüchten, Getreide, Vollkornbrot und Obst satt. Der glykämische Index dieser Lebensmittel liegt niedrig, der Hunger kommt deshalb nicht so schnell wieder. Lebensmittel mit hohem glykämischen Index (60 bis 100) wie etwa Weißbrot, Kartoffelpüree, Haushaltszucker oder weißen Reis sollten Sie essen, wenn ein Heißhungeranfall droht. Dann geht der Zucker schnell ins Blut, hebt den Serotoninspiegel und beruhigt das Gemüt.

Kohlenhydratreiche Lebensmittel füllen den Teller. Dehnungsrezeptoren im Verdauungstrakt reagieren auf den üppig gefüllten Bauch mit einem schnellen »Satt«-Signal.

Walking – Bewegung für Übergewichtige

Es lohnt, nach der eigenen Lieblingssportart zu suchen. Doch überfordern Sie den untrainierten Körper nicht mit plötzlichen Anstrengungen. Am besten ist es für Übergewichtige, wenn sie sich täglich bewegen und die Leistung nur langsam steigern. Wenn Sporttreiben eigentlich nicht Ihre Sache ist, Sie keine Lust auf Vereine und Mannschaftsspiele haben, dann machen Sie sich stattdessen einfach auf den Weg – und zwar zu Fuß. Diesen Sport muss man nicht erlernen, er kostet kein Geld, und man braucht keine Ausrüstung – außer einem Paar guter Schuhe. Amerikaner nennen kräftiges Spazierengehen Power Walking und haben herausgefunden, dass es den Körper genauso gut in Form bringt wie Jogging. Sie gehen richtig, wenn Sie zügig ausschreiten und dabei etwas ins Schwitzen geraten.

Die Waage lügt: Bei durchtrainierten muskulösen Menschen zeigt die Waage oft mehr Kilogramm an als bei Bewegungsmuffeln mit dicken Fettpolstern – auch wenn beide gleich groß sind. Das Gewicht allein sagt also nichts über die Figur aus.

Bringen Sie Schwung in den Alltag

Darüber hinaus ist jedes Mittel recht, sich in Schwung zu bringen. Verzichten Sie auf den Fahrstuhl, und benutzen Sie lieber die Treppe – auch wenn es anfangs schwer fällt. Wandern, schwimmen, rudern oder joggen Sie. Nehmen Sie das Rad, oder arbeiten Sie im Garten. Wenn die Beine nicht so recht mitmachen, kaufen Sie sich ein Paar kleine Hanteln, und lassen Sie sich von Physiotherapeuten oder Heilgymnasten zeigen, welche Übungen Sie damit am besten machen. Falls Ihnen nichts einfällt, wie Sie Ihre Muskeln zum Arbeiten kriegen könnten, lohnt oft ein Anruf bei der zuständigen Krankenkasse. Nahezu überall gibt es Fitnessangebote für alle Alters- und Leistungsgruppen. Die einzige Bedingung ist: Tun Sie regelmäßig etwas! Dann gewöhnt sich der Körper an die Aktivität, und das Gewicht reguliert sich mit der Zeit.

Hunger – das unwiderstehliche Gefühl

Wenn der Magen knurrt, wissen wir, ohne groß nachzudenken, was zu tun ist: möglichst schnell etwas essen. Die größte Plage für Menschen, die abnehmen wollen und deshalb wenig essen, sind Heißhungeranfälle. Meist kündigen sie sich so an: Man fühlt sich schwach, unruhig und unkonzentriert. Dann tauchen vor dem geistigen Auge allerlei verlockende Köstlichkeiten auf. Fast immer sind es Süßigkeiten wie etwa Schokoriegel, Kuchen, Konfekt oder Eis. Wer zu Hause ist, lenkt seine Schritte oft, ohne es zu bemerken, in Richtung Küche. Büroarbeiter stöbern abwesend in der Schreibtischschublade nach Essbarem. Selbst wenn der Geist noch so willig ist, das Fleisch wird meist schwach, wenn das Gehirn immer dringlicher nach Kohlenhydraten ruft. Insbesondere Charaktere mit hohem Anspruch an Kontrolle und Selbstdisziplin verfallen in ein regelrechtes Bacchanal mit Tausenden von Kalorien, wenn ihre Beherrschung nach Stunden oder Tagen unter dem nagenden Hunger zusammenbricht und daraufhin der von den Psychologen What-the-hell-Effekt genannte Fressanfall folgt. Die nachfolgende Reue nützt auch nichts, um den nächsten Rückfall zu vermeiden, denn Unzufriedenheit mit sich selbst ist bekanntlich ein schlechter Appetitzügler.

Nudeln, Reis und Kartoffeln galten früher als Dickmacher, doch gerade das Gegenteil stimmt. Stärkereiche Sattmacher liefern Energie und nützen der Darmtätigkeit. Doch glücklicherweise können sie durch eine Finesse des Stoffwechsels kaum in Fettpolster umgewandelt werden. Wer die Beilagen ohne Fett zubereitet, kann sich also ruhig daran satt essen.

Mehr zwischendurch essen

Je willensstärker der Mensch, desto mehr quält er seinen Körper mit langen Hungerphasen. Die belasten den Organismus und führen am Ende zu Überfällen auf den Kühlschrank mit wahren Kalorien- und Fettorgien. Wer diesem Horror aus dem Weg gehen möchte, sorgt dafür, dass der Hunger erst gar nicht so extrem wird. Man bremst ihn am besten, indem man öfter am Tag eine Kleinigkeit isst. Wer nicht zum Mittagessen kommt, ist mit einem trockenen Brötchen und einem fettarmen Fruchtquark, einem Salat oder Obst zum Knabbern gut bedient. Dabei ist vor allem das kohlenhydratreiche (und nahezu fettfreie) Brötchen wichtig: Es lässt den Serotoninspiegel und damit unsere Laune ansteigen.

Der Imbissbude aus dem Weg gehen

Lunchpakete sind natürlich für die Figur erheblich günstiger als gekaufte Snacks, die fast immer mehr Fett- als Kohlenhydratkalorien liefern. Wer zu Heißhungeranfällen auf Süßes neigt, sollte sich unbedingt etwas Kohlenhydratreiches einpacken. Dicker Reis oder Grießbrei, mit einer Mischung aus Zucker und Süßstoff gesüßt, schmeckt auch mit fettarmer oder entrahmter Milch zubereitet, ist beruhigend süß und verhindert das »große Fressen«, wenn man am Abend ausgehungert nach Hause kommt. Ebenfalls ideal als Notration fürs Büro sind Nudel- oder Kartoffelsalat in fettarmen, aber magenfüllenden Versionen (siehe Seiten 45 und 47).

Rezepte gegen den Heißhunger

Grießpudding

Zutaten *(für 2 Portionen) 1/4 l fettarme oder entrahmte Milch 1 EL Vollkorngrieß (ca. 25 g) • 1 EL Haferkleie • Zucker oder flüssiger Süßstoff • einige Tropfen Vanilleextrakt oder 1 TL Vanillezucker*

Einfache und traditionsreiche Gerichte wie Grießpudding und Milchreis schmecken auch, wenn man nach einer Verdauungsstörung langsam wieder Appetit bekommt. Eine angenehm fruchtige Ergänzung: frisch geriebener Apfel mit etwas Zitrone.

Zubereitung Die Milch zum Kochen bringen. Grieß und Haferkleie unterrühren, aufkochen und von der Kochstelle nehmen. Grießbrei mit Zucker oder Süßstoff und mit Vanille würzen, ausquellen lassen. Mit Folie bedeckt abkühlen lassen, damit sich keine Haut bildet.
Pro Portion: 170 kcal / Fett: 2 g / Ballaststoffe: 3 g
Tipp Der Grießbrei hält sich im Kühlschrank 3 bis 4 Tage lang, so dass man einen Vorrat für kleine Zwischenmahlzeiten hat.

Milchreis

Zutaten *(für 4 Portionen) 125 g Rundkornreis (eventuell Vollkornreis) • 1 Vanilleschote • 3/4 l fettarme oder entrahmte Milch Salz • 100 g Zucker oder Süßstoff*

Zubereitung Den Reis waschen und die Vanilleschote aufschlitzen. Die Milch mit 1 Prise Salz aufkochen. Reis und Vanille in die kochende Milch geben. Den Reis im geschlossenen Topf bei kleiner Hitze 25 Minuten lang kochen lassen.
Die Kochplatte abschalten und den Reis stehen lassen, bis alle Milch aufgesogen ist. Wer auf Gas kocht, nimmt den Topf vom Herd, wickelt ihn in ein dickes Tuch (Badelaken) und hält ihn so warm. Zum Schluss den Zucker unterrühren.
Pro Portion: 302 kcal / Fett: 4 g / Ballaststoffe: 1 g

Fettarme Saucen

Gute, intensiv schmeckende Saucen sind bei vielen Gerichten das Tüpfelchen auf dem i. Die folgenden Vorschläge helfen beim Fettsparen und machen aus einfachen Gemüsesalaten leichte Delikatessen.

Joghurtsauce

Zutaten *(für 4 Portionen) 150 g Magerjoghurt • 1 TL Öl*
1 gestrichener TL vollfettes Sojamehl (Reformhaus) • etwas Zitronensaft • flüssiger Süßstoff nach Belieben • Jodsalz • Pfeffer aus der Mühle • 1/2 zerdrückte Knoblauchzehe nach Belieben
1/2 Bund Schnittlauch oder andere Salatkräuter

Zubereitung Joghurt mit Öl und Sojamehl in eine Schüssel geben und mit einem Schneebesen kräftig aufschlagen. Die Sauce mit Zitronensaft, nach Geschmack mit Süßstoff, Salz und Pfeffer kräftig würzen. Wer mag, gibt Knoblauch dazu. Schnittlauch oder andere Kräuter fein schneiden und untermischen. Die Sauce passt gut zu allen Blattsalaten oder auch zu Mischungen aus rohem oder gekochtem Gemüse. Vorsichtig unter den Salat heben und sofort servieren.
Pro Portion: 31 kcal / Fett: 2 g / Ballaststoffe: 0 g
Tipp Sie können diese Joghurtsauce auch ohne Sojamehl anrühren. Doch das lezithinreiche Pulver bindet gleichmäßig und macht die fettarme Sauce cremiger. Wer süße Salatsaucen gewohnt ist, kann die Joghurtsauce mit etwas Zucker und/oder Süßstoff süßen und mit viel Zitronensaft abwandeln.

Diese Sauce passt zu allen frischen Blattsalaten, zu geraspeltem rohem Gemüse und zu gekochten Hülsenfrüchten.

Essig-Öl-Sauce für den Vorrat

Zutaten *(für 8 Portionen) 120 ml Brühe (selbst gekocht oder Instant) • 1 Messlöffel kohlenhydratfreies pflanzliches Bindemittel (Biobin oder Nestargel) • 3 EL Weißweinessig • Jodsalz*
1 Prise Zucker oder einige Tropfen flüssiger Süßstoff
2 EL gutes Olivenöl oder geschmacksneutrales Öl

Zubereitung Kalte Brühe in einer Schüssel mischen und das Bindemittel mit einem kleinen Schneebesen klumpenfrei einrühren. Wenn die Mischung glatt ist, Essig, wenig Salz und Zucker oder Süßstoff unterrühren. Das Öl unter ständigem Schlagen langsam zugießen. Rühren, bis die Sauce glatt und cremig geworden ist.
In ein Glas mit Schraubdeckel füllen und im Kühlschrank aufheben. Die Sauce hält sich gekühlt ungefähr 1 Woche lang. Vor Gebrauch noch einmal aufschlagen.
Pro Portion: 31 kcal / Fett: 3 g / Ballaststoffe: 0 g

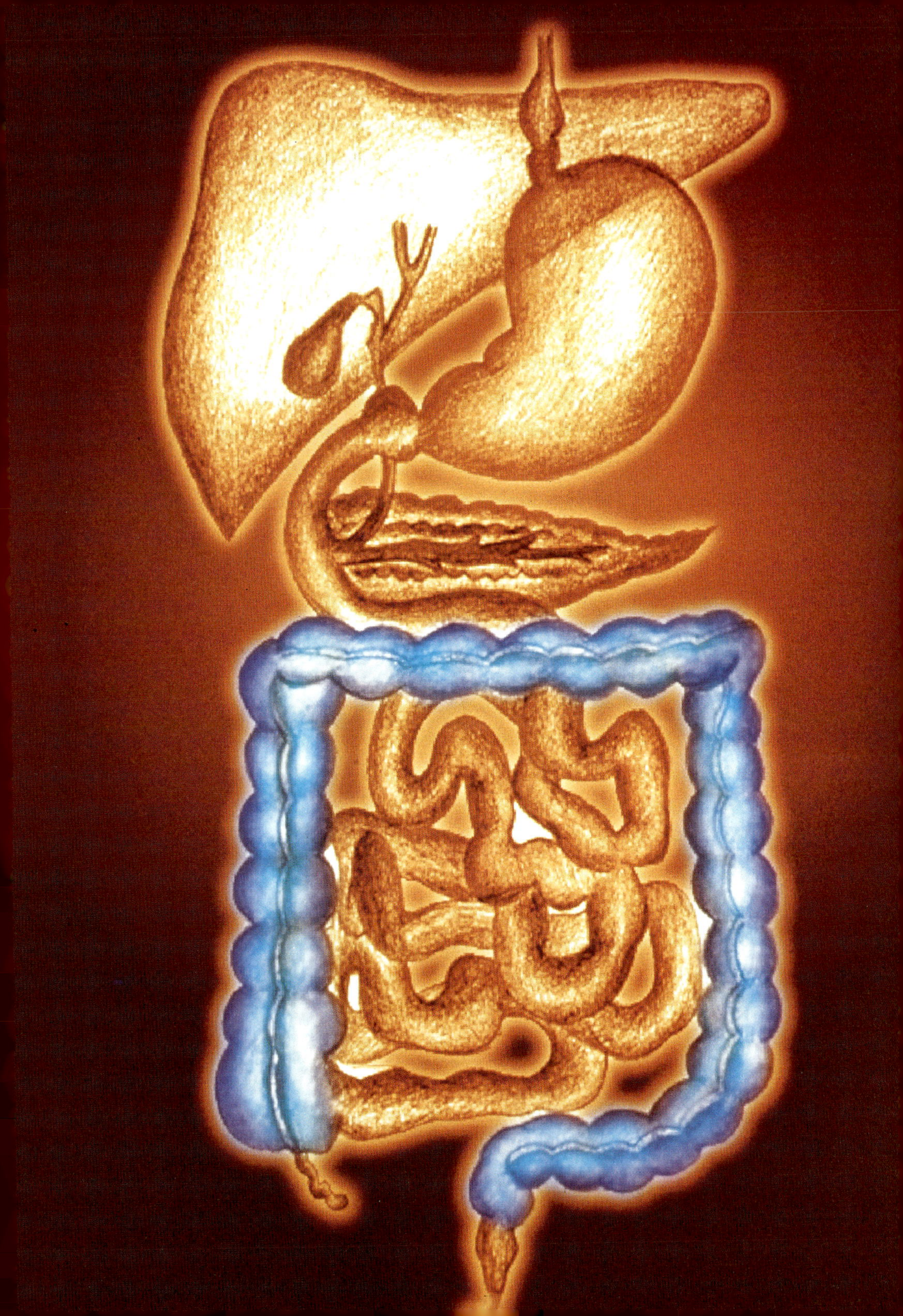

DIE HÄUFIGSTEN DARMBESCHWERDEN

Darmbeschwerden gehören zu den Problemen, die unser Wohlbefinden am häufigsten beeinträchtigen. Zunehmend sind es Unverträglichkeiten und Allergien gegen bestimmte Nahrungsmittel, die unangenehme Symptome verursachen und deren Ursache oft nur schwer auf die Spur zu kommen ist. Peinliche und schmerzhafte Blähungen, die leidige Verstopfung oder ihr Gegenteil, der Durchfall, der je nach Ursache und Dauer auch ernste Folgen für unsere Gesundheit haben kann – dies sind Beschwerden, von denen niemand wohl ganz verschont bleibt. Was die Alltagsprobleme mit dem Darm auslöst und was Sie dagegen tun können, erfahren Sie in diesem Kapitel.

Zahlreiche Dünndarmerkrankungen stören die Verdauung des Milchzuckers, weil eine geschädigte Darmschleimhaut nicht in der Lage ist, genügend von dem notwendigen Enzym Laktase zu bilden.

Wenn die Verdauung streikt

»Das bekommt mir nicht!« Dieser Satz steht für eine Vielzahl von negativen Reaktionen auf Bestandteile des Essens. Wenn man bedenkt, aus wie vielen Millionen bekannter und unbekannter, natürlicher und bei der Herstellung zugesetzter Substanzen unsere Lebensmittel zusammengesetzt sind, kann es einen nur wundern, dass so wenige Menschen über Intoleranzen klagen. Unser Darm schützt uns sicher vor den meisten unbekömmlichen Stoffen, ohne dass wir etwas davon bemerken.

Außerdem sind wahrscheinlich viele Symptome für eine Intoleranz so gelinde oder treten so verzögert auf, dass man sie mit einem Nahrungsmittel nicht mehr in Verbindung bringt. Das macht es oft auch schwer, einer Unverträglichkeit auf die Schliche zu kommen. Die meisten Verdauungsstörungen, die durch Reaktionen auf Lebensmittel ausgelöst werden, lassen sich in die drei Gruppen Enzymdefekte, Intoleranzen und Allergien einteilen.

Enzymdefekte – das Werkzeug fehlt

Unser Verdauungssystem besitzt ausgeklügelte Methoden, mit den Tausenden von Stoffen, die ihm täglich angeliefert werden, umzugehen. Für die meisten Substanzen hat es eine Vielzahl von maßgeschneiderten Enzymen zur Verfügung, die als Werkzeuge benutzt werden, um die Stoffe so ab- oder umzubauen, dass der Körper sie verwerten kann (siehe Seite 25). Nur wenn ihm das richtige Enzym fehlt oder er es nicht in den benötigten Mengen herstellen kann, muss er passen. Dann kommt es zu Verdauungsstörungen, die sich durch Bauchschmerzen, Blähungen, Krämpfe oder Durchfall zeigen. Im schlimmsten Fall jedoch entstehen lebensbedrohliche Erkrankungen.

Milchzucker wird nicht aufgespalten

Eine Milchallergie ist etwas völlig anderes als eine Laktoseintoleranz. Bei einer Allergie muss man auf alle Milchprodukte verzichten. Bauchgrummeln durch eine Unverträglichkeit von Milchzucker lässt sich durch die geschickte Auswahl der Milchprodukte vermeiden.

Bekommt ein Erwachsener nach einem Glas Milch Bauchdrücken, leidet er wahrscheinlich nicht unter einer Allergie, sondern unter einer recht weit verbreiteten Verdauungsschwäche. Vermutlich produziert sein Dünndarm nicht genügend von dem Enzym, das bei der Verdauung den Milchzucker aufspaltet (Fachbegriffe: Laktasemangel oder Laktoseintoleranz). Die Folge: Nach einem Glas Milch rumort es kräftig im Bauch, denn es gelangen größere Mengen Milchzucker unverdaut in den Dickdarm, und die Darmbakterien stürzen sich darauf. Dabei entstehen Gase, die den Darm aufblähen und sich auf diese Weise schmerzlich bemerkbar machen. Im schlimmsten Fall kommt es zu Durchfällen.

Kalzium ist unentbehrlich für die Knochen

Experten gehen davon aus, dass je nach Land 5 bis 20 Prozent der erwachsenen Mittel- und Nordeuropäer im Dünndarm zu wenig von dem Enzym Laktase produzieren und deshalb Milch und viele Milchprodukte schlecht vertragen. Rund 70 Prozent der Weltbevölkerung produzieren nur eingeschränkte Mengen von dem nützlichen Enzym. Doch Laktasemangel ist keine Frage von Alles-oder-Nichts. Wer unter Laktasemangel leidet, muss keineswegs – wie oft geraten wird – auf alle milchhaltigen Produkte verzichten. Tatsächlich könnte man, wenn auch mit großen kulinarischen Einschränkungen, milchhaltigen Produkten einfach aus dem Weg gehen und sich an eine

milchfreie Diät halten. Doch das hat gravierende Nachteile: Menschen, die weder Milch trinken noch Käse essen, leiden hierzulande öfter als andere unter Osteoporose (Knochenentkalkung).
Der Grund: Milchprodukte sind nicht nur die beste Quelle für den knochenbildenden Mineralstoff Kalzium, sondern der enthaltene Milchzucker trägt auch dazu bei, dass der Körper das notwendige Kalzium gut verwerten kann. Außerdem erkranken Menschen, die reichlich Kalzium zu sich nehmen, seltener an Darmkrebs als andere.

Joghurt statt Milch

Der Ausweg: Essen Sie Joghurt. Die meisten Menschen vertragen ihn ausgezeichnet, weil die enthaltenen Milchsäurebakterien die notwendigen Enzyme zum Abbau des Milchzuckers gleich mitbringen. Außerdem sollten Menschen, die Milchprodukte schlecht vertragen, ihren Knochen zuliebe oft kalziumreiche Lebensmittel wie etwa Sesamsaat (100 Gramm enthalten ca. 800 Milligramm Kalzium), Ölsardinen (330 Milligramm Kalzium), Sojabohnen (200 Milligramm Kalzium) oder Kichererbsen (120 Milligramm Kalzium) einplanen.

Ohne Verzehr von Milchprodukten steigt das Risiko für Osteoporose und Darmkrebs. Wer Milch schlecht verträgt, sollte auf Joghurt umsteigen. Die Milchsäurebakterien sorgen für gute Verdauung.

So wird Milch bekömmlicher

Wer Milchzucker schlecht verdaut, braucht nicht auf Milchprodukte zu verzichten. Tricks machen Milch verträglicher:

- Nur kleine Mengen Milch auf einmal trinken. Am besten verträgt man sie im Rahmen einer Mahlzeit.
- Gut gereifte Schnittkäsesorten wie etwa Schweizer Emmentaler oder Bergkäse werden fast immer gut vertragen, weil durch den Reifeprozess viel Milchzucker abgebaut wird und deshalb im Käse nur geringe, also gut verdauliche Mengen enthalten sind.
- Milchprodukte mit höherem Fettgehalt wie Sahne oder Crème fraîche machen meist keine Probleme. Das enthaltene Fett verzögert die Entleerung des Magens. So bekommt der Darm mehr Zeit, den Milchzucker abzubauen, auch wenn er geringere Mengen Laktase produziert als der Darm anderer Menschen.

Wenn Zucker im Bauch rumort

Nicht nur Milchzucker, auch andere Zuckerarten wie etwa der Fruchtzucker aus Früchten und Honig kann Durchfall verursachen, wenn die entsprechenden Mengen davon in den Dickdarm gelangen. Fruchtzucker und Sorbit ziehen Wasser an und lösen auf diese Weise Durchfall aus. Probleme gibt es dann vor allem nach dem Genuss von Diabetiker(frucht)zucker oder von Fertigprodukten, in denen anstelle von Haushaltszucker der fruchtzuckerähnliche Stoff Sorbit oder Fruchtzucker (Fruktose) verwendet wurde. Am besten beim Einkauf solche Produkte meiden. Es könnte sein, dass dann auch andere fruchtzuckerreiche Lebensmittel wie Obstdicksäfte und süße Früchte wie etwa Weintrauben, Bananen oder Äpfel schlecht vertragen werden. In einigen wenigen Fällen macht sogar der übliche Haushaltszucker (Kristallzucker) dem Verdauungstrakt zu schaffen. Dann fehlt auch hier das passende Enzym oder es ist zu wenig davon da. Meist sind die Beschwerden ganz ähnlich wie bei der Laktoseintoleranz: Der Betreffende bekommt nach dem Genuss von größeren Mengen der jeweiligen Zuckerart Bauchschmerzen, Blähungen und eventuell sogar Durchfälle. Hier hilft nur, die entsprechenden Lebensmittel zu meiden oder nur kleine Mengen davon zu essen.

Bauchweh durch Bonbons und Kaugummi? Das ist möglich, wenn es sich um zuckerfreie Süßigkeiten handelt, die mit einem zuckerähnlichen Stoff (Sorbit) oder mit Fruchtzucker gesüßt sind. Den verträgt nicht jeder in großen Mengen. Die Folge kann Bauchweh sein.

Zöliakie – Probleme mit Gluten

Der Darm eines Zöliakiekranken rebelliert bereits nach einer halben Scheibe Brot. Menschen mit dieser Erkrankung, es sind in Deutschland rund 60000, haben eine defekte Schleimhaut, deren Zellen nicht in der Lage sind, Gluten (sprich: Glu-teen), einen ansonsten harmlosen Eiweißbestandteil von Getreidesorten wie Roggen, Gerste und Weizen, zu verdauen. Erst 1950 wurde vom holländischen Kinderarzt Dicke nachgewiesen, dass diese Erkrankung vom Klebereiweiß des Getreides ausgelöst wird. Heute weiß man, dass ein kleiner Anteil des Eiweißmoleküls die Schleimhäute des Darms so zerstört, dass kaum noch Nährstoffe in den Körper gelangen können. Die Folge sind schwere Durchfälle. Die Kranken verlieren an Gewicht, das Immunsystem bricht zusammen, und sie bekommen Mangelerscheinungen, wie man sie sonst nur bei Menschen beobachten kann, die am Verhungern sind. Die bis heute einzige Möglichkeit, den Kranken zu helfen, besteht in einer strengen Diät, bei der nur glutenfreie Getreidesorten wie Mais, Hirse, Buchweizen und Reis gegessen werden dürfen. Weil einige Patienten bereits auf geringe Spuren des Glutens reagieren, werden sogar Brote oft nur mit reiner Maisstärke gebacken. Selbsthilfegruppen und andere Organisationen beraten Betroffene bei der Zusammenstellung der komplizierten Diät.

Der Ratgeber »Glutenfreie Ernährung« von Cornelia Klaeger, der ebenfalls im Südwest Verlag erschienen ist, bietet eine Fülle an Informationen und köstliche Koch- und Backrezepte.

Allergie – Aufstand des Immunsystems

Fast ein Viertel der Bevölkerung ist von Unverträglichkeiten betroffen. Allergien gehören in Deutschland zwar zu den häufigsten chronischen Krankheiten, doch nur etwa zwei Prozent der Bevölkerung leiden unter einer echten Allergie gegen Nahrungsmittel. Das mag manchen verblüffen, denn gerade über die »Allergien« gegen Zusatzstoffe in der Nahrung wird in den Medien viel Beunruhigendes geschrieben. Bei gründlichen Untersuchungen des Problems zeigt sich jedoch, dass glücklicherweise nur wenige Menschen unter einer echten Allergie gegen Nahrungsmittelinhaltsstoffe leiden – und dann sind es nur selten Zusatzstoffe, sondern fast immer natürliche Bestandteile der Speisen, auf die der Körper mit Abwehr reagiert.

Enge Beziehungen zum Immunsystem

Warum steigt die Zahl der Allergiker? Warum sind immer mehr Kinder betroffen? Diesen Fragen geht weltweit eine Fülle von Studien nach. Vertrackt an dem Problem ist der enge Zusammenhang zwischen der Entstehung einer Allergie und unserem Immunsystem. Denn warum die lebensnotwendige Abwehr von eindringenden Krankheitserregern und Fremdstoffen manchmal in eine »hysterische« Überreaktion auf ganz normale Bestandteile unserer Umwelt umschlägt, gibt viele Rätsel auf. So können manchmal nicht einmal Spezialisten bei der Untersuchung des Erkrankten genau sagen, ob es sich überhaupt um eine Allergie handelt oder um eine meist harmlosere Unverträglichkeitsreaktion (Pseudoallergie), die nach einiger Zeit wieder verschwinden kann, wenn man den reizenden Stoff meidet. Bis heute gibt es nur eine Methode, mit einer Allergie fertig zu

Der Verdauungstrakt ist das wichtigste Immunorgan des menschlichen Körpers. Vor allem die Schleimhaut im Darm spielt eine zentrale Rolle bei der Entscheidung des Körpers, ob er einen Stoff toleriert oder mit Abwehr reagiert.

werden: suchen, welche Lebensmittel die Reaktion auslösen und sie dann konsequent meiden. Doch das ist keine befriedigende Methode, vor allem dann nicht, wenn Menschen gleich drei, vier oder noch mehr Komponenten im Essen nicht vertragen und damit in eine vollkommen einseitige Diät gedrängt werden. Nicht zuletzt ist es ein deprimierender Verlust an Lebensqualität, weil Mehrfachallergiker kaum noch Lust am Essen entwickeln können.

Mangelnde Abhärtung soll schuld sein

Wissenschaftler arbeiten deshalb mit Hochdruck an der Aufklärung dieser geheimnisvollen Krankheit. Einige meinen, dass unser Immunsystem so zickig reagiere, weil es einfach unterbeschäftigt sei. Die Theorie dazu klingt, bildlich gesprochen, etwa so: Durch übereifrige Hygiene der Menschen bekommt unser Immunsystem zu selten einen Feind vor die Flinte und feuert deshalb auf Freund und Feind gleichermaßen. Würde das Immunsystem in der Kindheit etwa durch Wurmerkrankungen oder durch Kontakt mit bakterienreichem Dreck abgehärtet, käme es nicht auf die Idee, bei ganz gewöhnlichen Bestandteilen der Nahrung wie etwa Ei oder Milch auf die Barrikaden zu gehen. Ob an dieser recht einleuchtenden Theorie etwas dran ist, wird sich in den nächsten Jahren erweisen. Dann hätten unsere Großmütter damit recht gehabt, dass Dreck den Magen (und den Darm) reinigt und Kinder, die auf dem Mist spielen, die gesündesten sind.

Übereifriges Immunsystem

Wenn die Abwehrkräfte im Darm verrückt spielen: Rheumatische Erkrankungen und Arthritis könnten entstehen, weil Botenstoffe aus dem Darm an die falsche Adresse gelangen.

Ein großer und aktiver Teil des Immunsystems ist im Darm angesiedelt. Deshalb glauben Fachleute, die Auflösung des Allergierätsels dort zu finden. Bei der Suche nach den Ursachen für Nahrungsmittelallergien hoffen sie, gleichzeitig die Geheimnisse von Autoimmunerkrankungen wie etwa rheumatischen Beschwerden und multipler Sklerose zu entschlüsseln. Sie vermuten, dass fehlgeleitete Botenstoffe bei der Bekämpfung von Eindringlingen quasi versehentlich Freund und Feind verwechseln und Enzyme losschicken, die körpereigenes Gewebe zerstören. Der Darm zeigt nach außen hin nur selten seine Betroffenheit, wenn es um Allergien geht. Er ist jedoch keineswegs unempfindlicher als andere Körperregionen. Er kann sich einfach viel weniger bemerkbar machen als die

Haut oder die Atemwege, obwohl er den intensiven Kontakt mit der allergieauslösenden Speise ertragen muss. Nur jeder fünfte Fall einer Allergie gegen ein Lebensmittel zeigt sich durch Bauchschmerzen, Erbrechen und Durchfall. Doch Botenstoffe von Immun- und Nervensystem verbreiten im Körper die Kunde von der Abwehr gegen ein Nahrungsmittel vom Magen-Darm-Trakt aus. So kann ein Allergen im Essen Asthma, Nesselfieber, Arthritis und andere Krankheiten auslösen. Umgekehrt zieht – das zeigen Untersuchungen – ein allergischer Hautausschlag die Schleimhautzellen des Verdauungssystems in Mitleidenschaft. Der Allergiker merkt davon meist nichts.

Abwehrstoffe im Stuhl liefern Hinweise

Störungen im Wasserhaushalt des Körpers gehören ebenfalls zu den verborgenen Zeichen für eine Nahrungsmittelallergie, denn der durch ein Allergen erregte Darm hat Mühe, die gewohnten Mengen von Wasser und Mineralstoffen aufzunehmen. Amerikanische Experten untersuchen jetzt den Stuhl auf Abwehrstoffe des Körpers (Nachweis von IgE im Stuhl), um so festzustellen, ob der Darm allergisch auf bestimmte Lebensmittel reagiert.

Eine andere neue Methode, Allergien auf die Spur zu kommen, ist es, den Darminhalt mit Wasser herauszuspülen (Darmspülung) und im Labor zu untersuchen. So bekommt man ein umfassendes Bild vom Immunzustand des Menschen. Diese Methode dient – im Gegensatz zu der modischen, aber wissenschaftlich umstrittenen Colon-Hydro-Therapie – nur der Diagnose, sie ist nicht schmerzhaft und kann sogar Kindern zugemutet werden.

Allergene aus Lebensmitteln können die Darmschleimhaut schädigen und schwere Darmerkrankungen auslösen. Omega-3-Fettsäuren, beispielsweise aus fetten Fischen wie Hering, Lachs und Makrele, mildern die Symptome (Rezepte ab Seite 189).

Müsli essen – immer richtig?

Müsli, das ist heutzutage geradezu der Inbegriff von gesunder Ernährung. Doch nicht jeder Mensch verträgt Müsli – auch wenn es für den Darm ein fast ideales Essen ist. Der Grund: Die größte Gruppe aller Allergiker leidet an Heuschnupfen, also an einer Pollenallergie, und ist fast immer auch allergisch gegen mindestens einen Bestandteil des Müslis. Gras- und Getreideallergiker vertragen kein rohes Getreide, Baumpollenallergiker reagieren auf rohe Früchte und Nüsse. Fachleute sagen deshalb: Müsli besitzt ein hohes allergenes Potenzial. Die Allergie kann sich in Übelkeit, Blähungen, Bauchweh und vor allem in Durchfällen äußern. Aber auch Schwellungen (Ödeme) und Hautausschläge (Nesselfieber) sind möglich. Die Krankheitserscheinungen können kurzfristig und leicht, aber auch dauerhafter und schwerer sein. Allerdings verlieren viele dieser allergieauslösenden Lebensmittel ihre Aggressivität, wenn man sie erhitzt, also kocht oder dünstet. Dann wird aus dem Müsli ein Getreidebrei oder eine Milchsuppe mit Kompott. Dies sind übrigens Gerichte, die in der traditionellen bürgerlichen Küche Deutschlands noch bis in die fünfziger Jahre sehr beliebt waren.

Wer trotz Allergie gern Müsli essen möchte, kann ausprobieren, ob er es verträgt, wenn die trockene Mischung auf dem Backblech ausgebreitet im Backofen bei 120 °C für etwa 20 bis 30 Minuten erhitzt wird.

Blähungen – ein Tabuthema

Viele Menschen behaupten, sie äßen nicht gern Kohl, Vollkornprodukte oder Hülsenfrüchte. Doch vielleicht fürchten sie nur die Folgen: den aufgeblähten Leib und das Rumoren im Inneren. Diese Effekte beruhen selten auf einer Erkrankung. Wenn der Leib anschwillt und gestaute Gase schmerzhaft auf die inneren Organe drücken, liegt dies oft vor allem an der Umgebung, in der man sich gerade aufhält. Die Geplagten könnten nämlich die Gase leicht loswerden, wenn sie sich nur trauen würden, »einen fahren zu lassen«. Nicht der Bauch ist das Problem, sondern moderne Körperfeindlichkeit. Vor allem Frauen zittern vor der Peinlichkeit, die entstehen könnte, wenn man längere Zeit auf engem Raum mit Menschen zusammen ist. Sie lassen die Luft nicht heraus, weil sie fürchten, dass andere den Geruch wahrnehmen und sich belästigt fühlen. Wer sich jedoch den erlösenden Wind stundenlang verkniffen hat, den plagen ein verspannter aufgeblähter Bauch und Schmerzen. Nicht die Gasbildung ist also meist das Problem, sondern unsere Scham und der stundenlange Aufenthalt in geschlossenen Räumen. Zum Trost: Auch wenn es sich mancher kaum vorstellen kann – jeder Mensch, Spitzensportler, Bundeskanzler, Prinzessinnen, Wirtschaftsbosse und Popstars, alle lassen regelmäßig Luft ab. Es ist also keine Frage von guter Erziehung, Moral oder Disziplin, sondern ein ganz natürliches Bedürfnis des Körpers.

Wie die Luft in den Bauch kommt

Ein bis drei Liter Gas verlassen unser Verdauungssystem im Schnitt jeden Tag. Der größte Teil der Darmgase besteht aus geruchlosen Stoffen wie Stickstoff, Sauerstoff, Kohlendioxid, Wasserstoff und Methan. Minimengen weiterer Gase geben die oft gefürchteten Duftnoten. Ein Teil dieser Ausscheidungen entsteht, weil wir beim Essen und Trinken Luft schlucken. Bakterien der Darmflora produzieren bei ihrer Verwertung der Nahrungsreste den Löwenanteil aller gasförmigen Ausscheidungen. Sie bilden umso mehr Gas, je mehr Kohlenhydratreiches und Ballaststoffhaltiges wir essen. Wer sich ballaststoffarm ernährt, also reichlich Zucker, Fett und Fleisch isst, produziert im Schnitt nur etwa ein Zehntel der Gasmenge wie derjenige, der hauptsächlich Vollkornbrot, Hülsenfrüchte, Obst und Gemüse auf seinen Speisezettel setzt.

Viele Menschen lassen die »Luft« nicht heraus, weil sie fürchten, andere könnten den Geruch wahrnehmen und sich belästigt fühlen. Wer sich regelmäßig draußen bewegt, hat kaum Probleme.

Gesunde Kost macht mehr Wind

Wie stark jemand von Blähungen geplagt wird, hängt auch davon ab, wie aktiv sein Darm sich bewegt und wie seine ganz persönliche Darmflora zusammengesetzt ist. Einige Bakterienarten produzieren

Anis, Kümmel und Fenchelsamen sind die Klassiker gegen Blähungen – ob als Tee, um den akuten Beschwerden entgegenzuwirken, oder als Gewürz für »windige« Speisen.

bei ihrer Arbeit mehr Gas, andere weniger oder gar keins. Wer viel Obst, Gemüse, Hülsenfrüchte und Vollkornprodukte isst, weil er gesund und schlank bleiben möchte, muss immer etwas mehr »Wind« in Kauf nehmen. Bewegung hilft – deshalb mindestens dreimal täglich einen Spaziergang machen und dabei kräftig ausschreiten. Die Bewegung bringt den Darm in Schwung, und im Freien können auch besorgte Gemüter den Wind locker wehen lassen. Wer im Zugabteil oder in langen Besprechungen mit seinen Kollegen auf engem Raum sitzt, fühlt sich wohler, wenn er einmal pro Stunde hinausgeht, um sich zu erleichtern. Das dient nicht zuletzt übrigens auch der Konzentrationsfähigkeit.

Ist der Bauch – unabhängig davon, was Sie gegessen haben – über längere Zeit aufgebläht und reagiert auf Berührungen mit Schmerzen, kann eine Erkrankung dahinter stecken. Das sollte der Arzt überprüfen.

Lebensmittel, die blähen

Die folgenden Lebensmittel produzieren bei vielen Menschen überdurchschnittlich viel Gas im Verdauungstrakt:

Gemüse

- Hülsenfrüchte, wie z. B. weiße, rote und braune Bohnenkerne, braune und rote Linsen, getrocknete Erbsen, Kichererbsen
- Maiskörner
- Gurken, vor allem als Salat
- Gemüse aus der Kohlfamilie, wie z. B. Brokkoli, Weiß- und Rotkohl, Blumenkohl, Kohlrabi, Steckrüben, weiße Rüben, Rote Bete
- Fast alle Mitglieder der Zwiebelfamilie, wie z. B. Zwiebeln, Schalotten, Lauch, roher Knoblauch

Brot

- Frisches Roggenbrot
- Zu kurz gebackenes, klebrig feuchtes Brot aller Sorten

Obst und Fruchtsäfte

- Äpfel
- Brombeeren
- Weintrauben, Rosinen
- Grapefruits
- Pflaumen, Zwetschgen, Mirabellen
- Bananen

Was man gegen Blähungen tun kann

- Was beim einen blähend wirkt, bildet beim anderen kaum Gase. Deshalb sollten Sie prüfen, was für Sie besser oder schlechter verträglich ist. Man sitzt schnell Vorurteilen auf und verzichtet ohne Grund auf wohlschmeckende, wichtige und gesunde Lebensmittel. Mancher verträgt beispielsweise die als blähend bekannten Bohnen nahezu folgenlos, reagiert aber auf den als harmlos geltenden Spinat mit kräftiger Gasbildung. Verträglichkeit ist sehr individuell.
- Langsam essen und geduldig kauen! Je feiner die Nahrung zerkleinert wird, desto weniger grobe Teile gelangen in den Dickdarm und werden dort unter stärkerer Gasbildung von Bakterien abgebaut. Wenn Sie wegen Zahnproblemen schlecht kauen können, zerkleinern Sie blähfreudige Zutaten wie Kohl und Hülsenfrüchte im Mixer.
- Mit geschlossenem Mund kauen und nicht hastig schlingen. So schluckt man weniger Luft. Wer nervös ist und häufig Luft schluckt, sollte einen Atemtherapeuten um Hilfe bitten (Adresse Seite 220).
- Wer oft von Blähungen geplagt wird, sollte sich aufschreiben, nach welchen Lebensmitteln die Gasbildung besonders stark ist. Solche Zutaten für mindestens vier Wochen meiden, danach nur kleine Mengen auf einmal essen und die Verträglichkeit prüfen. Wer regelmäßig ballaststoffreiche Lebensmitteln isst, kann nach einer Gewöhnungszeit die Mengen steigern, weil der Körper dann mehr von den notwendigen Verdauungssäften produziert und sich im Darm die Bakterien vermehren, die von den Resten dieser Lebensmittel leben.
- Zur Probe einen Viertelliter Milch auf einmal trinken. Wenn danach starke Blähungen auftreten, handelt es sich um eine Verdauungsschwäche durch Enzymmangel (siehe auch Seite 102ff.).
- Wenn Lebensmittel blähen, die reichlich Fruchtzucker und/oder Sorbit enthalten, handelt es sich ebenfalls um eine Verdauungsschwäche (siehe Seite 104). Falls Sie bestimmte Lebensmittel im Verdacht haben, notieren Sie sich die Effekte, dann gehen Sie zu einem Facharzt und lassen sich untersuchen.
- Wer Gasbildung scheut, sollte kräftig würzen. Vor allem Koriander, Kümmel, Ingwer, Chili, Senf und Kurkuma (Gelbwurz) sollten beim Kochen oft zum Einsatz kommen. Die ätherischen Öle dieser Gewürze locken zusätzliche Verdauungssäfte.

Jeder Mensch, Spitzensportler ebenso wie Bundeskanzler, Prinzessinnen, Wirtschaftsbosse und Popstars, alle lassen regelmäßig »einen fahren«. Das ist ein normales, gesundes und unvermeidliches Bedürfnis des Körpers!

Hausmittel gegen Blähungen

Wer hin und wieder von den wirklich unangenehmen gestauten Blähungen geplagt wird, die unsere Großmütter verklemmte Winde nannten, der kann seinem Darm mit vielen Kräutertees helfen, die Verkrampfungen zu lösen. Der Apotheker bezeichnet diese blähungslindernden Heilkräuter als Carminativa.

Lassen Sie sich beim Apotheker beraten, und testen Sie dann nach und nach selbst aus, welche dieser Kräuter Ihnen besonders gut bekommen. Günstig sind auch Kombinationen verschiedener Tees, z.B. Kardamom, Kümmel und Fenchel. Manche gibt es sogar fertig zu kaufen, wie beispielsweise die gleichermaßen wirksame und wohlschmeckende Mischung aus Kümmel, Fenchel und Anis, die sogar im bequemen Aufgussbeutel angeboten wird. Folgende Teesorten helfen gegen Blähungen:

- Angelikawurzel
- Anis
- Fenchel
- Gänsefingerkraut
- Kalmuswurzelstock
- Kamille
- Kardamom
- Koriander
- Krauseminzeblätter
- Kümmel
- Pfefferminze
- Römische Kamille
- Salbeiblätter
- Sanikelkraut
- Schafgarbenkraut
- Wermutkraut

Wegen seiner blähungswidrigen Eigenschaften wird Kümmel seit alters gern als Gewürz für Kohlgerichte oder Roggenbrot verwendet.

Entspannend für den Darm – Kräutertee

Die Naturheilkunde hat für viele Leiden im Bereich des Verdauungstrakts den passenden Tee. Kamillenblüten wirken krampflösend und bakterientötend, sie lindern auf diese Weise viele Beschwerden im Magen- und Darmbereich und helfen bei Blähungen oft sehr schnell. Fenchel und auch Melisse beruhigen den nervösen Darm, sind also ideal für Menschen, deren Darm auf Stress reagiert. Beide Kräuter entspannen den Darm meist so weit, dass er die gestauten Gase loslässt. Die Liste der Kräutertees ist lang (siehe oben) – und die ihrer guten Effekte noch länger. Aber Vorsicht: Der Apotheker nennt Teekräuter Drogen und weiß, dass ihre Inhaltsstoffe oft intensiv wirken. Wer immer denselben Tee in großen Mengen trinkt, muss mit unerwünschten Nebeneffekten rechnen. Reichlich Abwechslung ist also angesagt.

Bei Heiltees kann es unter Umständen zu Nebenwirkungen kommen, wenn man sie zu lange einsetzt oder die Kräuter zu hoch dosiert. Man darf also nicht gedankenlos dieselbe Teesorte über längere Zeiträume hinweg trinken.

Öfter mal die Sorte wechseln

Falls Sie täglich Kräutertee als Durstlöscher trinken, wechseln Sie öfter mal die Sorte, um Nebenwirkungen zu vermeiden. Wenn Sie Wert auf die Heilwirkung einer bestimmten Teesorte legen, kaufen Sie am besten im Reformhaus oder in der Apotheke ein. Dort angebotene Tees sind nämlich vom Bundesgesundheitsamt als Arzneimittel zugelassen. Damit gelten für sie besonders hohe Qualitätsanforderungen, und es ist z. B. festgelegt, welche Mengen der jeweiligen Wirkstoffe darin enthalten sein müssen.

Außerhalb Deutschlands werden häufig Tees verkauft, die »nur« als Lebensmittel zugelassen sind. Sie dürfen mehr Stängel oder andere wertlose Pflanzenteile enthalten und haben oft weniger von den wirksamen Bestandteilen.

Hülsenfrüchte ohne Nebenwirkungen

Inder, aber auch Südamerikaner kochen ihre Hülsenfruchtgerichte mit einer Vielzahl von Gewürzen. Das ist nicht nur kulinarisch vorbildlich, sondern hilft auch dem Körper, mit den sonst als schwer verdaulich bekannten Leguminosen fertig zu werden. Gewürze locken zusätzliche Verdauungssäfte und mildern auf diese Weise die unangenehmen Folgen der in Bohnen und Linsen enthaltenen blähenden Bestandteile. Die indische Küche kennt ebenso wie die europäische eine zweite Methode, den Effekt von Bohnen und Linsen zu mildern: Man verwendet sie geschält. Entfernt man die Schale, zerfallen sie zwar beim Kochen, sind aber erheblich leichter verdaulich.

Verstopfung

Jeder kennt den Zustand, aber keiner redet gern darüber, wenn es mit dem Stuhlgang nicht klappt. Wer seinen Darm längere Zeit nicht entleert, ist meist unzufrieden, schlecht gelaunt, fühlt sich wie gestopft und schwerfällig. Schlechte Stimmung bei Verstopfung ist typisch, denn wir haben einen natürlichen Impuls, verdaute Nahrungsreste möglichst schnell wieder los zu werden. Können wir dem nicht nachgeben, beeinträchtigt das unser Wohlbefinden. Wer am Morgen pünktlich sein Geschäft verrichtet hat, geht eindeutig beschwingter in den Tag als ein Mensch, der wieder mal nicht konnte. In eine milde Form von Panik geraten jedoch viele Menschen, wenn sie drei, vier oder gar fünf Tage nicht »gehen« konnten. Diese Ängste sind nicht neu. Schon im Mittelalter plagten die Menschen sich mit Schreckensvorstellungen von den Folgen des vor sich hin gammelnden Unrats im eigenen Körper. Sie fürchteten die Selbstvergiftung durch den Darminhalt. Diese Sorge ist natürlich übertrieben. Wer schon mehrere Tage nicht auf die Toilette konnte, den treibt außerdem oft die Furcht um, es würde nie mehr von selbst klappen. In dieser Situation ist man offen für die schnelle Lösung. Ein Abführmittel muss her!

Fast 40 Millionen Packungen Abführmittel werden in Deutschland pro Jahr verkauft, das stellte das Berliner Robert-Koch-Institut 1996 fest. Bei einer Befragung wurden 87 verschiedene Präparate genannt, 80 Prozent davon mit darmreizender Wirkung.

Der Weg zu einem Dauerproblem

Abführmittel gibt es für relativ wenig Geld rezeptfrei als Tees, Pulver und Pillen in der Apotheke, manche auch in Drogeriemärkten und im Reformhaus, zu kaufen. Sie sind also ohne Arztbesuch leicht zu besorgen. Bis vor kurzem wurden einige davon noch lautstark als natürlich, verdauungsfördernd und blutreinigend beworben.

Es handelt sich dann zwar tatsächlich um pflanzliche Präparate wie Sennesblätter, Faulbaumrinde, Rhabarberwurzel oder Aloe, doch diese Pflanzen enthalten von Natur aus Substanzen (Anthrachinone), die die Darmschleimhaut bei häufigem oder gar regelmäßigem Gebrauch schwer schädigen, sie regelrecht gerben wie Schuhleder. 1996 hat das Bundesinstitut für Arzneimittel und Medizinprodukte endlich ein Machtwort gesprochen und die Anwendung dieser Abführmittel deutlich eingeschränkt, um den Verbraucher zu schützen. Paradoxerweise können Abführmittel nämlich leicht Verstopfungen auslösen. Einmal eingenommen, reizen sie den Darm so sehr, dass die Darmmuskulatur sich in heftigen Bewegungen windet und als eine Art Notreaktion schließlich eine Menge Wasser aus dem umgebenden Gewebe in den Darm fließt. Die Folgen sind Bauchkrämpfe und plötzliche durchfallartige Entleerungen. Dabei wird nicht nur die von unserem Körper vorgesehene Menge ausgeschieden, sondern der Darm komplett leer gefegt. Klar, dass es etliche Tage dauert, bis er wieder so weit mit Nahrungsresten angefüllt ist, dass das dafür vorgesehene Nervengewebe am Ende des Darms signalisiert: Es ist soweit, du musst mal.

Rund 200 Millionen DM geben Deutsche für Abführmittel aus. Die könnten sie sich sparen, wenn sie einfach nur mehr deftiges Brot, Kartoffeln und Hülsenfrüchte essen würden.

Der Teufelskreis

Wenn man die natürlichen Zusammenhänge nicht kennt, stellt man irgendwann nach einer »Zwangsentleerung« durch ein Abführmittel fest, dass man wieder über mehrere Tage nicht konnte und bekämpft diese scheinbare Verstopfung erneut mit denselben Mitteln. So kann bereits nach einmaligem Gebrauch eine Abhängigkeit entstehen, die den Betreffenden zum Dauerkunden von Abführmitteln werden lässt. Denn mit jeder weiteren Verwendung treten die Schattenseiten mehr in den Vordergrund. Durch die drastischen Entleerungen gehen dem Körper Sturzbäche von mineralstoffreicher Flüssigkeit verloren. Vor allem das ohnehin oft knappe Mineral Kalium landet oft in der Toilette.

Nieren und Darmmuskeln werden beeinträchtigt

Das schadet auf Dauer den Wächtern unseres Mineralstoffhaushalts, den Nieren. Wenn sie angeknackst sind, verstärken sich die Verluste an wichtigen Mineralstoffen zusätzlich. Das stört den Wasserhaushalt des Körpers so nachhaltig, dass sich nach längerem Gebrauch schwere Nebenwirkungen für das Herz- und Kreislaufsystem einstellen können. Mindestens genauso übel nimmt unsere Darmmuskulatur die Situation. Ohne ausreichende Versorgung mit Mineralstoffen erschlaffen die Muskeln, die im Darm den Nahrungsbrei vorantreiben. Auch das feine und wunderbar ausgeklügelte Nervensystem des Darms leidet unter den groben Reizen durch Abführmittel so sehr, dass es im schlimmsten Fall seine natürliche Arbeit aufgibt.

Wer schnell wirkende Abführmittel einnimmt, muss mit Bauchkrämpfen und plötzlichen, durchfallartigen Entleerungen rechnen.

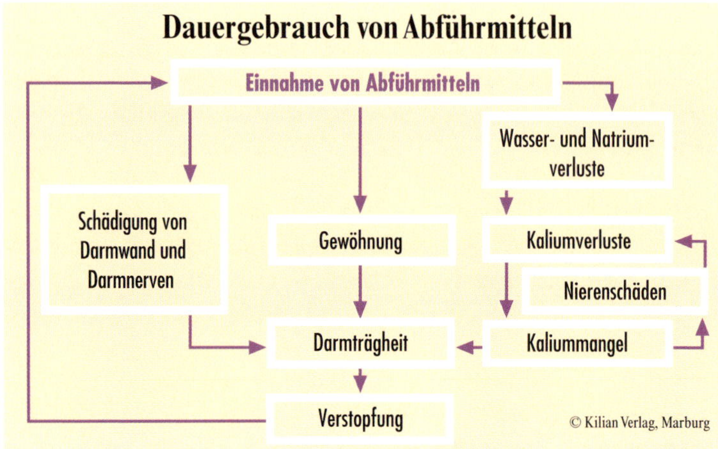

Glücklicherweise seit 1996 verboten: die Werbung für Abführmittel als Hilfe zur Gewichtsabnahme. Noch heute sind viele Frauen abhängig von Abführmitteln, weil man ihnen weisgemacht hat, sie könnten so ihre Figur schlank halten.

Abführmittel nur nach ärztlicher Verordnung

Laxanzien, so nennen Apotheker und Mediziner alle Abführmittel. In der Werbung heißen sie oft auch Verdauungshilfen. Das ist Schönfärberei. Die Präparate helfen dem Darm nicht bei seiner Arbeit, sondern sie entleeren ihn brutal, zumeist auf eine recht schmerzhafte und unphysiologische Weise. Abführmittel sind, darüber gibt es keinen Zweifel, allesamt nur für den Einzelfall gedacht. Wer gesund bleiben möchte, verwendet sie nur dann, wenn ein Arzt sie ausdrücklich verordnet. Das kann z. B. bei längerer Bettlägerigkeit der Fall sein oder gelegentlich bei sehr alten Menschen.

Auch natürliche Mittel haben Tücken

Zu den Darm reizenden pflanzlichen Abführmitteln gehören vor allem Sennesblätter, Faulbaumrinde, Rhabarberwurzel und Aloe. Auch das als altes Hausmittel bekannte Rizinusöl hat drastische Wirkungen, die bei mehrfachem Gebrauch schädlich sind. Häufig werden auch salinische Mittel wie Bittersalz, Glaubersalz oder Mergentheimer Salz zum Abführen verwendet. Sie sorgen dafür, dass große Mengen Flüssigkeit einströmen, und zwingen den auf diese Weise überfüllten Darm, sich zu entleeren. Gleitmittel aus Mineralöl wie Paraffin oder Glyzerin sorgen auf mechanische Art, meist als Zäpfchen oder Flüssigkeit, für den rasanten Durchgang.

Ursachen für den Stau im Darm

Knapp ein Drittel aller Deutschen klagt über Verstopfung, das jedenfalls schätzen Ernährungsexperten. In der Praxis des Arztes geben – so eine Umfrage – 59 Prozent der Frauen und 23 Prozent der Männer an, chronisch verstopft zu sein. Genaue Zahlen kennt jedoch niemand, vor allem deshalb nicht, weil nicht so ganz klar ist, was man eigentlich unter Verstopfung versteht. Also ist die erste Frage: Wie oft soll man müssen? Was ist normal? Antwort der Mediziner: mindestens zwei- oder dreimal die Woche, aber auch dreimal täglich wäre recht. Die meisten Menschen sind wohl mit dem Gang einmal täglich ganz zufrieden.

Schädlich sind vor allem Abführmittel, die den schnellen und sicheren Erfolg versprechen. Schon nach einmaligem Gebrauch kann man in eine Abhängigkeit geraten.

Die alten Griechen konnten öfter

Doch hört man immer wieder Mediziner, die behaupten, auch einmal die Woche sei völlig normal. Die sollten einmal gründlich bei ihrem geistigen Vater Hippokrates (375 v. Chr.) nachlesen. Im klassischen Altertum ging man, so der Begründer der wissenschaftlichen Heilkunst, drei- bis viermal täglich. Woran lag's? Am Essen natürlich. Die alten Griechen kannten keine Hamburgerrestaurants, schleckten nie Eiscreme, wussten nichts von Schokoriegeln und kriegten weder Gummibärchen noch Tiramisù zwischen die Zähne.

Hippokrates Zeitgenossen mussten noch richtig kauen, wenn sie satt werden wollten. Genau da liegt der Hase im Pfeffer. Vor allen anderen Ursachen sind es die Essgewohnheiten, die bestimmen, wie oft der Darm sich entleeren möchte. Nur wenn der Dickdarm mit Nahrungsresten gefüllt ist, löst er den Nervenreflex am Darmende aus und gibt auf diese Weise ganz natürlich Bescheid, dass es jetzt an der Zeit wäre, auf die Toilette zu gehen.

Wenn Krankheiten den Rhythmus stören

Natürlich reagiert der Darm verändert, wenn er erkrankt ist und der Arzt beispielsweise einen Reizkolon, Divertikulitis, geschwollene Hämorrhoiden, eine entzündliche Darmerkrankung oder die Stoffwechselstörung Zöliakie festgestellt hat. Aber auch Erkrankungen, die auf den ersten Blick gar nichts mit dem Darm zu tun haben, wirken sich oft nachteilig auf seine Funktionen aus und können zur Verstopfung führen. Diabetes mellitus, Schilddrüsenleiden und Erkrankungen des Nervensystems wie etwa die Parkinsonsche Krankheit gehören dazu. Auch Medikamente können durch ihre Nebenwirkungen den Darm in seinen natürlichen Aufgaben so behindern, dass nichts mehr geht. Eisenpräparate, Hustenblocker, starke Schmerzmittel, Präparate gegen zu viel Magensäure und Mittel gegen Bluthochdruck stören daher nicht selten die Verdauungsvorgänge, ohne dass sie als Ursache einer Verstopfung gleich in Verdacht geraten.

Wenn Trockenheit den Darm aufhält

Wer wenig isst, muss seltener. Nur wenn der Darm mit den Resten von Gemüse, Obst, Getreide und Hülsenfrüchten genügend gefüllt ist, meldet er sich regelmäßig.

Ausreichende Mengen Flüssigkeit sind für einen gesunden Darm mindestens so wichtig wie ballaststoffreiches Essen. Denn der Nahrung wird auf ihrem Weg durch das Verdauungssystem immer wieder Flüssigkeit zugefügt, zuerst der Speichel beim Kauen, später die Verdauungssäfte im Magen und im Dünndarm. Unser Verdauungssystem hat also einen großen Wasserbedarf. Trinken wir zu wenig, wird der Körper sparsam. Dann gerät die Speichelmenge geringer (trockener Mund), und auch dem Nahrungsbrei im Darm wird so viel Wasser wie eben möglich entzogen. Je trockener und härter jedoch der Darminhalt, desto mehr muss sich die Darmmuskulatur abmühen. Hat der Organismus dagegen reichlich Flüssigkeit zur Verfügung, kann er es sich leisten, viel Wasser im Nahrungsbrei zu belassen und ihn damit weich und geschmeidig zu erhalten.

Ältere Menschen trinken zu wenig

Bei älteren Menschen ist Flüssigkeitsmangel häufig sogar der Hauptgrund für die Verstopfung. Denn viele ältere Menschen sind eigentlich nie richtig durstig. Sie müssen zum Trinken ermuntert werden. Oft verschwinden ihre Probleme rasch und spurlos, wenn sie täglich mindestens zwei Liter Flüssigkeit trinken. Meist hilft es, einem zu selten durstigen Menschen die Trinkration für den Tag, also z. B. eine Flasche kohlensäurearmes Wasser und eine Flasche Obstsaft zum Mischen, sichtbar bereitzustellen. Natürlich sind Kräutertees, wohlschmeckende Mineralwässer oder auch einfach reines Leitungswasser ebenso gut. Je ballaststoffreicher Sie essen, desto mehr sollten Sie trinken. Ballaststoffe benötigen reichlich zusätzliche Flüssigkeit zum Aufquellen – nur dann können sie dem Darm die Arbeit erleichtern und machen ihn beweglich.

Ein Fall für den Arzt

Organische Leiden sind nur sehr selten der Grund für eine Verstopfung. Trotzdem sollten Sie sofort zum Arzt gehen, falls Sie folgende Beschwerden an sich beobachten:

- Müssen Sie stark pressen und behalten auch nach der Entleerung ein unangenehmes Völlegefühl im Darm oder den Eindruck, dort säße ein Fremdkörper?
- Leiden Sie neben der Verstopfung an Appetitlosigkeit, häufigem Aufstoßen oder Erbrechen?
- Hat sich das Verhalten Ihres Darms in letzter Zeit stark verändert? Wechseln Phasen von Durchfall mit Verstopfung?
- Begleiten Übelkeit, Fieber und Erbrechen eine Verstopfung? Ein Alarmzeichen! Sofort den Notarzt rufen!

Nicht selten löst ein Medikament die Verstopfung aus. Am besten den Beipackzettel daraufhin lesen oder den Apotheker fragen.

Wenn Stillsitzen den Darm träge macht

Muskeln der Bauchdecke, des Beckens und des Rückens umgeben den Darm. Eine Reihe von Bändern und Häuten halten ihn in seiner Lage. Man kann sich vorstellen, dass jede körperliche Bewegung Einfluss auf das weiche schlauchförmige Organ im Inneren unseres Bauchraums nimmt. Wer von den 24 Stunden des Tages acht Stunden am Schreibtisch, vier Stunden vor dem Fernseher, zwei Stunden im Auto und acht Stunden im Bett verbringt, dessen Darm wird träge. Es sei denn, der Mensch bewegt sich ab und zu kräftig. Dabei übertragen Muskeln, Sehnen und Häute ihren Schwung auf das empfindsame Verdauungsorgan. Die Bauchmuskeln massieren den Darm, verstärken seine Durchblutung und die Versorgung mit Sauerstoff und Energie. Auch eine tiefe Atmung, wie sie bei schnellem Gehen, Laufen, Fahrradfahren oder anderen sportlichen Aktivitäten entsteht, verhilft dem Organ zu mehr Lebendigkeit.

Wenn Stress den Darm lahm legt

Wer jeden Morgen um dieselbe Zeit nach einem ausführlichen Frühstück entspannt ein Liedchen pfeifend zur Toilette geht, kann sicher mit Erfolg rechnen. Denn der Darm hat eine innere Uhr und liebt Regelmäßigkeit. Das Frühstück spielt dabei eine wichtige Rolle. Es füllt den Magen und gibt damit ein Signal (den gastrokolischen Reflex) an den Dickdarm, das, salopp ausgedrückt, sagt: Macht Platz da unten, es kommt Nachschub. Wenn sich der Darm dann rührt, sollte man gehen. Klingelt aber das Telefon oder wird man durch andere Dinge daran gehindert, in Ruhe aufs Örtchen zu gehen, verschwindet das Bedürfnis. Einige Stunden später spürt man es wieder. Wer dann die Wünsche des Körpers noch einmal missachtet und sich vielleicht auch am nächsten Tag nicht die Zeit nimmt, den Darm in Ruhe zu entleeren, der löst die Verstopfung selbst aus. Übertönen Stress und Hektik die leisen Signale des Körpers immer wieder, erlahmt der Darm, er gibt einfach auf. So entwickelt sich eine chronische oder – wie die Mediziner sagen – habituelle Verstopfung.

Wenn die Seele alles festhält

Zugegeben, der Rat, wegen einer Verstopfung zum Seelendoktor zu gehen, wirkt etwas eigenartig. Doch die Hilfe eines Therapeuten macht durchaus Sinn, wenn man seelische Hintergründe für ein lästiges Dauerleiden vermutet.

Innere Spannungszustände verändern auch die Reaktionen des Körpers, und unser Darm ist ein ganz besonderes Seelchen. Der Volksmund kennt eine Reihe von Umschreibungen für diese Zusammenhänge. So heißt es beispielsweise, »der kneift«, wenn jemand sich einer Situation nicht stellen mag. Man sieht den Betreffenden regelrecht vor sich, mit zusammengekniffenen Lippen und Pobacken. Wer »verschlossen« ist, nicht »loslassen« kann und alles »festhalten« möchte, weil ihm die Öffnung zur Umwelt Angst macht, der hält auch seinen Darm unter Verschluss. Das ist auch der Grund, warum mancher Arzt, wenn er bei einem introvertierten Patienten eine seelische Störung vermutet, nach dem Stuhlgang fragt. Verstopfung gilt als eines von mehreren typischen Anzeichen für eine Depression.

Schnelle Beförderung

Einer der Gründe, warum so viele Menschen in eine Abhängigkeit von Abführmitteln geraten, ist die übersteigerte Furcht vor den Giften, die aus dem Darm in den Körper übertreten könnten, wenn der Unrat zu lange im Körper bleibt. Auch Wissenschaftler machen sich über dieses Thema Gedanken, wenn auch meist unter dem Aspekt der Langzeitwirkung oder im Zusammenhang mit Erkrankungen wie etwa Gallensteinen oder Krebs. Benötigt die Nahrung nur hin und wieder etwas länger für den Weg durch das Verdauungssystem, spielt das kaum eine Rolle, denn bei einem gesunden Menschen schirmt die

Schleimhaut des Darms den Körper gegen den Übertritt unerwünschter Stoffe ab. Schädlich kann es dagegen sein, wenn der Darminhalt grundsätzlich zu lange im Darm bleibt und sich die Schleimhaut durch den Dauerkontakt mit Reizstoffen verändert.

Feine Kost verweilt länger im Darm

Verfeinerte Speisen mit geringem Gehalt an Unverdaulichem brauchen bis zu 80 Stunden für den Weg durch den Körper, während ein Essen mit viel Ballast schon nach acht Stunden ausgewertet ist. In den Industrienationen kriecht die Nahrung im Schneckentempo von 50 bis 80 Stunden durch den Verdauungstrakt, bis sie ausgewertet und wieder ausgeschieden wird. Nach einigen Untersuchungen dauert der Transit bei alten Menschen länger als bei jungen, und bei Frauen, die die Antibabypille nehmen, länger als bei Geschlechtsgenossinnen, die keine Hormone nehmen. Der Darm von Übergewichtigen nimmt sich mehr Zeit als der von schlanken Menschen.

Keine Angst, wenn der Darm einmal ausnahmsweise länger braucht, um die Nahrungsreste wieder los zu werden. Meist geschieht das auf Reisen oder bei anderen Gelegenheiten, wenn der gewohnte Rhythmus gestört wird. Am besten, man isst weiter wie gewohnt und gibt dem empfindsamen Organ regelmäßig eine Chance, sich in Ruhe zu entleeren.

Viele Faktoren spielen mit

Doch wirklich schlau wird man aus solchen Zahlenspielen erst, wenn man weiß, was und wie viel die untersuchten Leute gegessen hatten, wie viel Bewegung sie ihrem Darm verschafften, ob sie reichlich Flüssigkeit aufgenommen hatten oder nur wenig tranken u. v. a. m. Eine englische Untersuchung mit über 1000 Teilnehmern bestätigte, dass Ballaststoffe die Transitzeit erheblich beschleunigen. Vor allem Kartoffeln und gekochte Früchte aktivieren den Transport bei Männern, bei Frauen sind es eher Hülsenfrüchte und Brot. Wer die Transitzeit bei sich selbst überprüfen möchte, kann einen kleinen Test machen: Essen Sie eine große Portion Rote Bete (aus dem Glas oder selbst gekocht, mindestens 250 Gramm), und merken Sie sich die Uhrzeit. Wenn der Stuhl rötlich gefärbte Partikel enthält, hat das Gemüse den Darm passiert.

Heilende Regelmäßigkeit

Gesunde Menschen, egal welchen Alters und Geschlechts, folgen den Signalen des Körpers, meist ohne es zu merken und ohne nachzudenken. Essen und Verdauen sind so zentral wichtig für unser Überleben, dass der Körper die Entscheidung darüber nicht dem

Körpertherapien wie etwa die Atemtherapie, Yoga oder Feldenkrais-Übungen können langfristig helfen, wenn Verstopfungen immer wieder auftauchen, ohne dass ein Arzt Gründe dafür finden könnte.

Verstand überlassen kann. Unsere Gewohnheiten zeigen deutlich, wie stark die unbewussten und instinktgeleiteten Anteile sind. Ekel schützt uns vor verdorbenen Lebensmitteln. Hunger, Appetit und Sättigung werden beim gesunden Menschen von inneren Signalen gesteuert. Obwohl das Nervensystem des Verdauungstrakts weitgehend selbstständig und unabhängig vom Willen des Menschen funktioniert, nehmen Umwelt und Lebensstil Einfluss auf die Abläufe. So stört übergroßer Lärm, ein hektisches Arbeitsleben ohne regelmäßige Ruhepausen, aber auch stressige Freizeitgewohnheiten (Nächte am Computer oder in der Kneipe) den inneren Regelkreis.

Lernen vom Pawlowschen Hund

Der Mensch vermag jedoch auch positiv auf das vegetative Nervensystem des Darms einzuwirken, und zwar durch die so genannten bedingten Reflexe, die der russische Nobelpreisträger Iwan Petrowitsch Pawlow bereits 1904 an einem Hund demonstrierte. Das Tier bekam sein Futter immer zusammen mit einem Klingelzeichen. Nach kurzer Zeit produzierten die Drüsen des Hundes auch dann Speichel, wenn zwar die Glocke ertönte, aber weit und breit kein Futter in Sicht war. Pawlow bewies damit, dass auch äußere Reize, die in keinem ursächlichen Zusammenhang mit dem Geschehen im Körper stehen,

Regelmäßiges Meditieren sorgt nicht nur für mehr Entspannung und Gelassenheit, auch das Bewusstsein für die Vorgänge im eigenen Körper wird geschärft.

einen Reflex auslösen können, der die inneren Abläufe beeinflusst. Diese Möglichkeit des Lernens hat auch unser Darm. Wir können ihn also auf prompte Verrichtung trainieren, indem wir ihm für eine Weile immer das gleiche Zeichen geben, wenn wir auf die Toilette gehen. Natürlich muss es nicht das Glöckchen sein, dass Pawlow verwendete. Gut funktionieren kleine Rituale, wie mancher sie pflegt, wenn er die Zeitung ergreift, bevor er auf das »stille Örtchen« geht. Auch wer nur kann, wenn die Nachrichten vorbei sind oder wenn ein Familienmitglied die Tür hinter sich zuschlägt, der hat seinen Darm auf bestimmte Signale und damit auf Pünktlichkeit geprägt. Ideal sind natürlich Gewohnheiten, die deutliche Signalwirkung besitzen, aber den Darm zusätzlich noch hätscheln. Wer morgens nüchtern einen kräftigen Schluck Mineral- oder Leitungswasser trinkt, gibt dem Darm sozusagen eine angenehme Dusche, die es ihm erleichtert, die Sache in Bewegung zu bringen.

Bei Rauchern dauert es länger: Wer morgens eine Zigarette raucht, weil er dann auf die Toilette gehen kann, tut sich keinen Gefallen. Er hat seinen Darm auf das falsche Signal hin programmiert. Denn insgesamt braucht die Nahrung bei Rauchern für ihren Weg durch den Darm länger als bei Nichtrauchern, das zeigen Untersuchungen.

Abführmittel ade – die Wochenendkur

Wer schon lange unter Verstopfung leidet und nicht mehr ohne Abführmittel auskommt, wird vielleicht bereits ihre Nebenwirkungen zu spüren bekommen. Fühlen Sie sich oft schlapp? Leiden Sie unter schlechtem Atem? Fasst sich der Leib oft hart an, ist er druckempfindlich oder erscheint er Ihnen »unlebendig«? Plagen Sie schmerzhafte krampfartige Blähungen und ein vorgewölbter Bauch? Hat Ihre Leistungsfähigkeit, beispielsweise beim Treppensteigen, deutlich nachgelassen? Dann wird es Zeit, Ihren Lebensstil zu verändern und dem Darm eine Chance zu geben, sich selbst zu heilen.

Vorsichtshalber ein Gesundheitscheck

Bevor Sie sich daran machen, Ihr Abführmittel abzusetzen und dem Darm die Möglichkeit zu geben, wieder gesund zu werden, sollten Sie zu Ihrem Hausarzt gehen. Falls Sie keinen haben, lassen Sie sich bei Ihrer Krankenkasse beraten, oder gehen Sie zu einem Spezialisten für Magen- und Darmbeschwerden. Der Gebrauch von Abführmitteln ist so weit verbreitet, dass sich kein Arzt über Ihr Anliegen wundern wird. Sicher lobt er Ihren Entschluss, aus der Abhängigkeit auszusteigen, und berät Sie dabei. Weil es auch Erkrankungen gibt, die Verstopfungen auslösen, wird er Sie zuerst gründlich untersuchen. Sprechen Sie mit ihm über das spezielle Abführmittel, das Sie nehmen, und bitten Sie ihn, Ihnen zu helfen, auf ein Präparat umzusteigen, dass sich stufenlos, also tropfen- oder löffelweise, dosieren lässt. Denn so können Sie die Menge sehr allmählich verringern, indem Sie täglich etwas weniger davon nehmen. Man nennt diese allmähliche Entwöhnung ausschleichen.

Wundern Sie sich jedoch nicht, wenn Ihr Arzt Ihnen bei der praktischen Umsetzung einer besseren Ernährungsweise nicht helfen kann. Nur wenige Ärzte besitzen profunde Kenntnisse in puncto Ernährung, und so geschieht es, dass sie sich – bringt man sie durch intensives Fragen auf dieses für sie unsichere Terrain – manchmal unpräzise, fehlerhaft oder gar unfreundlich äußern. Hat sich bei der medizinischen Untersuchung keine Erkrankung gezeigt, die Ihrer Darmfitnesskur entgegensteht, gibt Ihnen der Arzt grünes Licht für das Absetzen des Abführmittels. Jetzt geht es los.

Freitag – der Einstieg

Ballaststoffe beschleunigen den Transport der Nahrung durch den Darm, eiweiß- und fettreiche Nahrungsmittel liegen länger.

Beginnen Sie den Ausstieg aus der Abhängigkeit von Abführmitteln an einem Freitag, wenn Sie ein freies Wochenende vor sich haben. Planen Sie für die kommenden zwei Tage keine Restaurantbesuche oder Essenseinladungen; Sie brauchen viel Zeit für sich und Muße, um ein paar neue Gewohnheiten zu etablieren.

Ernährung

- Frühstücken Sie wie gewohnt.
- Essen Sie zwischen Frühstück und Mittagsmahlzeit einen Apfel. Auch andere Obstsorten der Saison wie etwa Orangen, Birnen, Trauben, Aprikosen oder Pflaumen kommen infrage. Sollte Ihr Darm auf rohe Lebensmittel empfindlich reagieren, essen Sie lieber Kompott (siehe Seite 216f.). Nehmen Sie sich Zeit, und kauen Sie gründlich.
- Falls Sie in der Kantine oder in einem Restaurant essen, nehmen Sie etwas mehr von Beilagen wie Kartoffeln, Nudeln und Gemüse oder Salat, und lassen Sie die Hälfte von Fisch oder Fleisch auf dem Teller. Falls Sie selbst kochen, wählen Sie etwas Vegetarisches. Trinken Sie zum Mittagessen ein großes Glas Wasser.

- Essen Sie zwischen Mittagsmahlzeit und Abendessen einen Naturjoghurt, verrührt mit einem Teelöffel vom Multiballastmix (Rezept siehe Seite 171), und trinken Sie reichlich.
- Bereiten Sie sich als Abendmahlzeit ein Trinkmüsli zu (Rezepte siehe Seite 168). Essen Sie ausnahmsweise keine feste Nahrung, sondern trinken Sie dafür den Abend über reichlich Wasser, Kräutertee, Obst- oder Gemüsesaft. Verzichten Sie auf schwarzen Tee.

Zusätzliche Maßnahmen

- Gehen Sie am Nachmittag nach der Arbeit für ein, zwei Stunden spazieren. Schreiten Sie dabei kräftig aus, und lassen Sie die Woche in Ihrem Kopf Revue passieren. Verabschieden Sie sich innerlich von den Sorgen und Pflichten der vergangenen Tage.
- Verzichten Sie auf gerbstoffreiche Rotweine, und schränken Sie den Konsum alkoholischer Getränke am Abend insgesamt ein.
- Denken Sie daran, das Abführmittel geringer zu dosieren.
- Stellen Sie für den nächsten Morgen etwa einen halben Liter Kräutertee wie Pfefferminze, Fenchel oder Kamille in einer Thermoskanne ans Bett. Es kann auch Mineralwasser oder Malzkaffee sein.

Freuen Sie sich über jeden Tag, an dem es Ihnen gelungen ist, sich an einfacher Pflanzenkost satt zu essen und mit weniger Abführmitteln auszukommen. Sie werden sich mit jedem Tag besser fühlen.

Samstag und Sonntag

Ernährung

- Trinken Sie mindestens einen Viertelliter von dem bereitgestellten Getränk, bleiben Sie dabei im Bett liegen. Sie können natürlich lesen oder Musik hören. Wichtig ist nur, dass Sie sich in Ruhe auf den Tag vorbereiten.
- Wer sonst beiläufig im Stehen oder gar nicht frühstückt, kann ab heute einen neuen Stil pflegen. Setzen Sie sich an den gedeckten Tisch, und konzentrieren Sie sich allein auf das Essen. Verschieben Sie familiäre Diskussionen auf später, stellen Sie Lärmquellen so weit es geht ab. Sorgen Sie für Ruhe, und genießen Sie sie.
- Was Sie zum Frühstück essen, bleibt Ihnen überlassen. Falls Sie sonst Brötchen essen und es vertragen, steigen Sie vielleicht jetzt auf Vollkornbrot um. Wer etwas Neues ausprobieren möchte, sucht sich aus den Frühstücksvorschlägen ab Seite 166 etwas aus. Falls Sie bei Ihrem gewohnten Frühstück bleiben, erweitern Sie es um einen

Becher Naturjoghurt, verrührt mit einem Teelöffel vom Multiballastmix (siehe Seite 171).

- Halten Sie etwas Obst und einen Joghurt als Zwischenmahlzeit bereit, und planen Sie das Mittagessen. Eine leicht verdauliche Gemüsesuppe ist gerade richtig (siehe Seite 210), oder wählen Sie ein fettarmes vegetarisches Gericht (siehe Seite 172ff.).
- Wer einen Nachmittagskaffee oder -tee gewöhnt ist und gern ein Stück Kuchen dazu isst, kann seinen Hunger auf Süßes auch mit ballaststoffreichen Kleinigkeiten stillen. Ideal sind z.B. die Energieböllchen oder die Sandplätzchen (beides siehe Seite 50).
- Essen Sie am Abend etwas Vegetarisches, dann sind Ballaststoffe automatisch inklusive. Wer Hülsenfrüchte gut verträgt, kann sich beispielsweise Haiver aus Kichererbsen (siehe Seite 180) kochen, oder Sie probieren das Sellerie-Möhren-Gemüse mit Frischkäse (siehe Seite 206f.). Wer jetzt am liebsten in ein Restaurant gehen möchte, wählt vielleicht ein asiatisches, dort gibt es immer eine Portion Reis mit viel Gemüse. Oder Sie gehen zum Italiener und bestellen als Vorspeise einen großen Salat und danach einen Teller Nudeln.

Halten Sie Ausschau nach fettarmen und ballaststoffreichen Produkten. Seit 1996 stehen die Nährwerte noch deutlicher als bisher auf der Verpackung – so will es das europäische Recht.

Zusätzliche Maßnahmen

Gleich nach dem Aufwachen beginnt das Training für Ihren Darm. Aber keine Angst, es ist überhaupt nicht anstrengend, sondern im Gegenteil äußerst angenehm. Machen Sie aus dieser sanften Übung am besten eine tägliche Gewohnheit.

- Legen Sie sich auf den Rücken. Dehnen und strecken Sie sich, spüren Sie Ihren Körper. Legen Sie die Hände auf den Bauch, streicheln Sie ihn mit kreisförmigen Bewegungen, und lassen Sie beide Hände dort für einige Minuten liegen. Fühlen Sie die Wärme.
- Ein gesunder Darm würde bald nach dem Frühstück signalisieren: Es ist soweit, bitte geh auf die Toilette. Der durch Abführmittel gestörte Darm muss erst wieder lernen, dass man auf ihn hört. Doch er gewöhnt sich sehr schnell an geregelte Verhältnisse, wenn man ihm immer zur gleichen Zeit immer die gleichen Signale sendet.

Das könnte z.B. so aussehen: Man geht auf die Toilette, setzt sich und zählt die Fliesen an der Wand. Oder man pfeift immer die gleiche Melodie, während man wartet. Es gibt unzählige andere Möglichkeiten, wichtig ist nur, dass man sich ein kleines Ritual schafft, das man gern zelebriert. So entsteht bald eine Gewohnheit daraus, die auch unter schwierigen Umständen beibehalten werden kann.

- Wenn es heute beim ersten Mal nicht klappt, gehen Sie nach einigen Minuten Wartezeit einfach zur Tagesordnung über. Versuchen Sie nicht, etwas zu erzwingen. Bedenken Sie, dass das Abführmittel, das Sie noch nehmen, dem Darm einen eigenen Rhythmus aufdrängt. Das Nervensystem des Darms muss lernen, auf Neues zu reagieren.
- Jetzt haben Sie Zeit für Ihre Wochenendbeschäftigungen. Bitte planen Sie genügend Spielraum für Bewegung mit ein. Mindestens eine Stunde täglich sollen die Muskeln kräftig arbeiten, damit der Darm angeregt und gut durchblutet wird. Wer Sport nicht mag, erledigt seine Besorgungen zu Fuß oder macht einen ausführlichen Spaziergang.
- Denken Sie daran, das Abführmittel wieder geringer zu dosieren.
- Stellen Sie sich wieder ein Getränk Ihrer Wahl am Bett bereit.

Was dem Darm gut tut, tut dem Körper auch ganz allgemein gut. Positiver Nebeneffekt der Kur: Sie werden sich aktiver, beweglicher und ausgeglichener fühlen.

Wie es weitergeht

Wer sich an diesem Wochenende auf die kleinen Veränderungen im Lebensstil eingelassen hat, die den Ausstieg aus der Abhängigkeit von Abführmitteln erleichtern, hat ganz praktisch, sozusagen am eigenen Leib, erfahren, was dem Darm gut tut. Wenn die Verdauungsorgane schon lange unter dem Einfluss der Abführmittel standen, wird es bis zu einem Monat dauern, bis sich Muskeln, Nerven und Schleimhaut so weit erholt haben, dass sie ihre Arbeit wieder erfüllen und die Verdauung so gut klappt, dass Sie dieses Problem endgültig vergessen können. Gut gelingen wird die Befreiung vom Joch der Abführmittel, wenn Sie unten genannte Neuerungen beibehalten.

Das macht Abführmittel überflüssig

- Ausgewogen und ballaststoffreich essen
- Viel trinken, am besten morgens nüchtern damit anfangen
- Täglich Bewegung einplanen
- Dem Darm Zeit geben, sich zu entleeren
- Regelmäßigkeit üben – nicht nur beim Essen
- Konflikte nicht beim Essen lösen wollen
- Starken Lärm beim Essen meiden

Durchfall

Wenn Durchfall mit Erbrechen verbunden ist, kann es durchaus sein, dass der Körper auf diese Weise ein Essen wieder losgeworden ist, auf das er allergisch reagiert.

Wer, wie der Volksmund sagt, »'nen Flotten« hat, also mit Durchfall und Krämpfen an die Toilette gekettet ist, fühlt sich immer elend bzw. oft genug todkrank. Dennoch ist die häufige und stark beschleunigte Darmentleerung selbst keine Krankheit, sondern nur ein Anzeichen dafür, dass der Verdauungstrakt in Aufruhr geraten ist. Muss man ganz plötzlich in einer Dringlichkeit zur Toilette rennen, die man sonst nicht kennt, stecken meist Bakterien oder Viren dahinter. 15 Prozent der Europäer erwischt eine solche Infektion jedes Jahr.

Der akute Durchfall dauert meist nicht länger als zwei, höchstens aber sieben Tage, eben nur so lange, bis das Immunsystem die Invasion abgewehrt hat. Die giftigen Bruchstücke der Eindringlinge spült der Darm mit der Hilfe großer Mengen Flüssigkeit, die vom Körper aus einströmen, hinaus. So sind die meisten Durchfälle eine Art Selbstreinigungsprozess, den man nicht stoppen, sondern durch reichliches Trinken fördern sollte.

Der akute Durchfall setzt plötzlich ein, der Darm wird mehr als dreimal täglich entleert, der Stuhl ist flüssig. Chronischer Durchfall dauert länger als vier Wochen und tritt oft in wiederkehrenden Schüben auf. In diesem Fall oder wenn Durchfall von weiteren Symptomen begleitet wird, sollte man dringend zum Arzt gehen!

Warum es viel zu schnell geht

Neben Lebensmittelvergiftungen und Infektionen durch Viren zeigt sich eine Vielzahl von Erkrankungen durch eine stark beschleunigte Verdauung. Deshalb sollte man zum Arzt gehen und prüfen lassen, ob sich eine ernst zu nehmende Ursache hinter dem lästigen Leiden verbirgt, das Spötter gern Dünnpfiff oder flotten Fritz nennen. Vor allem, wenn sich Durchfälle über längere Zeit hinziehen oder immer wieder aufflackern, könnten folgende Auslöser infrage kommen:

- Allergien
- Störungen im Hormonhaushalt
- Seelische Störungen
- Medikamente (z.B. Antibiotika, Zytostatika)
- Erkrankungen des Verdauungstrakts wie etwa entzündliche Darmerkrankungen oder Krebs
- Enzymdefekte wie etwa Laktasemangel
- Parasiten

Durchfall ist wirklich kein seltenes Problem: US-Experten rechnen weltweit mit etwa fünf Milliarden Fällen pro Jahr. Die Weltgesundheitsorganisation nimmt pro Jahr in Europa allein 130 Millionen Erkrankungen durch Lebensmittelvergiftungen an.

Reisedurchfall – Montezumas Rache

Wer seinen Urlaub in warmen Ländern verbringt, kann sich beim Essen und Trinken lästige Darminfektionen mit den entsprechenden Folgen holen. Durchfall gilt heute geradezu als normale Reisekrankheit, setzt aber den Reisenden oft für mehrere Tage schachmatt.
Nicht nur, weil es in manchen Ländern für unsere Begriffe unhygienisch zugeht, ist Wachsamkeit nötig, sondern weil unser Immunsystem im Darm mit den fremden Mikroben noch nicht vertraut ist und krank machende Eindringlinge nicht gleich beim ersten Kontakt abwehren kann.
Aus diesem Grund erkranken Touristen, obwohl die Einheimischen vom gleichen Essen keine Beschwerden bekommen – denn die haben längst Abwehrkräfte gegen die heimatlichen Keime entwickelt.

Vorsichtsmaßnahmen im Urlaub

Wer auf Nummer Sicher gehen möchte, meidet vor allem Salate, Eis, Getränke mit Eiswürfeln, kalte Vorspeisen, überhaupt alle kalten Gerichte. Essen Sie nur frisch gekochte Speisen, die heiß auf den Tisch kommen. Kaufen Sie intakte, ungeschälte Früchte, und schälen Sie

sie selbst. Trinken Sie Wasser, Bier oder Limonade nur, wenn die Flasche original verschlossen ist und Sie sie selbst öffnen.
Falls Sie trotz aller Vorsicht Durchfall bekommen, hilft eine Mischung aus Mineralwasser oder Fruchtsaft mit einer kräftigen Prise Salz und Zucker, um den Wasserhaushalt zu stabilisieren. Bei Kindern ist die Kombination von Colagetränken und Salzstangen beliebt, die dieselben Dienste leistet. Wer in Länder ohne verlässliche ärztliche Versorgung reist, sollte zur Vorsicht ein Mineralstoffgemisch aus der Apotheke mitnehmen, das bei schweren Durchfällen in Wasser oder Tee gelöst die verlorene Flüssigkeit ersetzen kann.

Blaubeeren sind ein bewährtes Hausmittel

Ein Hausmittel mit wissenschaftlichem Hintergrund sind auch Blaubeeren. Dass die wild wachsenden Beeren, in manchen Gegenden auch Heidelbeeren oder Bickbeeren genannt, gut gegen Durchfall sind, ist in der Volksmedizin seit langem bekannt. Heute weiß man: Sie enthalten reichlich Gerbstoffe (Tannine), die günstig auf den Darm wirken, die Ausbreitung von Bakterien hemmen und die Heilung von Entzündungen in der Schleimhaut fördern. Essen Sie frische Früchte, wenn Sie welche bekommen. Auch Tiefkühlware, Säfte oder getrocknete Blaubeeren aus dem Reformhaus (jeweils zehn Gramm mehrmals am Tag) tun gute Dienste bei Darmproblemen.

Wasser, Zucker und Kochsalz helfen, bei Durchfall den Kreislauf zu stabilisieren. Wer eine Flasche Mineralwasser mit einem Löffel Zucker und einer großen Prise Salz trinkt, fühlt sich oft schnell wieder besser.

Probiotics gibt es auch in Trockenform

Milchsäurebakterien helfen ausgezeichnet, solche Infektionen ganz schnell wieder loszuwerden, weil sie dazu beitragen, die krank machenden Keime zu vertreiben und die Darmflora schnell wieder zu regenerieren. Allerdings ist es schwierig, auf Reisen an entsprechende milchsaure Produkte wie etwa Joghurt zu kommen.
Im Reformhaus gibt es so genannte Joghurtfermentkapseln, die getrocknete Milchsäurebakterien enthalten. Allerdings ist nicht ganz sicher, ob die darin enthaltenen Keime wirksam genug sind. In der Apotheke können Sie Tabletten aus getrockneten, aber lebensfähigen Milchsäurebakterien kaufen, die hoch dosiert sind und ausdrücklich als Mittel gegen Durchfälle empfohlen werden. Allerdings vertragen diese Tabletten keine Wärme und müssen stets kühl lagern, was sicher nur bei Hotelaufenthalten mit Zimmerkühlschrank möglich ist.

Durchfall durch Lebensmittelvergiftungen

Wenn einem schlecht wird und es im Bauch rumort, fragt man sich sofort: Was habe ich gegessen? Ist mit Speisen und Getränken etwas nicht in Ordnung, alarmieren uns Magen und Darm mit Übelkeit, Brechreiz und schließlich mit Durchfall.

Eine Lebensmittelvergiftung wird von krank machenden Bakterien ausgelöst, die ins Essen gelangt sind und sich dort vermehrt haben. Entweder attackieren die enthaltenen Bakterien unser Verdauungssystem, wenn wir solche Speisen verzehren, oder sie scheiden Gifte aus, die uns krank machen. Manchmal kämpft der Darm aber auch mit giftigen Stoffen, die natürlicherweise in Nahrungsmitteln stecken oder durch Verunreinigungen in die Speisen gelangt sind. Um alle diese unerwünschten Bestandteile der Nahrung wieder loszuwerden, bleibt dem Darm nur eine Chance: Er entfernt sie mit Hilfe von viel Wasser im Schnellgang wieder aus dem Organismus. Durchfall ist deshalb in den meisten Fällen heilsam.

Beim Durchfall schafft der Darm, bildlich gesprochen, unliebsame Nahrungsbestandteile per schneller »Wasserspülung« weg.

Was man als erstes wieder essen darf

Meist meldet sich der Appetit erst wieder, wenn der Darm sich etwas beruhigt hat. In den akuten ersten Stunden einer Durchfallerkrankung kommt es vor allem darauf an, dem Körper viel Flüssigkeit zur Verfügung zu stellen. Bald danach regt sich auch wieder das Bedürfnis nach fester Nahrung. Dann ist Stärkehaltiges angesagt. Früher hieß das: Zwieback oder Haferschleim. Heute mögen sich die Experten nicht mehr so gern festlegen. Immerhin sind sie sich einig, dass man, sobald es einem wieder schmeckt, auch essen sollte.

Die früher verordnete Nahrungskarenz – so nennen Ärzte das unfreiwillige Fasten – hat keine Vorteile. Vor allem, weil die Empfehlung, nichts zu essen, bis der Durchfall vorüber ist, auf einer Fehleinschätzung beruht. Man glaubte, der Durchfall würde sich verschlimmern, weil die Anzahl der Entleerungen nach dem Essen anstieg. Tatsächlich stoppt Fasten den Durchfall nur, weil einfach nichts im Darm ist. Längere Fastenzeiten belasten den oft ohnehin geschwächten Körper durch den Mangel an Energie und Mineralstoffen. Allerdings sollten eiweiß- und fettreiche Gerichte noch etwas warten.

Auch Milch wird selten sofort wieder vertragen. Der Grund: Durchfallerreger stören häufig für kurze Zeit die Bildung von Enzymen und machen daher die Verdauung schwieriger. Eine ideales Heilmittel ist bei Durchfällen eine selbst gekochte Brühe. Selbst arg gebeutelte Betroffene haben meist bald wieder Appetit auf die als Hausmittel berühmte Hühnerbrühe mit Reis. Auch Rinderbrühen und Gemüsebrühen sind meist beliebter als wässriger Haferschleim.

Brühen zum Auswählen

Speisen, die man mit einer Durchfallerkrankung in Verbindung bringt, sind einem oft auf Jahre vergällt. Der Körper »erinnert« sich an schlechte Erfahrungen mit einem Essen – aus reiner Vorsicht.

Wenn eine Brühe als erste Nahrung für Rekonvaleszenten einer Durchfallerkrankung gedacht ist, sollte sie möglichst wenig Fett enthalten. Steht die Zeit dafür zur Verfügung, kann man die Brühe über Nacht kalt stellen. Dann lässt sich das erstarrte Fett mühelos und gründlich abschöpfen. In eiligeren Fällen hilft ein spezielles Fettabscheidekännchen, das man in Fachgeschäften und Kaufhäusern bekommt. Natürlich schmeckt eine Brühe erheblich besser, wenn einige Fettaugen obenauf schwimmen. Deshalb kann man nach und nach vom abgenommenen Fett wieder ein bisschen zufügen, wenn es vertragen wird. Als Einlage der Brühe eignen sich vor allem in den ersten Tagen gekochter Reis, Grieß und kleine Nudeln. Später können Sie die Brühe auch mit leicht verdaulichem Gemüse ergänzen.

Hühnerbrühe

***Zutaten** (für etwa 2 l) 1 Suppenhuhn • 1 Bund Suppengrün 1 Zwiebel • 1 Knoblauchzehe • 1 Bund glatte Petersilie • Salz*

Zubereitung Das Huhn mit kaltem Wasser ab- und ausspülen. Die Fettdrüsen am Schwanz (Bürzel) herausschneiden und das Huhn in einem großen Topf mit 2 1/2 Liter kaltem Wasser zum Kochen bringen. 1 Stunde lang bei geringer Hitze garen. Die Temperatur ist richtig, wenn nur langsam kleine Blasen aus der Brühe aufsteigen.
Suppengrün putzen und grob zerkleinern. Mit geviertelter Zwiebel, ungeschältem Knoblauch und Petersilie zum Huhn geben. Etwa 30 Minuten bei Mittelhitze leicht kochen lassen. Das gegarte Huhn herausheben und anderweitig verwenden. Die Brühe durch ein feines Haarsieb gießen, entfetten und mit Salz kräftig abschmecken.
Pro 250 ml: 15 kcal / Fett: 1 g / Ballaststoffe: 1 g

Für den Vorrat

Bei aller Liebe und Fürsorge für den Erkrankten möchte man auch bei längeren Durchfallerkrankungen nicht täglich eine Brühe kochen. So können Sie ohne großen Aufwand auf Vorrat wirtschaften:

- Heben Sie die klare Brühe ohne Einlagen auf. Einlagen wie beispielsweise Reis oder Nudeln separat kochen und zugedeckt kalt stellen.
- Kühlen Sie die Brühe nach dem Kochen schnell ab (z. B. in kaltem Wasser), und heben Sie sie in einem geschlossenen Gefäß im Kühlschrank auf. Jeweils nach zwei Tagen aufkochen, schnell abkühlen und wieder kalt stellen. So hält sich die Brühe mindestens eine Woche lang.
- Brühen lassen sich auch gut einfrieren. Füllen Sie kleine Mengen in den Eiswürfelbereiter und größere in Dosen oder Beutel. Haltbar sind sie vier bis sechs Monate lang.

Fleischbrühe

***Zutaten** (für etwa 2 l) 750 g Rindfleisch zum Kochen (Beinscheibe, Querrippe oder Bug) • etwa 300 g Knochen • 1 Bund Suppengrün 1 Zwiebel • 1 Knoblauchzehe • 1–2 Stiele Liebstöckel • Salz Pfeffer aus der Mühle nach Belieben*

Zubereitung Das Fleisch und die Knochen mit kaltem Wasser abspülen und in einem großen Topf mit 2 1/2 Liter kaltem Wasser zum Kochen bringen. 1 Stunde lang bei geringer Hitze garen. Die Temperatur ist richtig, wenn nur langsam kleine Blasen aus der Brühe aufsteigen. Suppengrün putzen und grob zerkleinern. Mit geviertelter Zwiebel, ungeschältem Knoblauch und Liebstöckel zum Fleisch geben. Weitere 30 Minuten kochen lassen.

Das gegarte Fleisch und die Knochen herausheben. Das Fleisch anderweitig verwenden. Die Brühe durch ein feines Haarsieb in einen sauberen Topf gießen. Brühe entfetten, mit Salz und nach Belieben mit etwas Pfeffer kräftig abschmecken.

Pro 250 ml: 15 kcal / Fett: 1 g / Ballaststoffe: 1 g

Wer niemanden hat, der sich die Zeit nehmen kann, eine gute Fleischbrühe zu kochen, kann natürlich auch eine Instantbrühe verwenden.

Gemüsebrühe

***Zutaten** (für etwa 2 l) 3 Bund Suppengrün • 1 Staudensellerie 1 Fenchelknolle • 2 Zwiebeln • 1 Bund Petersilie 2 Stiele Liebstöckel • 1/2 unbehandelte Zitrone • Salz*

Zubereitung Alle Gemüse waschen, putzen und klein schneiden. In einen großen Topf geben und mit 2 Liter kaltem Wasser zum Kochen bringen. Die gewaschene Petersilie im Ganzen zufügen. Die Brühe 45 Minuten lang bei geringer Hitze kochen. Die Temperatur ist richtig, wenn nur langsam kleine Blasen aus der Brühe aufsteigen. Liebstöckel und dünn abgeschälte Zitronenschale zufügen und noch 5 Minuten mitkochen lassen. Die Brühe durch ein feines Haarsieb in einen sauberen Topf gießen und kräftig mit Salz abschmecken.
Pro 250 ml: 12 kcal / Fett: 0 g / Ballaststoffe: 1 g

Vegetarier müssen nicht unbedingt auf Fleisch umsteigen, um an eine gute Brühe zu kommen. Viele günstige Inhaltsstoffe – vor allem die wichtigen Mineralstoffe – sind auch in einer Gemüsebrühe enthalten.

Hafersuppe

***Zutaten** (für 1 Portion) 1/4 l Brühe (selbst gemacht oder Instant) 1–2 EL Haferflocken*

Zubereitung Brühe aufkochen, Haferflocken einrühren und noch einmal aufkochen. Den Topf von der Kochstelle nehmen und einige Minuten lang ausquellen lassen.
Pro Portion: 101 kcal / Fett: 5 g / Ballaststoffe: 2 g
Tipp Hafersuppe schmeckt auch sehr gut, wenn sie mit Gemüsesäften statt mit Brühe zubereitet wird.

Hilft und schmeckt – Fruchtbrei

Apfel-Bananen-Brei

***Zutaten** (für 2 Portionen) 1 Apfel • 1 Banane • Zitronensaft 1 TL Haferkleie • Zucker nach Belieben*

Zubereitung Den Apfel gründlich waschen, Kerngehäuse entfernen und das Fruchtfleisch in Spalten schneiden. Banane schälen und klein schneiden.
Beide Fruchtsorten mit etwas Zitronensaft vermischen und in der Küchenmaschine, im Mixer oder mit dem Pürierstab des Handrüh-

rers zerkleinern. Haferkleie untermischen und den Fruchtbrei mit wenig Zucker abschmecken.
Pro Portion: 93 kcal / Fett: 0 g / Ballaststoffe: 3 g
Tipp Fruchtbrei schmeckt vielen Durchfallgeschädigten besonders gut und hilft dem Darm, sich wieder zu beruhigen. Einziger Nachteil: Er enthält kein Salz, sondern im Gegenteil viel Kalium, ein Mineralstoff, der Flüssigkeit ausschwemmt. Deshalb sollte man neben Obst immer auch salzige Brühen anbieten, sonst kann der Blutdruck stark absinken und Schwächeanfälle und Schwindel nach sich ziehen.

Lösliche Ballaststoffe aus Früchten (Pektin) umschließen unliebsame Stoffe im Darm und helfen, sie schnell herauszutransportieren.

Rohes Apfelmus

Zutaten *(für 1 Portion) 1 Apfel • einige Tropfen Zitronensaft*
1–2 EL flüssiges Pektin • Zucker nach Belieben

Zubereitung Den Apfel heiß abwaschen, vierteln und entkernen. Das Fruchtfleisch sofort mit dem Zitronensaft beträufeln und anschließend pürieren. Das Apfelmus mit dem Pektin mischen. Nach Geschmack mit wenig Zucker süßen.
Pro Portion: 116 kcal / Fett: 0 g / Ballaststoffe: 2 g

Äpfel beeinflussen die Verdauung generell sehr positiv. Sie können sowohl abführend als auch stopfend wirken. Außerdem enthalten sie viele Vitamine, Mineralien, Spurenelemente und Ballaststoffe wie Pektin.

Durchfall durch Vergiftungen

Die meisten Durchfälle werden durch verdorbene Lebensmittel oder durch Unachtsamkeit im Haushalt ausgelöst. Vor allem in Familien mit kleinen Kindern und alten Menschen sollte Vorsicht walten. Schon kleine Vorkehrungen verhindern die lästigen Erkrankungen.

Ekel schützt vor Verdorbenem

Lebensmittelvergiftungen sind weit verbreitet. Allein 100 000 Menschen stecken sich jährlich mit Salmonellen an, und bereits 10 000 fallen jährlich aggressiven EHEC-Keimen zum Opfer – mit steigender Tendenz. Allein Vorbeugen hilft.

Nicht immer reichen Anschauen, Riechen und Probieren, um mit 100-prozentiger Sicherheit festzustellen, ob ein Gericht von krank machenden Bakterien verunreinigt ist. Das wäre nur im Labor möglich. Doch unsere Sinne alarmieren uns frühzeitig. Ist ein Gericht von großen Mengen Bakterien, Hefen und Schimmelpilzen befallen, ernähren sich die Mikroben von den Zutaten und zersetzen sie. Dabei entstehen unappetitliche Düfte und Farben, auch die Beschaffenheit der Speise ändert sich. In der Regel essen wir solche verdorbenen Sachen schon deshalb nicht, weil wir uns davor ekeln.

Diese instinktive Ablehnung sollte man nicht unterdrücken, sondern im Gegenteil kultivieren, denn sie schützt uns vor Lebensmittelvergiftungen. Aber komplett darauf verlassen können wir uns nicht. Bei gut gekühlten Gerichten gibt die Nase beispielsweise oft keinen Alarm, weil Kälte den Geruch nach Verdorbenem unterdrückt. Und: Einige Mikroben, die Giftstoffe absondern oder uns durch eine Infektion krank machen können, vermehren sich im Essen, ohne dass man etwas riechen oder schmecken kann. Da hilft nur Vorsicht, besonders bei Lebensmitteln tierischer Herkunft.

Bedrohliche Bakterien der neuen Art

Einige Vertreter des meist harmlosen Darmbakteriums Escherichia coli (siehe Seite 41ff.) können Menschen aller Altersgruppen anstecken und krank machen. Experten nennen sie EHEC und kürzen so den komplizierten Namen (enterohämorrhagische Escherichia coli) ab. Die Erreger wurden erst 1982 entdeckt, als 47 Amerikaner durch den Verzehr von Hamburgern erkrankten. Regelrechte Epidemien hat es seither sowohl in den USA als auch in Australien und Europa gegeben. In Deutschland stecken sich jährlich rund 10 000 Menschen an, und es werden immer mehr!

EHEC verursacht – darauf weist der Name hin – Blutungen im Darm und blutige Durchfälle. Außerdem können diese Bakterien die Nieren so schädigen, dass bis zu 30 Prozent der Erkrankten innerhalb von einem Jahr an Nierenversagen sterben. Ein echtes Horrorszenarium, denn vor allem Kinder unter sechs Jahren und alte Menschen sind gefährdet, durch die Ansteckung nierenkrank zu werden.

Vorsicht vor rohem Fleisch von Rind und Schaf

Die bösartigen EHEC-Keime wohnen vor allem im Verdauungstrakt von Wiederkäuern wie Rind, Schaf und Ziege. Auch Hirsche, Dam- und Rehwild beherbergen sie, ohne selbst zu erkranken. Über 80 Prozent unserer Rinder tragen das gefährliche Bakterium in sich.

Rind, Schaf und Rotwild können den gefährlichen Durchfallerreger EHEC übertragen, Geflügel und Schweine dagegen nicht.

Weil die befallenen Tiere den Erreger mit dem Kot ausscheiden, gelangen die Bakterien durch Verunreinigungen beim Schlachten auf das Fleisch. Untersuchungen im Schlachthof zeigen zwar, dass EHEC-Bakterien nur auf einem kleinen Teil des Rindfleischs sitzen, doch durch Verarbeitung und Transport können sie überallhin gelangen. Vor allem der Verzehr von rohem Hackfleisch ist riskant, denn durch das Zerkleinern verteilen sich die Bakterien von der Oberfläche des Fleischs ins gesamte Produkt. Dort vermehren sie sich außerdem auch besonders gut. Weil in einer Portion Hack das Fleisch mehrerer Tiere gemischt sein kann, erhöht sich das Risiko zusätzlich.

Damit Sie Eier mit Appetit essen können

- Eiervorräte im Kühlschrank aufheben.
- Für Gerichte, die mit rohem Eigelb oder Eischnee zubereitet werden, nur Eier verwenden, die nicht älter als fünf Tage sind.
- Legedatum beachten.
- Speisen mit rohen Eiern immer am gleichen Tag aufessen.
- Ältere Eier oder Eier, deren Frische zweifelhaft ist, hart kochen oder als Zutat in gekochten oder gebackenen Gerichten verwenden.
- Werden Eier erhitzt, haben Salmonellen keine Chance.
- Auch ein weich gekochtes Frühstücksei birgt keine Gefahren, solange es nicht vorher wochenlang warm gelagert wurde.

Vorsicht – Eier und Geflügel

Eine andere Gruppe von Durchfallerregern hat in den letzten Jahren vor allem alte Menschen in Angst und Schrecken versetzt: die Salmonellen. Immer wieder berichteten die Medien über Todesfälle in Heimen, nachdem die Bewohner sich durch unsachgemäß zubereitetes Essen mit Salmonellen infiziert hatten. Die Folgen einer Salmonellenvergiftung sind immer ähnlich: Frühestens nach acht Stunden, manchmal auch erst am nächsten Tag kündigt sich die Erkrankung mit schmerzhaften Koliken an, die leicht mit Gallenkoliken zu verwechseln sind. Der Darm versucht die verkeimte Nahrung mitsamt den Erregern durch starke wässrige Durchfälle wieder aus dem Darm zu entfernen. Häufig zeigen Fieber und Schüttelfröste, wie sehr der Körper sich bemüht, mit der Invasion der Bakterien fertig zu werden. Nach zwei bis fünf Tagen verschwinden die Beschwerden ohne Medikamente. Dann haben die Abwehrkräfte des Darms die Eindringlinge besiegt. Störungen der Darmflora, wie sie bei alten Menschen besonders häufig vorkommen, erhöhen das Risiko, an einer Salmonelleninfektion zu erkranken. Außerdem ist bei Senioren das Immunsystem des Darms oft nicht mehr leistungsfähig genug, um mit den aggressiven Bakterien schnell fertig zu werden. Die größte Gefahr: Der ohnehin zum Austrocknen neigende ältere Organismus verkraftet die Wasserverluste durch die schweren Durchfälle nicht.

Tödliche Salmonellenvergiftungen entstanden vor allem, weil Gerichte mit rohen Eiern bei warmer Witterung tagelang gelagert und die Salmonellen auf diese Weise regelrecht ausgebrütet wurden.

Immer wachsam bleiben

Seit Jahrzehnten ist die Salmonellose in der Massentierhaltung vor allem bei Geflügel und Schweinen als Dauerproblem bekannt. Trotzdem stecken sich ständig Menschen mit diesen Durchfallerregern an, rund 100 000 Fälle werden pro Jahr von den Ärzten gemeldet.

Sind Geflügel und Eier deshalb ungenießbar geworden? Nein. Viele Menschen steckten sich an, weil bei warmer Witterung Suppen, Saucen, Desserts und Cremetorten, die mit rohen Eiern zubereitet worden waren, so lange herumstanden, dass die Salmonellen regelrecht ausgebrütet wurden. Ähnlich schlimme Folgen hatte es auch oft, wenn Geflügelfleisch oder -leber vorgebraten und erst am nächsten oder übernächsten Tag serviert wurde. Briet man die Stücke nicht vollständig durch, konnten sich die Salmonellen im Inneren des Fleischs explosionsartig vermehren. Sie gediehen so lange prächtig,

Fische und Meeresfrüchte sind sehr gesund, allerdings verderben sie leicht. Achten Sie daher unbedingt auf sehr frische Ware, die möglichst bald zubereitet werden sollte.

bis die Speisen auf Kühlschranktemperaturen heruntergekühlt waren. Wurde das Gericht vor dem Servieren nicht noch einmal kräftig durcherhitzt, war das Malheur schon geschehen: Milliarden von Salmonellen tummelten sich unbemerkt im Essen.

Salmonellen- und andere Darminfektionen werden nicht mit Antibiotika behandelt. Das würde den Körper nur schwächen. Unsere Darmflora erledigt die Eindringlinge innerhalb von zwei bis fünf Tagen – ohne Medikamente.

Parasiten in Fisch und Fleisch

Vor allem tierische Lebensmittel, die roh gegessen werden, bergen das Risiko einer Lebensmittelvergiftung. Sie sollten noch am Einkaufstag auf den Tisch gebracht werden. Das gilt besonders für Hackfleisch. Nicht nur, weil das fein zerkleinerte Fleisch den überall vorhandenen Mikroben eine so gute Angriffsfläche bietet, ist Tatar mit Vorsicht zu genießen. Im rohen Fleisch können trotz der Überwachung auf dem Schlachthof neben gefährlichen Bakterien wie EHEC auch krank machende Parasiten sein. Fachleute essen selbst nie rohes Fleisch und meiden auch rohen Fisch. Denn zu sehen ist ein Befall mit Parasiten mit bloßem Auge fast nie.

Campylobacter lauert in Rohmilch

Nicht nur Salmonellen und EHEC lösen häufig Lebensmittelvergiftungen mit schweren Durchfällen aus, sondern auch ein in der Öffentlichkeit recht unbekannter Krankheitskeim namens Campylobacter. Er ist vor allem deshalb gefährlich, weil schon eine geringe Zahl von rund 500 Keimen ausreicht, um eine Infektion auszulösen. Häufig ist es rohe oder unzureichend erhitzte Milch, in der die Krankheitskeime lauern. Weil auch der gefährliche EHEC-Keim oft durch Milch übertragen wird, ist die Abgabe von roher Milch, auch von Vorzugsmilch an Einrichtungen der Gemeinschaftsverpflegung, jetzt verboten worden.

Lebensmittel richtig aufheben

Neue gefährliche Darmkeime wie EHEC und Campylobacter können sich in falsch gelagerten Nahrungsmitteln vermehren und Vergiftungen mit schweren Durchfällen auslösen.

Empfindliche Lebensmittel wie Fleisch und Fisch sollten Sie nach dem Einkauf schnell in den Kühlschrank legen: Sorgfalt muss sein, denn schlecht gelagerte Fleischwaren bergen ein hohes Risiko. Entscheidend für die Haltbarkeit aller tierischen Lebensmittel ist die Temperatur. Stellen Sie also Ihren Kühlschrank kalt ein, wenn Sie Fleisch und Geflügel darin aufheben wollen. Ein Thermometer lohnt sich, denn die meisten Kühlschränke sind schwer zu regulieren. Es gibt allerdings seit einigen Jahren hochwertige Geräte, die unterschiedliche Kältezonen besitzen, darunter auch eine so genannte Null-Grad-Zone. Fleisch verdirbt nämlich bei 5 °C doppelt so schnell, bei 10 °C fünfmal und bei 20 °C zehnmal so schnell wie bei 0 °C . Rindfleisch können Sie bei 0 bis 1 °C etwa zwei Wochen lang im Kühlschrank aufheben, Schweinefleisch und Geflügel immerhin eine Woche lang.

Außerdem muss man die Lebensmittel gut verpacken. Am besten eignen sich Frischhaltebeutel oder abgedeckte Glas- und Porzellangefäße. Hackfleisch sollte höchstens für sechs bis acht Stunden im Kühlschrank bleiben. Dasselbe gilt für Innereien wie Leber oder Bries. Frischwurst ist zwar durch das enthaltene Pökelsalz etwas konserviert, verliert aber geschnitten innerhalb von zwei Tagen das appetitliche Aussehen und das Aroma. Eine schmierige Oberfläche zeigt den Verderb an. Luftgetrocknete Rohwürste wie Salami oder Plockwurst müssen nicht gekühlt werden. Sie sind durch den Wasserentzug und durch die Reifung mit Milchsäurebakterien haltbar.

Hitze und Kälte killt die Killer

Erfreulicherweise vertragen Krankheitskeime und Durchfallerreger wie etwa Salmonellen oder EHEC weder Hitze noch Kälte besonders gut. Das können Sie sich zunutze machen und die problematischen Mikroorganismen ohne viel Aufwand in Schach halten.

- Von frischen Lebensmitteln lassen sich die auf der Oberfläche haftenden Keime einfach wegwaschen. Noch wichtiger ist die Reinigung der Arbeitsflächen und Küchengeräte, besonders, wenn Sie Geflügel, Fisch oder Innereien verarbeitet haben. Achtung: Ritzen, Ecken und Kanten der Geräte sind ein Dorado für gefährliche Keime. Dort gedeihen sie ungestört und können beim nächsten Mal unproblematische Gerichte anstecken. Deshalb Arbeitsplatz und Geräte nach Gebrauch heiß mit Spülmittel reinigen und kalt nachwischen.
- Lassen Sie zubereitete Speisen nicht lange im warmen Zimmer stehen. Bei Temperaturen von 20 bis 30 °C wachsen die Mikroben in rasantem Tempo. Frisch Gekochtes deshalb so schnell es geht abkühlen und zugedeckt in den Kühlschrank stellen. Bei Temperaturen unter 4 °C können sich Krankheitserreger nicht vermehren.
- Die Hälfte aller Darminfektionen wären leicht zu vermeiden, wenn Gerichte aus dem Vorrat vor dem Verzehr kräftig aufgekocht und nicht nur einfach erwärmt würden. Bei Kerntemperaturen von etwa 80 bis 90 °C im Inneren der Speisen sterben fast alle Keime. Das gründliche Aufkochen ist besonders dann wichtig, wenn Gekochtes versehentlich länger ungekühlt herumgestanden hat.

Für Senioren, Abwehrgeschwächte und Kleinkinder tabu: rohes Fleisch, roher Fisch und Rohmilch (auch Vorzugsmilch). Das Immunsystem des Darms sehr junger und sehr alter Menschen ist oft nicht leistungsfähig genug, um mit gefährlichen Erregern fertig zu werden.

Durchfall durch Gifte aus dem Meer

Mancher ist nach Meldungen über Durchfallerkrankungen durch Muscheln verunsichert. Darf man die köstlichen Meeresfrüchte überhaupt noch essen? Man darf. In den Monaten mit »r«, also in der kühlen Jahreszeit, spricht eigentlich nichts dagegen. Wer ganz sicher gehen will, meidet außerdem den ersten und den letzten Monat mit »r«. Die Saison reicht dann nur von Oktober bis März. Der Grund für die zeitliche Regelung: Alle 28 essbaren Muschelarten können natürliche Gifte enthalten. Die Toxine stammen aus Algen, von denen sich die Tiere ernähren. Ist das Wasser warm und überdüngt, blühen die Algen, und das Vergiftungsrisiko beginnt. Die Gefahr ist also in den Sommermonaten höher. In den warmen Gewässern der Tropen wer-

Achtung: Durchfälle bei alten Menschen und bei Kindern sind gefährlich, weil ihr Wasserhaushalt sehr leicht aus den Fugen gerät. Flüssigkeiten mit Zucker und Kochsalz ersetzen die Verluste des Organismus.

den auch einige Fischarten giftig durch die Algen, die sie fressen. Bei uns sind giftige Fische zum Glück unbekannt. Ob eine Muschel giftig ist, sieht man ihr leider weder an noch schmeckt man das Algengift oder kann es beim Zubereiten entfernen. Eine Gruppe von zwölf recht verbreiteten Giften löst Durchfall und Erbrechen aus. Eine andere Art dieser Gifte ist seltener, aber auch gefährlicher – sie kann zu Muskelstarre und Atemlähmung führen.

Wenig Risiko bei einheimischen Muscheln

Bei aller Sorge: An der Nordseeküste besteht ein Frühwarnsystem, das Durchfälle und Vergiftungen durch Muscheln praktisch ausschließt: Meeresbiologen beobachten Wetterlage und Strömungen. Ist eine Algenblüte in Sicht, werden die Fischer gewarnt, und es dürfen keine Muscheln geerntet werden, bis die Gefahr vorüber ist. Weil die Gefahr den Überwachungsämtern bekannt ist, gehören die kalorienarmen Meerestiere zu den am gründlichsten kontrollierten Lebensmitteln. Sie werden mit Monitoringprogrammen, also durch eine systematische Dauerüberwachung, kontrolliert.

Muscheln lassen sich vielfältig zubereiten: beispielsweise als Risotto, Pasta, Suppe oder Paella. Achten Sie unbedingt auf frische Ware; Muscheln, die sich beim Kochen nicht öffnen, müssen weggeschmissen werden.

Oxalsäure in Gemüsearten

Spinat, Rhabarber, Sauerampfer und Mangold enthalten diesen Stoff. Man merkt ihn schon beim Essen: Er macht die Zähne stumpf und erzeugt ein leicht taubes Gefühl auf der Zunge. Oxalsäure stört im Darm die Aufnahme von Mineralstoffen wie etwa Kalzium und Eisen und fördert die Bildung von Nierensteinen. Ein Teil der Säure lässt sich durch Kochen in viel Wasser oder durch Blanchieren entfernen. Ein Rest bleibt allerdings immer enthalten. Deshalb ist gerade bei Kindern vom übermäßigen und häufigen Verzehr dieser sonst günstigen Gemüsesorten abzuraten. Es gilt: Die Menge macht's.

Die Weltgesundheitsorganisation hat eine Mineralstoffmischung bei Durchfall zusammengestellt, die man abgepackt in der Apotheke kaufen kann und in Wasser oder Tee aufgelöst trinkt, um den Körper im Notfall vor dem Austrocknen zu schützen. Bei Reisen in Gebiete ohne ärztliche Versorgung ist es ratsam, solche Präparate mitzunehmen.

Schimmel- und andere Pilzgifte

Wenn Lebensmittel verderben, sind sehr oft Pilze daran beteiligt. Sie wachsen hauptsächlich auf falsch gelagerten Speisen und pflanzlichen Produkten, wie z. B. Getreide, Gewürzen, Gemüse und Obst. Dabei scheiden sie eine Reihe von Substanzen aus, die für Mensch und Tier giftig sind. Darin ähneln Pilze den Bakterien, die ebenfalls Lebensmittel verderben und durch giftige Stoffe ungenießbar machen können. Eine plötzliche Lebensmittelvergiftung mit Durchfall jedoch, wie wir sie beispielsweise von Salmonellen kennen, lösen Pilze so gut wie nie aus. Wer ein verpilztes Nahrungsmittel gegessen hat, bemerkt zunächst einmal gar nichts. Die Gifte – der Wissenschaftler nennt sie Mykotoxine – sind nur durch komplizierte Laborverfahren festzustellen. Sie wirken, anders als bakterielle Gifte, nicht plötzlich, sondern langsam und verursachen schleichende, chronische Krankheiten. Pilzgifte können Krebs erregen, den Darm und die Leber schädigen. Einige Arten tarnen sich als Hormon und rufen Blutungen und Ödeme hervor.

Verborgenes Gift

Pilze wachsen vor allem auf pflanzlichem Material. Dennoch gelangen ihre giftigen Stoffwechselprodukte über das Futter auch in tierische Lebensmittel. Die meisten Tiere können Pilzgifte nicht abbauen, daher finden sich Spuren davon später in Fleisch und Milch wieder. Ein Beispiel: Rinder werden ab und zu mit Silage, durch Gärung haltbar gemachtem Grünfutter, gefüttert. Bei falscher Behandlung schimmelt die Silage, und es können Pilzgifte entstehen, die sich später im Rindfleisch wiederfinden. Schweinefleisch weist hin und wieder Giftrückstände aus verpilztem Maismastfutter auf. Und unsere Milch kann das giftigste aller Mykotoxine enthalten: das Aflatoxin. Es stammt meist aus unsichtbar verpilztem Futter. Auch wenn der Gesetzgeber heute bei der Tiermast mit immer strengeren Vorschriften für Futter und Haltung versucht, die Giftmengen sehr gering zu halten, wird es noch eine Weile dauern, bis alle tierischen Lebensmittel sauber sind. Wer bei Fleisch und Milch auf Nummer Sicher gehen will, kauft heute am besten beim Ökobauern. Der verwendet kein importiertes Futter, sondern nur hofeigenes, in dem Pilzgifte bisher nicht gefunden wurden.

Lebensmittelvergiftungen entstehen, wenn einfache hygienische Grundregeln wie Händewaschen und Gerätesaubermachen, gründliches Erhitzen und ausreichendes Kühlen außer Acht gelassen werden.

Manches lässt sich abwaschen

Schadstoffe geraten immer wieder in den Verdacht, an chronischen Erkrankungen des Darms beteiligt zu sein. Zwar gibt es darüber kaum fundierte Informationen, doch ist es allemal besser, verdächtige Stoffe so weit es geht zu meiden. Substanzen, die über die Luft auf pflanzliche Lebensmittel gelangen, lassen sich unter fließendem Wasser wegspülen. Kadmium dagegen und etliche Pestizide treten über die Wurzeln in den Stoffwechsel der Pflanzen ein. Da ist mit Wasser leider nichts zu machen. Abwaschen lässt sich vor allem das Schwermetall Blei, das durch Autoabgase in die Luft gepustet wird und dann auf Obst, Getreide und Gemüse landet. Auch Dioxine können Sie von der Oberfläche entfernen, wenn die Schadstoffe noch nicht allzu lange auf dem Obst oder Gemüse sitzen.

So kommt die Wachsschicht runter

Nehmen Sie lauwarmes Wasser, das bewirkt am meisten. Und bewegen Sie die Lebensmittel kräftig im Wasser hin und her, damit sich der Dreck löst. Spülen Sie mit kaltem Wasser nach, eine Handbrause am Spülbecken tut hier gute Dienste.

Für Äpfel und andere Obstarten mit einer Wachsschicht auf der Oberfläche gibt es eine Spezialbehandlung: Waschen Sie die Früchte einfach in warmem Wasser mit einem Tropfen Spülmittel. So löst sich die fettähnliche Schicht von der Schale ab. Mit kaltem Wasser nachspülen. Das ist ungewohnt, erspart Ihnen aber fettlösliche Schadstoffe, die sich aus der Luft auf der Schale festgesetzt haben.

Zu Hause vorbeugen

Wie viel Gift Pilze produzieren, die unbemerkt auf unseren Vorräten wachsen, können wir nur ahnen. Solange es nur wenige Exemplare sind, droht keine Gefahr. Erst wenn man ihnen durch Wärme und Feuchtigkeit gute Lebensbedingungen bietet, können sie sich blitzschnell vermehren und dann auch gefährliche Mengen Gift bilden. Es heißt also: vorbeugen und unsere Lebensmittel schützen. Das ist übrigens hier im kühlen Teil Europas nicht schwierig, wenn Sie die entsprechenden Regeln beachten.

- Einen gewissen Schutz vor Pilzbefall hat frisches Gemüse, wenn es unzerkleinert und ungewaschen luftdurchlässig verpackt im Kühlschrank lagert. Pilze sterben zwar durch die niedrigen Temperaturen nicht ab, aber sie wachsen bei Kälte nur sehr langsam.
- Im Gemüsefach des Kühlschranks ist die Temperatur richtig für Salate und Gemüse. Zitrusfrüchte und Tomaten gehören nicht hierher. Sie verlieren bei Kälte ihr Aroma.
- Falls die Lagerbedingungen nicht optimal waren, werfen Sie das Gericht vorsichtshalber lieber weg – auch wenn noch kein Schimmel zu sehen ist.
- Getreide und Nüsse kühl und trocken lagern. Im feuchtwarmen Klima entwickeln sich Pilze darin besonders gut. Verfärbte oder schimmlige Nusskerne wegwerfen.
- Gemüse vor der Zubereitung gründlich waschen, denn oberflächlich haftende Pilze lassen sich zum großen Teil abspülen. Je sauberer die Zutaten, desto geringer ist das Risiko, wenn Sie Reste aufheben.
- Verwenden Sie nur einwandfreies Gemüse und Obst. Sind Faulstellen zu sehen, riechen die Sachen muffig und ein bisschen nach Keller, sollten Sie sie in den Abfall tun.
- Verpacken Sie alle Lebensmittel, die Sie aufheben möchten, getrennt nach Sorten. Nehmen Sie Kunststoffdosen, Töpfe mit Deckel oder Folie. So vermeiden Sie die Übertragung von Schimmelpilzen von einem Produkt auf das nächste.

Pilzgifte (Mykotoxine) gehören zu den gefährlichsten Krebsauslösern. Sie entstehen, wenn Lebensmittel unsachgemäß gelagert werden.

Durchfall bekommt man leider nicht, wenn man schimmlige Nahrungsmittel gegessen hat, sonst würde man sicher viel aufmerksamer sein.

DARMERKRANKUNGEN – WIE MAN VORBEUGT

Sicher nicht alle, aber sehr viele Darmerkrankungen haben ihre Ursachen im Lebensstil. Essen und Trinken, Bewegung und Ruhe, Anspannung und Entspannung spielen eine große Rolle bei der Entstehung von Störungen des Verdauungstrakts. In vielem ist der Darm ein Spiegel des Menschen, dem er dient. Er zeigt sowohl das physische als auch das seelische Befinden, denn die Verdauung wird durch eine enge Verknüpfung von Hormonen und Nerven reguliert.

Gerade für Menschen mit angegriffenem Darm besonders wichtig: nur frische, hygienisch einwandfreie Lebensmittel essen!

Chronische Darmentzündungen

Morbus Crohn

Gesundheitsexperten der westlichen Industrienationen beobachten seit rund 25 Jahren, dass immer mehr Menschen an Morbus Crohn erkranken. Bei diesem quälenden Leiden zerstören wiederkehrende Entzündungen die Schleimhaut von Dünn- und Dickdarm. Bevölkerungsstudien in Dänemark zeigten, dass sich die Krankheitsfälle zwischen 1962 und 1987 versechsfacht haben. Eine Untersuchung in Japan bewies einen Zusammenhang zwischen dem steigenden Verzehr an tierischem Fett und tierischem Eiweiß und der Zunahme von Morbus-Crohn-Erkrankungen.

Colitis ulcerosa

Eine weitere chronische Darmerkrankung, die Colitis ulcerosa, löst schwere Entzündungen des Dickdarms und des Enddarms aus und geht mit Geschwüren einher, die die Schleimhaut durchlöchern können. Beide Erkrankungen, Morbus Crohn und Colitis ulcerosa, zeigen sich schubweise, also mit Unterbrechungen, immer wieder und meist mit sehr ähnlichen Beschwerden. Die Betroffenen leiden an blutigen, schleimigen Durchfällen, schweren Bauchschmerzen, Übelkeit, Appetitlosigkeit und Fieber. Weder beim Morbus Crohn noch bei Colitis ulcerosa sind die Ursachen erforscht. Doch klar ist bereits, dass beide im engen Zusammenhang mit Stoffen (kurzkettigen Fettsäuren) stehen, die unsere Darmflora aus Ballaststoffen herstellt (siehe Seite 77f.). Warum die Darmflora bei den Erkrankten nicht wie beim gesunden Menschen die Schleimhaut mit diesen Schutzstoffen versorgt und pflegt, ist noch nicht klar. Möglich wäre es, dass die Zellen die für sie bestimmte Nahrung nicht aufnehmen können. Oder dass Bakterien in der Darmflora sitzen, die den gesunden Ablauf stören. Auch allergieähnliche Hintergründe werden diskutiert. Weil das Immunsystem des Darms nach allem, was wir heute wissen, ohne Ballaststoffe seine Aufgaben nur unzulänglich erfüllen kann, können diese quälenden Erkrankungen vielleicht durch eine Ernährung, die reichlich Stärkehaltiges und Ballaststoffe enthält, vermieden werden, selbst wenn der Einzelne vielleicht sogar eine Veranlagung zu Darmentzündungen in sich trägt.

Vielleicht stecken Bakterien der Darmflora hinter entzündlichen Darmerkrankungen. Dann könnte man die zerstörerischen Prozesse mit einer Diät stoppen.

Durch die Ernährung Rückfälle vermeiden

Einem akut Erkrankten mit schweren Schmerzen kann man mit Ernährungsratschlägen kaum helfen; meist sind synthetische Diäten wie etwa Astronautenkost oder Infusionslösungen notwendig, um den Darm zu entlasten und die schweren Nährstoffverluste auszugleichen. Auf dem Weg der Besserung und nach dem Verlassen der Klinik sind Tipps für eine aufbauende und heilende Ernährungsweise dagegen unerlässlich. Denn es gilt, Rückfälle zu vermeiden oder jedenfalls möglichst lange hinauszuschieben. Früher rieten Diätexperten den Erkrankten, auf ballaststoffreiches Essen so lange zu verzichten und eine reizarme Schonkost einzuhalten, bis der Krankheitsschub vorbei und die Schleimhaut abgeheilt war.

Heute empfiehlt man stattdessen eine ballast- und nährstoffreiche, aber fettarme Ernährungsweise mit reichlich frischem Gemüse, Obst und Getreide, also eine insgesamt darmfreundliche Essweise, wie dieses Buch sie auch für gesunde Menschen vorschlägt. Spezialfette aus dem Reformhaus oder der Apotheke (MCT-haltige Fette) werden oft besonders gut vertragen. Der Kranke sollte ausprobieren, was ihm persönlich gut bekommt. So sind nicht alle Ballaststoffquellen für jeden gleich gut verträglich. Es lohnt also, erst einmal alles in kleinen Dosen und am besten auch gut zerkleinert (Mixer, Blitzhacker) zu probieren, bis man seine ganz persönliche Diät entwickelt hat. Zusätzliche Vitamine und Mineralstoffe helfen dem Körper bei den notwendigen Reparaturarbeiten. Wer gern Fisch isst, sollte ihn häufig auf den Speisezettel setzen, denn die hoch ungesättigten Fettsäuren aus dem Fett der Fische (vor allem aus Hering, Makrele, Wildlachs und Thunfisch) greifen lindernd in die entzündlichen Prozesse ein und können Rückfälle hinauszögern oder vielleicht sogar verhindern (Rezepte ab Seite 189).

Omega-3-Fettsäuren aus dem Fett von Kaltwasserfischen wie Hering, Makrele und Lachs lindern Entzündungen des Darms ein wenig.

Wer Fisch nicht mag, versucht es vielleicht mit den so genannten DHA-Eiern, deren Gehalt an nützlichen Fettsäuren durch die Fütterung der Legehennen mit Algen erhöht wird. Auch eine Kombination aus Fischölkapseln und Vitamin E kann Gewinn bringend sein. Milch vertragen die Erkrankten häufig schlecht, weil die geschädigte Darmschleimhaut zu wenig Enzyme produziert (siehe Seite 102ff.).

Neue Diät verspricht Heilungschancen

Experten halten es neuerdings für möglich, dass es schwefelabbauende Bakterien der Darmflora sind, die die quälenden Entzündungen der Colitis ulcerosa verursachen. Sie könnten, so die Theorie, die Reparaturmechanismen der Darmschleimhaut vor allem dann stören, wenn in der Nahrung zu viel vom Konservierungsstoff Schwefel enthalten ist. Das würde auch die Zunahme der Erkrankungen in den letzten 30 Jahren erklären, denn mit wachsendem Konsum von Fertigprodukten und haltbar gemachten Lebensmitteln steigt automatisch der Schwefelgehalt in der Nahrung. Zwar ist der wissenschaftliche Hintergrund für diesen Ratschlag noch nicht bewiesen, doch es lohnt sich vielleicht für die betroffenen Menschen, auf geschwefelte (sulfithaltige) Lebensmittel zu verzichten. In Restaurants und Kantinen sollten die Erkrankten wegen des oft hohen Schwefelgehalts der dort servierten Gerichte für eine Weile nicht essen. So lässt sich prüfen, ob sulfitarme Ernährung etwas bringt.

In Restaurants und Kantinen sind Gerichte oft besonders schwefelhaltig. Wer sich an eine schwefelarme Diät hält, sollte für eine Weile nur selbst zubereitete Speisen aus frischen Zutaten essen.

Geschwefelte Lebensmittel

Schwefel ist einer der ältesten Konservierungsstoffe, den wir kennen – schon die alten Griechen nutzten ihn. Er konserviert Fruchtzubereitungen, wird für die Desinfektion von Fässern und Flaschen und zum Bleichen vieler Lebensmittel verwendet. 1998 erließ die Europäische

Wer unter entzündlichen Darmerkrankungen leidet, sollte ausprobieren, ob ihm eine schwefelarme Diät hilft.

Union neue Richtlinien, die dem Verbraucher helfen sollen, geschwefelte Produkte ausfindig zu machen. Seither müssen alle Lebensmittel, die mehr als zehn Milligramm Schwefel pro Kilogramm oder Liter enthalten, als geschwefelt gekennzeichnet werden. Früher lag diese Grenze bei 50 Milligramm, so dass viele schwefelbehandelte Produkte, die unter dieser Grenze lagen, gar nicht als solche erkennbar waren. Der Verbraucher konnte noch schlechter erkennen, welche Lebensmittel mit Schwefel konserviert waren. Wer ganz sichergehen möchte, muss auch jetzt noch auf Konserviertes verzichten und kann nur frische Ware zum Kochen verwenden.

Was geschwefelt werden darf

In der Zutatenliste von verpackten Produkten werden die zur Konservierung erlaubten Schwefelarten (Schwefeldioxid, Sulfite) unter den E-Nummern E 220 bis E 228 aufgeführt. Die vollständige Liste der zum Schwefeln zugelassenen Lebensmittel mit Angaben von Höchstmengen können Betroffene im Bundesgesetzblatt Jahrgang 1998, Teil I, Nr. 8, ausgegeben in Bonn am 5. Februar 1998, nachlesen. Verbraucherberatungsstellen, Behörden und das Bundesministerium für Gesundheit geben Auskunft (Adresse siehe Seite 220).

Bevor man sich für eine Operation entscheidet, sollte man alle anderen Möglichkeiten ausschöpfen, um die schwelenden Entzündungen im Darm zum Stillstand zu bringen.

Vorsicht – geschwefelt

- Trockenfrüchte und kandierte Früchte
- Kartoffelfertigprodukte (z. B. Kartoffelbrei aus der Tüte)
- Kartoffelsnackartikel (z. B. Chips)
- Geriebener Meerrettich
- Zerkleinerte Zwiebeln, Knoblauch
- Geriebene Zitronenschalen (Fertigprodukt zum Backen)
- Trockenkartoffeln
- Getrockneter Ingwer
- Getrocknete Tomaten
- Sauerkonserven wie etwa Gurken und Rote Bete
- Süßigkeiten mit Fruchtanteil
- Wein, Bier, konservierter Zitronensaft
- Senf, Essig, Gelatine, flüssiges Pektin

Darmkrebs

Eine Krebserkrankung kann immer nur dann entstehen, wenn die Zellen erkranken, und fast immer sind es die Zellen eines speziellen Organs, die sich über das vorgesehene Maß hinaus vermehren. So ist »Krebs« der volkstümliche Oberbegriff für eine Vielzahl von Erkrankungen, deren gemeinsames Merkmal das unkontrollierte Wachstum von Zellen ist.

An Darmkrebs erkranken jedes Jahr etwa 45000 Menschen in Deutschland. Seit 1950 zeigt die Statistik eine stetig steigende Tendenz. Etwa 300000 Menschen sind zurzeit wegen dieser bösartigen Erkrankung in Behandlung, 30000 Patienten sterben jedes Jahr an den Folgen eines bösartigen Tumors im Darm. Die Ärzte können noch immer kaum helfen.

Im Gegensatz zu Leukämie oder Lymphdrüsenkrebs ist bei diesem ganz großen Killer medizinisch bisher leider kein Durchbruch zu verzeichnen. Trotz Operationen, Medikamenten und Bestrahlung liegt die Fünf-Jahres-Überlebensrate bei nur 50 Prozent. Die Hälfte der Patienten mit Dickdarmkrebs stirbt an dieser Krankheit, bei einem Tumor am Enddarm sind es sogar zwei Drittel.

Forscher des amerikanischen Krebsinstituts warnten kürzlich, nachdem sie über 40000 wissenschaftliche Arbeiten auf der Suche nach den wichtigsten Krebsauslösern durchforstet hatten, ausdrücklich vor verdorbenen Lebensmitteln.

Gesunder Lebensstil beugt vor

Allerdings geht kein Mensch abends gesund zu Bett und wacht am nächsten Morgen mit Darmkrebs auf. Rund 20 Jahre dauert es, bis die körpereigenen Schutzmechanismen versagen, die Zellen entarten und zu wuchern beginnen, wenn eine ungünstige Ernährungsweise zu wenig Schutzstoffe liefert.

Eine Vielzahl von Studien belegt inzwischen, dass Vorbeugen durch einen gesunden Lebensstil sogar dann hilft, wenn die Gene ungünstig stehen. Wer auf Dauer wenig Fett und Fleisch oder andere eiweißreiche Lebensmittel, dafür reichlich ballaststoffreiche Grobkost mit viel Getreide, Gemüse und Obst auf den Tisch bringt und regelmäßig kalziumreiche Milchprodukte isst, kann sein Risiko, an Darmkrebs zu erkranken, erheblich senken. Also lautet der Ratschlag: Am besten sofort anfangen, denn vernünftige Ernährung kombiniert mit regelmäßiger Bewegung sind der einzige bekannte Weg, die Entstehung von Darmkrebs zu verhindern.

Wer rund 40 Gramm Ballaststoffe pro Tag aufnimmt, senkt sein Risiko, an Darmkrebs zu erkranken, um etwa 30 Prozent, das jedenfalls haben US-Experten berechnet.

Regelmäßige Vorsorge ist wichtig. Lassen Sie sich von Ihrem Arzt beraten, welche Untersuchungen notwendig sind.

Plus und Minus der Ernährung

An der Entstehung von Darmkrebs sind vielfältige Faktoren beteiligt. Um die Erkrankung zu verhindern, gilt es, langfristig möglichst viele Pluspunkte beim Essen zu sammeln.

Plus

Alles, was schützt

- Ballaststoff- und stärkereiche Lebensmittel
- Gemüse und Obst
- Die Vitamine A (Karotinoide), C und E (aus Gemüse, Obst und Pflanzenöl)
- Der Mineralstoff Kalzium und Vitamin D (aus Milchprodukten und fetten Fischen)
- Folsäure (wichtiges B-Vitamin aus grünem Gemüse, Getreide, Eiern)
- Der Mineralstoff Selen
- Omega-3-Fettsäuren (z. B. aus dem Fett von Hering, Makrele und Wildlachs)
- Phytosterine aus unraffinierten Ölen, aus Samen und Nüssen
- Saponine aus Soja, getrockneten Bohnen und Erbsen

Minus

Alles, was schadet

- Kalorienreiches Essen und dadurch verursachte Fettleibigkeit
- Viel Fett
- Hoher Anteil an gesättigten Fettsäuren
- Hoher Fleischanteil, vor allem rote Fleischsorten stehen als Krebsauslöser in Verdacht
- Hoher Anteil an Nahrungseiweiß (Protein)
- Viel Alkohol: Mengen über 20 Gramm reinem Alkohol steigern das Risiko
- Geräucherte, gepökelte und stark gebräunte Lebensmittel (gebraten oder gegrillt)
- Verdorbene oder schlecht gelagerte Nahrungsmittel (Schimmel): Von Mikropilzen und Bakterien gebildete Gifte können Krebs auslösen und beschleunigen

Der »undichte« Darm

Aus den USA kommt – wie so oft – eine scheinbar einfache Erklärung für viele unerklärliche Umwelterkrankungen. Der Darm sei schuld, heißt es in Büchern und Zeitschriften, er sei bei gestressten Menschen infolge von schlechter Durchblutung des Verdauungstrakts undicht und ließe jede Menge Stoffe in den Körper gelangen, die dort Schaden anrichten. Tatsächlich gehört die Barrierefunktion des Darms, also seine Fähigkeit, den Körper gegen alles abzuschirmen, das schädlich sein könnte, zu den wichtigsten Aufgaben dieses Organs. Tatsache ist aber auch: Unser Darm ist von Natur aus undicht, der Dünndarm mehr und der Dickdarm weniger. Klar, wie sollten sonst die Nährstoffe vom Dünndarm in den Körper hineingelangen. Es ist eines der vielen Wunder der Biologie, dass unser Körper Mittel und Wege gefunden hat, lebensnotwendige Nährstoffe durch die Darmwand zu schleusen, aber Gifte, Bakterien, Viren und abträgliche Chemikalien zurückzuhalten. Ebenso verblüffend sind die Techniken, mit denen unser Körper unerwünschte, zum Ausscheiden gedachte Stoffe in die andere Richtung vom Körperinneren beim Dickdarm abliefert. Die Darmwände sind also in beide Richtungen durchlässig wie ein Sieb. Doch ein gesunder Körper kann weitgehend kontrollieren, was hindurchgeht und was nicht.

Das Wort »Ballaststoffe« taucht fast immer auf, wenn Experten über die Ursachen von Darmerkrankungen diskutieren. So unscheinbar diese Nahrungsbestandteile sein mögen – für die Funktion des Darms sind sie von zentraler Bedeutung.

Komplikation nach Operationen

Einen undichten Darm fürchten aus gutem Grund auch erfahrene Ärzte, vor allem Transplantations- und Notfallmediziner. Wegen schwerer Erkrankungen oder Verletzungen und nach Operationen müssen Patienten oft künstlich ernährt werden. Entweder bekommen sie nährstoffreiche Infusionen oder man legt eine Sonde als Zugang zum Magen, durch die dann Nährstoffmischungen tröpfeln.

Fehlen in den Präparaten bestimmte Eiweiß-, aber vor allem Ballaststoffe, beginnt ein schneller Abbau der Darmschleimhaut, und damit nimmt die Dichtigkeit der Darmwände ab. Bakterien aus der Darmflora sind dann imstande, das Innere des Darms zu verlassen, in den Körper zu wandern und Entzündungen auszulösen, die den ganzen Körper erfassen und zum Tod führen können. Dieser Vorgang gilt als eines der großen Risiken bei der Transplantation von Organen.

Noch ist vieles unerforscht

Das erschreckende Szenarium des undichten Darms steht nach allem, was man heute weiß, in engem Zusammenhang mit schwersten Erkrankungen. Ob wir davon auch ein Risiko für den gesunden Menschen ableiten können, ist ungewiss. Eine extrem ballaststoffarme Ernährungsweise mag allerdings tatsächlich den Aufbau der Schleimhäute im Verdauungstrakt verändern. Ob falsche Ernährung oder eine Lebensweise ohne Bewegung die Gesundheit des Darms so weit untergraben kann, dass auch beim gesunden Menschen schädliche Bestandteile des Darminhalts in den Körper gelangen – darüber gibt es keine wissenschaftlichen Aussagen. Allerdings deuten erste Untersuchungen darauf hin, dass regelmäßiger Alkoholkonsum das Schutzschild des Darms unvermutet stark schädigt und regelrecht durchlöchern kann. Auch bei Allergien und Unverträglichkeiten zeigt sich, dass der Darm durchlässiger wird. In einigen Jahren werden uns die Forscher vielleicht mehr darüber sagen.

Die Hälfte aller Menschen über 60 Jahren haben Divertikel, also sackförmige Ausstülpungen in der Wand des Dickdarms.

Divertikulose

Zu Beginn des Jahrhunderts hätten die meisten Ärzte nicht gewusst, was Divertikel sind, weil diese sackförmigen Ausstülpungen an der Darmwand so gut wie nie vorkamen. Da wundert es kaum, dass in Ländern, in denen noch ursprünglich und ballaststoffreich gegessen wird, diese Veränderungen der Darmwand unbekannt sind. Eine Divertikulose entsteht nicht von heute auf morgen. Nur wenn über Jahre hinweg so wenig Ballaststoffe im Essen vorhanden sind, dass die Darmmuskulatur beim Vorantreiben des Nahrungsbreis enormen Druck aufwenden muss, bilden sich Veränderungen. Je üppiger der Darminhalt, desto einfacher der Transport. Ist nur wenig Masse im Darm, quetschen die Muskeln so fest, dass die Schleimhaut von innen durch die Muskelstränge hindurchgedrückt wird und nach außen tritt. Lauter kleine Hautsäckchen sind dann außen an der Darmwand zu sehen. Viele Menschen bemerken diese anatomischen Veränderungen ihres Darms jahrelang überhaupt nicht. Doch eines Tages bekommen sie wie aus heiterem Himmel unerträgliche Bauchschmerzen mit Krämpfen.

Reichlich Ballaststoffe beugen vor

Die Aussackungen machen Beschwerden, wenn Nahrungsreste und Bakterien hineingeraten und dort zu Entzündungen führen. Schwere Schmerzen, Blutungen, Erbrechen und Übelkeit zeigen bei etwa 20 Prozent der Leidenden an, dass sich ein Divertikel entzündet hat. Oft führen entzündete Divertikel zu einer Verengung im Darm (Stenose), die den Transport des Nahrungsbreis erschwert oder unmöglich macht. Wer bereits eine Divertikulose hat, sollte vor allem unlösliche Ballaststoffe, wie sie etwa die Weizenkleie liefert, in seine Essgewohnheiten einbeziehen und dazu viel trinken. Wenn man ballaststoffreich isst und auf Mengen von etwa 40 bis 50 Gramm pro Tag kommt, verschwinden die akuten Beschwerden weitgehend, und Komplikationen treten seltener auf.

Bewegung hält die Zellen gesund. Wer seine Muskeln regelmäßig spielen lässt, dem verzeiht der Körper manche Eskapade beim Essen.

Durchblutungsstörungen

Der Darm wird von einem Geflecht von großen und kleinen Blutgefäßen versorgt. Ähnlich wie bei Herz und Gehirn können diese Adern durch Verkalkung (Arteriosklerose) oder durch ein Blutgerinnsel verstopft werden.
Oft zeigt sich diese Erkrankung bei älteren Menschen durch plötzliche starke Schmerzen, wenn ein Stück des Darms von der Blutversorgung abgeschnitten wird. Eine Röntgenaufnahme der Gefäße zeigt solche Durchblutungsstörungen. Damit es erst gar nicht dazu kommt, möglichst frühzeitig durch Bewegung, wenig Fett und viele Ballaststoffe im Essen vorbeugen. Das schützt nicht nur die Blutgefäße des Darms, sondern auch Herz und Gehirn.

Hämorrhoidalleiden

Wer redet schon gern darüber, dass es am After juckt oder gemein weh tut, wenn man auf die Toilette muss. Schuld daran sind knotenförmige Erweiterungen der Blutgefäße am Darmausgang, die sich entzünden. Beschwerden gehören schon deshalb zu den Tabuthemen, weil sie vor allen Dingen bei älteren Menschen vorkommen.

Natürlich entstehen auch Hämorrhoiden nicht von heute auf morgen, sondern sind Folge von schwachem Bindegewebe, einer sitzenden Lebensweise und ballaststoffarmer Ernährung. Stehen genügend oft Vollkornbrot, Gemüse und Hülsenfrüchte auf dem Tisch, kann man das unangenehme Leiden meist auch dann verhindern, wenn die Veranlagung in der Familie liegt.
Selbst wenn die Degeneration der Blutgefäße fortgeschritten ist, lassen sich mit ballaststoffreicher Nahrung wenigstens noch die Symptome so weit mildern, dass Hämorrhoidengeplagte sich auf der Toilette nicht mehr quälen müssen, weil üppiger weicher Stuhl komplikationslos herausrutscht. Wer den Po nach jeder »Sitzung« mit viel warmem Wasser spült, nachher gut abtrocknet und einfettet, bekämpft Juckreiz und Entzündungen ohne Medikamente.

Polypen

Im Gegensatz zu den Divertikeln, die wie Säckchen außen am Darm hängen, sitzen Polypen vorgewölbt im Inneren des Darms. Meist sehen sie aus wie kleine Pilze mit einem Stiel und einer Verdickung oben. Früher galten sie grundsätzlich als harmlos, heute werden sie als Vorstufe des Darmkrebses angesehen und entfernt.
Meist wird die Prozedur ohne Operation erledigt. Der Chirurg führt dafür ein Instrument (Koloskop) in den Darm ein, das mit einer Drahtschlinge versehen ist. Er fasst den Stiel der Polypen, schneidet sie mit einem kleinen Stromstoß ab und verschweißt die Gefäße. Zwar kann man bereits entstandene Polypen mit vernünftiger Ernährung nicht beseitigen, aber man kann, falls nicht eine familiäre Veranlagung besteht, die Entstehung verhindern.

Der Reizdarm gehört zu den häufigsten Darmerkrankungen. Experten schätzen, dass bei uns 16 Prozent der Frauen und acht Prozent der Männer unter diesem Defekt der Darmnerven leiden.

Reizdarmsyndrom

Umgangssprachliche Klagen wie »Es geht mir beschissen« oder »Davor habe ich Schiss« beziehen sich nicht von ungefähr auf die Empfindsamkeit des Darms und seine Störanfälligkeit für Angst und Stress. Der Reizdarm gehört zu den häufigsten Darmerkrankungen.

Experten schätzen, dass bei uns 16 Prozent der Frauen und acht Prozent der Männer unter diesem Defekt leiden.
So äußert sich der gereizte Darm mit einer ganzen Reihe von quälenden Beschwerden. Manche Kranke klagen über starke, wandernde Schmerzen im Leib, andere werden morgens von heftigen Durchfällen geplagt, wieder andere quälen sich mit harten und kugelförmigen Stuhlpartikeln, von Experten Schafkotstuhl genannt. Vor allem aber leiden fast alle Reizdarmkranken unter Meteorismus, also unter quälenden Blähungen, die den Leib auftreiben.
Weder Röntgenaufnahmen noch Darmspiegelungen zeigen die Ursache der Beschwerden, denn der gereizte Darm beruht auf einer Funktionsstörung. Das erschwert die Diagnose und führt zu vergeblichen Therapieversuchen. Jedes einzelne Symptom wird häufig genug als Krankheit angesehen und behandelt.

Die einzig richtige Behandlung gibt es nicht

So versuchen manche Ärzte, die Durchfälle mit Medikamenten zu stoppen und den verhärteten Stuhl mit Abführmitteln aufzuweichen – und wenn alles nichts nützt, Mittel gegen Depressionen zu verschreiben. Inzwischen weiß man jedoch, dass beim Reizdarm das Nervengeflecht in der Darmwand, das die Muskulatur in den Wänden des Verdauungstrakts kontrolliert, verrückt spielt. Die Ursache dieser Störung ist bisher nicht bekannt.
Denkbar wäre jedoch, dass neben Stress und Nervenerkrankungen auch Medikamente eine Rolle spielen könnten. Eine abwechslungsreiche Ernährungsweise, die reich ist an unterschiedlichen Ballaststoffen, lindert die Symptome, heilen kann sie nicht. Erfolgversprechend sind dagegen Körpertherapien wie etwa Feldenkrais, Osteopathie und Yoga, Musik- und Tanztherapien.

Wer sich über Therapiemöglichkeiten gründlicher informieren möchte, findet in diesem Kursbuch auf Seite 220 Adressen, die einem weiterhelfen können.

Stuhlinkontinenz

Menschen, die im hohen Alter wieder Windeln kaufen müssen, schämen sich oft so sehr, dass sie es weder Angehörigen noch ihrem Hausarzt erzählen mögen. Dabei leuchtet es doch jedem ein, dass der »Sicherheitsverschluss« am Ende des Darms ausleiert, wenn harter

Stuhl, anhaltende Verstopfung mit dem Gebrauch von drastischen Abführmitteln oder chronische Durchfälle das ausgeklügelte System von Nerven und Muskeln jahrzehntelang überfordert haben. Außerdem ist dieses Leiden weitaus verbreiteter, als die Betroffenen vermuten. Neben Nervenerkrankungen, Geburtsfolgen und einer Schwäche der Beckenbodenmuskulatur steckt auch hier oft anhaltender Ballaststoffmangel hinter einem Krankheitsbild, das die Lebensqualität im Alter empfindlich stört. In einigen Fällen können Operationen helfen, den Schließmuskel zu reparieren. Durch Biofeedback, also Übungen, bei denen der Betroffene die Leistung des Muskels durch Signale gemeldet bekommt und entsprechend trainieren kann, wird dieses Leiden oft auskuriert. Ebenfalls sehr hilfreich: Beckenbodengymnastik. In vielen Großstädten wird diese Heilgymnastik zur Stärkung der Muskulatur bereits angeboten.

Besonders bei Kindern ist der Zusammenhang zwischen Seelenlage und Darmbeschwerden häufig offensichtlich. Typisch sind Bauchschmerzen oder Durchfall bei Angst oder Schulstress.

Der Darm und die Seele

Fast jeder Zweite, der mit Verdauungsbeschwerden zum Arzt kommt, leidet nicht unter organisch bedingten Erkrankungen, sondern unter Funktionsstörungen. Hier sind häufig psychologische und soziale Faktoren beteiligt. Unser Verdauungssystem besitzt ein ausgeprägtes Nervengeflecht, das wie ein zweites Gehirn sensibel auf äußere Einflüsse reagiert. Über 100 Millionen Nervenzellen nehmen Reize auf, verarbeiten die Informationen und schicken Botschaften in Form von chemischen Substanzen durch den Körper.

Stress lass nach

Unter Stress wie etwa Dauerlärm, Angst oder beruflicher Überforderung werden Hormone ausgeschüttet, die die Arbeit der Nerven im Verdauungstrakt ganz erheblich verändern. Das Nervengeflecht leidet unter negativen Außenreizen so sehr, dass schließlich Fehler bei der Übertragung von Botschaften entstehen, die den ordnungsgemäßen Ablauf im Darm beeinträchtigen. So entstehen quasi irrtümlich heftige Muskelbewegungen, die üblichen Muskelbewegungen verstärken sich. Der Darm spielt verrückt, krampfartige Schmerzen peinigen die Betroffenen. Aber auch eine Lähmung der Darmmuskeln, die zu Verstopfung führt, kann durch solche Fehlsteuerungen entstehen. Der so genannte Reizdarm (siehe Seite 156f.), aber auch die quälenden, wiederkehrenden Durchfälle, Verstopfungen, Bauchkrämpfe und viele andere Unpässlichkeiten sind vermutlich die Folge solcher Nervenstörungen.

Wenn die Lebensumstände krank machen

Wie stark der Bauch auf bedrohliche Situationen reagiert, haben viele Menschen schon einmal erfahren und sich buchstäblich oder beinahe »vor Angst in die Hose gemacht«. Panik und Dauerstress beginnen zwar im Kopf, aber sie machen den Bauch krank. Regelmäßige Entspannung, das Abreagieren von Stress durch Bewegung und regelmäßige Ruhephasen können das aufgeputschte Nervensystem besänftigen und oft genug sogar so weit regenerieren, dass die Beschwerden wieder verschwinden. Erst wenn man zur Ruhe kommt und der Kopf frei ist vom Rausch der Stresshormone, lässt sich über die eigenen krank machenden Lebensumstände vernünftig nachdenken. Denn viele Männer und manche Frauen bemerken überhaupt nicht, wie aufreibend und krankheitsfördernd ihr Lebensstil ist. Um die eigene Situation richtig einzuschätzen, braucht man etwas Abstand und innere Ruhe. Kurzfristig wirkende Antistressmittel sind deshalb für viele die notwendige erste Hilfe und ein wichtiger Schritt auf dem Weg zu einem veränderten Lebensstil.

Die richtige Atemtechnik – aus dem Bauch heraus – kann Verdauungsprobleme auch direkt beeinflussen durch einen sanften Massageeffekt der Muskulatur über dem Darm.

In 15 Minuten entspannen

Kleine Atemübung

Kennen Sie das? Sie bekommen eine brisante Nachricht und müssten sofort eine Entscheidung treffen, aber vor lauter Aufregung können Sie sich nicht konzentrieren. Eine kleine einfache Übung hilft, den Kopf wieder frei zu kriegen und damit auch den Bauch zu entlasten. Stellen Sie sich mit dem Rücken so an eine Wand, dass Kopf, Schultern und Po anliegen. Atmen Sie tief ein, und heben Sie dabei die Arme bis auf die Höhe der Schultern. Bleiben Sie für ein, zwei Sekunden in dieser Stellung. Arme langsam wieder sinken lassen und die Übung mehrmals wiederholen. Nach zwei Minuten sind Sie ausgeglichen genug, um die richtige Lösung zu finden.

Schöne Gedanken

Positive Gedanken können hilfreich sein, wenn Probleme in Beruf und Partnerschaft zur schweren Dauerbelastung werden. Schöne Tagträume beruhigen und setzen neue Kräfte frei, den Alltag wieder erfolgreich zu gestalten.

Gedankliche Reisen zu angenehmen Orten, verbunden mit intensiver bildlicher Vorstellung sind ein bewährtes Mittel, um kurz, aber wirksam abzuschalten.

Legen Sie sich bequem hin, schließen Sie die Augen, und schalten Sie das Kopfkino ein. Schaffen Sie sich im Geist eine ideale Partnerschaft, einen wundervollen Urlaub oder den großen beruflichen Erfolg. Konzentrieren Sie sich dabei besonders auf die Details, und stellen Sie sich genau vor, wie alles wäre. Nach einer Viertelstunde sind Sie ruhig, erfrischt und zu neuen Taten bereit.

Phantasien gegen den Stress

Wer eine einfache Möglichkeit sucht, möglichst angenehm und schnell zur Ruhe zu kommen, kann diesen Phantasiespaziergang ausprobieren: Setzen Sie sich bequem, oder, falls das möglich ist, legen Sie sich hin. Stellen Sie einen (Küchen-)Wecker auf zehn Minuten. Schließen Sie die Augen, und gehen Sie in Ihrer Vorstellung auf eine grüne Sommerwiese voller Blüten zu. Betreten Sie mit bloßen Füßen das kühl-feuchte Gras, und spüren Sie die Halme zwischen den Zehen. Betrachten Sie jede Blüte und jeden Grashalm genau, und atmen Sie dabei den Duft der Pflanzen tief ein. Klingelt der Wecker, kommen Sie von Ihrem Gedankenspaziergang zurück. Dann noch für ein, zwei Minuten nachspüren, wie gelassen Sie jetzt sind.

So tun als ob

Wer Mühe hat, zur Ruhe zu kommen, kann sich mit einem Trick selbst überlisten. Nehmen Sie sich zehn Minuten Zeit, setzen Sie sich hin, schließen Sie die Augen, und tun Sie einfach einmal so, als ob Sie nicht die kleinste Sorge hätten. Stellen Sie sich vor, wie es sich anfühlt, wenn man richtig wohlig entspannt ist und jeder Muskel in sich ruht. Das ist nicht schwer, man muss sich nur darauf einlassen. Unser Unterbewusstsein und der Körper selbst erinnern sich genau daran, wie es ist, locker und glücklich zu sein. Nach einigen Minuten der Konzentration ist die ersehnte Ruhe zur Wirklichkeit geworden.

In den Flow gehen

Wer von Arbeit und Stress so angestrengt ist, dass er kaum weiß, wo er beginnen soll, die Probleme zu lösen, der sollte sich auf den Weg machen und an die Luft gehen. Auch wenn man glaubt, keine Zeit zu haben – wer einfach zu Fuß in flottem Schritt losgeht, dem ist nach der Rückkehr für manches Problem eine pfiffige Lösung eingefallen. Mit jedem Schritt löst sich ein Gedankenknoten, und bei vielen Menschen stellt sich nach einer Weile ein Gefühl der Schwerelosigkeit ein, das Experten Flow nennen. Der Kopf beginnt, seine eigenen Gedankenwege zu gehen. Die Bewegung sorgt nicht nur für einen freien Kopf, sondern auch für den Abbau der Stresshormone.

Wunschdenken und Tagträumen – das sind etwas verpönte Ablenkungen vom fordernden Alltag. Sie können aber neue Kräfte geben und nötigen Abstand schaffen.

Dem Stress auf Dauer begegnen

Eine ganze Reihe von Körpertherapien wirken mittel- und langfristig auf das seelisch-geistige Wohlbefinden und besitzen Einfluss auf viele Funktionen des Verdauungssystems. Das Nervensystem reagiert auf wirksame Körpertherapien verblüffend schnell mit Entspannung, die der Darm dann mit gut vernehmbarem Geglucker und Rumoren verkündet. Die lautstarken Äußerungen des Bauchs sind den Behandelten oft peinlich. Ganz zu Unrecht, denn Therapeuten hören das Gerumpel gern. Sie erkennen daran, dass ihre Arbeit erfolgreich ist, der Behandelte sich entspannt und das vegetative Nervensystem im Verdauungstrakt die Führung übernimmt.

Atemtherapie – endlich Luft holen

Bei zunehmender Hektik eilt der Puls, der Atem geht schnell und flach. Oft wird man diese Anspannung kaum wieder los. Eine Möglichkeit, dem Stress Paroli zu bieten, ist die Atemtherapie. Dabei geht es nicht, wie man meinen könnte, um richtiges oder falsches Atmen. Es ist vielmehr eine Methode, körperliche und seelische Spannungen zu lösen. Der Hintergrund: Jeder unserer Atemzüge setzt eine Bewegung im Inneren unseres Körpers in Gang. Das Schwingen von Ein- und wieder Ausatmen bewegt und beeinflusst alle Organe, ganz besonders die des Verdauungstrakts, und ist wichtig für den gesamten Blutkreislauf. Das vegetative Nervensystem wird beeinflusst, bewusstes Handeln und seelischer Antrieb kommen in Einklang. Ein guter Atemtherapeut macht den eigenen, ganz persönlichen Atem bewusst und kann auf diese Weise helfen, Überbelastungen zu bewältigen und neue Kräfte freizusetzen.

Yoga – alte Lehre, moderner Weg

Die Philosophie des Yoga lehrt, Körper, Geist und Seele in Harmonie zu bringen. Dabei helfen beispielsweise spezielle Körperübungen, die den Körper reinigen und entlasten sollen. Sie bereiten ihn auf Entspannung und Meditation vor. Dabei kommt dem Verdauungssystem eine besondere Rolle zu: Viele Übungen massieren – manchmal ganz sanft, manchmal auch recht kräftig – den Darm und unterstützen so die Arbeit dieses wichtigen Organs. Es gibt auch ganz besondere Asanas, also Körperübungen, z. B. die so genannte Gashaltung, um Gase auszuscheiden. Eine spezielle Technik arbeitet an den »Schleusen«, den Bandhas. Dabei werden die Muskelgruppen um Anus, Geschlechtsorgane und Nabel angespannt und wieder entspannt – auch das hilft dem Verdauungstrakt.

Yoga lernt man am besten in einer Gruppe. Viele Einrichtungen, wie z. B. die Volkshochschulen, bieten Kurse an.

Feldenkrais – Übungen für Körper und Seele

Moshe Feldenkrais begründete ein Trainingsprogramm zum Erlernen gesunder Bewegungsmuster mit spielerischen Übungen. Durch die Übungen wird nicht nur der körperliche Bewegungsspielraum erweitert, sondern auch seelisch-geistige Blockaden bearbeitet. Vor allem bei Störungen des Darmnervensystems und nach Operationen oder Verletzungen bietet diese Psychogymnastik Hilfe.

Shiatsu – Massage auf japanisch

Bei dieser japanischen Körpertherapie sollen die Selbstheilungskräfte des Körpers angeregt werden. »Shi« heißt Finger und »Atsu« steht für Druck. Der Therapeut bearbeitet die Energiebahnen des Körpers mit kräftigem Fingerdruck, aber auch mit Klopfen und Pressen.

Osteopathie – Heilen mit den Händen

Während Krankengymnasten sich ausschließlich auf Knochen und Muskeln konzentrieren und versuchen, deren Funktionen wieder ins Lot zu bringen, sehen Osteopathen den ganzen Menschen mit allen Organen und Funktionen als ihr Arbeitsfeld an. Grundlage ihres Berufs ist eine langjährige Zusatzausbildung in Anatomie und Physiologie, die bei uns in Deutschland meist von Ärzten, Heilpraktikern oder Physiotherapeuten erworben wird. In den USA, England, Frankreich und Belgien gehört die Osteopathie seit Jahrzehnten zu den weit verbreiteten und schulmedizinisch anerkannten Heilberufen. Osteopathen suchen nach Funktionsstörungen im Zusammenspiel von Knochen, Nerven, Geweben und Organen. Die Behandlung setzt vor allem bei den Häuten, Sehnen und Bändern an, die Knochen, Muskeln und Organe verbinden und an ihrem Platz halten. Allein durch die Hände beinflusst der Osteopath Gewebeschichten und löst beispielsweise Verklebungen im Bauchraum, die durch Operationen, Verletzungen oder Fehlbildungen hervorgerufen worden sind und die die Beweglichkeit der inneren Organe einschränken. Auch Darmbeschwerden können durch Osteopathie gelindert werden.

Ein richtiger Mittagsschlaf ist leider für die meisten Berufstätigen kaum zu verwirklichen. Aber auch zehn Minuten bewusster Entspannung mit geschlossenen Augen auf dem Bürostuhl können schon Erholung bringen.

Ein Nickerchen für die Seele

Wer trotz großer Belastungen seine Kräfte laufend regenerieren möchte, dem raten Experten zum guten alten Mittagsschlaf oder zum Minischlaf zwischendurch.

- Menschen mit hohen Leistungsanforderungen sollten tagsüber ein Nickerchen von mindestens fünf Minuten machen.
- Das mildert Stressfolgen, steigert die Energie, sorgt für Wohlbefinden, Tatkraft und stärkt das Gedächtnis.
- Wer glaubt, tagsüber nicht schlafen zu können, sollte darauf achten, wann er gähnt und wann seine Gedanken abschweifen. In solchen Tiefs ist der Körper für ein Nickerchen bereit.
- Wer eine Weile »übt«, sinkt bald innerhalb von wenigen Minuten in den Schlaf.
- So bleibt die von manchen gefürchtete Schlaftrunkenheit aus: nicht länger als 15 Minuten schlafen.

KÖSTLICH KOCHEN FÜR DARMFITNESS

Wer den Darm durch die richtige Ernährung bewusst pflegt, braucht seinen Speisezettel nicht völlig zu reformieren. Sie werden in diesem Rezeptteil viele bekannte Gerichte finden, die in nur leicht abgewandelter Form der Verdauung Gutes tun und ganz nebenbei auch hervorragend schmecken. Doch auch die Küche anderer Länder bietet interessante und darmfreundliche Speisen, die mit exotischen Gewürzen und Zutaten Abwechslung auf den Tisch bringen.

Die Darmforschung zielt in eine vernünftige Richtung: Prophylaxe statt Therapie, Vorbeugen statt Reparieren. Denn viele schwere Erkrankungen lassen sich mit der richtigen Ernährungsweise effektiv verhindern.

Biostoffe aus Getreide und Hülsenfrüchten

Wer Getreide stets nur in Form von Brötchen und hellem Brot isst oder sich täglich Rührei und dicke Wurstbrote gönnt, bringt es nur schwer auf sein Soll an Ballaststoffen. Wenn man dagegen ein gutes Müsli zum Frühstück isst, bekommt man durch die Mischung aus Flocken, Nüssen, Obst und Joghurt oder Milch einen guten Start in den Tag.
Wer noch nie gekochtes Getreide als Beilage oder Hauptgericht probiert hat, lebt vielleicht in der Vorstellung, Körner seien nichts für ihn, zu wenig kulinarisch und eher etwas für extreme Gesundheitsfreaks. Doch viele Menschen kommen auf den Geschmack, wenn sie sich einmal herangewagt haben. Bewährt, aber wenig beliebt sind die Hülsenfrüchte, die den Ruf als Armeleutekost und Großküchenessen nur schwer los werden. Dabei lohnt sich hier besonders ein Blick in die Küchengeheimnisse anderer Länder, um Hülsenfrüchte in den Rang einer gesunden Delikatesse zu heben. Nicht zuletzt liefern sie auch die immer beliebteren Sprossen, die Salate, Rohkostmischungen und asiatische Gerichte vitaminreich und knackig machen.

Müsli – nicht nur zum Frühstück

Ein gut zusammengestelltes Müsli versorgt den Körper mit hochwertigen Kohlenhydraten und liefert gleichzeitig reichlich lösliche und unlösliche Ballaststoffe, die dazu beitragen, den Blutzucker für längere Zeit stabil zu halten. Vor allem aber bleibt man danach für lange Zeit leistungsfähig, weil die Zutaten erst nach und nach aufgeschlossen werden und so dem Körper stetig Kraft liefern.

Übergewichtigen bekommt es gut, wenn sie eine kleine Portion Müsli am Abend direkt vor dem Zubettgehen essen. Der hohe Gehalt an Ballaststoffen hilft, nächtliche Heißhungerattacken zu vermeiden, und die dicke Portion Kohlenhydrate sorgt für einen guten Schlaf.

Wer sein Müsli mit fettarmen Milchprodukten und frischen Früchten isst, tut etwas für die Figur und sorgt durch wichtige Pflanzenstoffe für einen gesunden Hormonstoffwechsel. Nuss- und Samenkerne liefern eine günstige Fettzusammensetzung und zusammen mit Getreideflocken eine ansehnliche Portion hochwertiges Pflanzeneiweiß. Außerdem ist Müsli wunderbar bequem, denn es ist im Nu angerührt und schmeckt morgens, mittags und abends gleich gut.

Müslirezepte

Saatenmüsli für den Vorrat

***Zutaten** (für 25 Portionen à 50 g) 500 g Haferflocken*
300 g Gerstenflocken • 50 g Milchzucker • 100 g Haferkleie
100 g Weizenkleie • 50 g Leinsamen • 50 g Sonnenblumenkerne
50 g Kürbiskerne • 50 g geröstete Sojakerne

Zubereitung Haferflocken, Gerstenflocken, Milchzucker, Hafer- und Weizenkleie in einer großen Schüssel mischen. Leinsamen im Mixer oder Blitzhacker (Messermühle) fein zerkleinern. Sonnenblumen- und Kürbiskerne grob hacken und zusammen mit Leinsamen und Sojakernen zufügen.

Alle Zutaten gut durchmischen und in fest schließende Dosen oder Gefrierbeutel füllen. Die Müslimischung kühl und dunkel aufheben, damit keine Nährstoffe verloren gehen.

Pro Portion: 171 kcal / Fett: 5 g / Ballaststoffe: 7 g

Tipp Falls kein kühler Raum vorhanden ist, lagern Sie den Müslivorrat am besten im Gemüsefach des Kühlschranks. Eine Portion für etwa eine Woche sollten Sie bei Zimmertemperatur aufheben; das Müsli schmeckt dann aromatischer.

Multiballastmüsli für den Vorrat

Zutaten *(für 34 Portionen à 50 g) 500 g Haferflocken*
250 g Roggenflocken • 250 g Gerstenflocken • 100 g Inulin
100 g Haferkleie • 100 g Weizenkleie • 100 g gemahlene Leinsaat
100 g Kürbiskerne • 100 g geröstete Sojakerne

Zubereitung Alle Flockensorten, Inulin, Hafer- und Weizenkleie mit Leinsaat in einer großen Schüssel mischen. Kürbis- und Sojakerne grob hacken und zufügen. Alle Zutaten gut durchmischen und in fest schließende Dosen oder Gefrierbeutel füllen. Die Müslimischung kühl und dunkel aufheben, damit keine Nährstoffe verloren gehen oder die Samenkerne ranzig werden.
Pro Portion: 151 kcal / Fett: 4 g / Ballaststoffe: 10 g
Tipp Das Müsli schmeckt und wirkt am besten, wenn Sie es in etwas Wasser kurz einweichen oder sogar über Nacht in den Kühlschrank stellen. Zum Essen Joghurt oder andere Milchprodukte und frische Früchte zufügen. Nach Geschmack mit Honig, Sirup, Zucker oder flüssigem Süßstoff süßen.

Kleines Müslifrühstück

Zutaten *(für 1 Portion) 2 EL Müslimischung (etwa 25 g)*
100 ml Buttermilch • 1 kleiner Apfel oder 1 Birne
2 EL Joghurt • flüssiger Süßstoff nach Belieben

Zubereitung Müsli in eine kleine Schüssel geben, mit Buttermilch mischen und quellen lassen. Den Apfel schälen und würfeln. Mit dem Joghurt zum Müsli geben. Eventuell nachsüßen.
Pro Portion: 199 kcal / Fett: 4 g / Ballaststoffe: 4 g

Das warme Müsli ist ein ideales Frühstück für Leute, die morgens gern etwas Warmes, Weiches und Süßes essen. Außerdem ist es gut verträglich für Darmempfindliche, die trotzdem ballaststoffreich essen möchten.

Warmes Müsli

Zutaten *(für 2 Portionen) 3 EL Müslimischung (etwa 40 g)*
Zucker oder Süßstoff nach Belieben • 150 ml fettarme Milch
1 Stück Obst (z. B. Banane, Apfel, Birne, Beeren)

Zubereitung 150 Milliliter Wasser (das entspricht einem Joghurtbecher) in einem kleinen Topf erhitzen. Müsli einstreuen, aufkochen und von der Kochstelle nehmen. Einige Minuten lang zum Quellen

stehen lassen und mit Zucker oder flüssigem Süßstoff süßen. Das fertig ausgequollene Müsli in 2 tiefe Teller füllen und mit Milch umgießen. Mit klein geschnittenem Obst anrichten und servieren.
Pro Portion: 152 kcal / Fett: 2 g / Ballaststoffe: 3 g

Englisches Porridge

Zutaten *(für 2 Portionen) 4 gehäufte EL Haferflocken*
1/2 TL Inulin (ca. 2–3 g; oder 1 TL Milchzucker) • 1 Prise Salz
100 ml Milch • 1 EL Zucker oder 1/2 TL flüssiger Süßstoff

Zubereitung Haferflocken mit Inulin und Salz mischen. Mit etwa 320 Milliliter Wasser verrühren und aufkochen. Nach 1 Minute den Topf von der Kochstelle nehmen und zugedeckt 5 Minuten lang quellen lassen. Porridge auf tiefe Teller geben und mit Milch umgießen. Mit Zucker bestreuen oder die Milch mit Süßstoff süßen.
Pro Portion: 175 kcal / Fett: 4 g / Ballaststoffe: 3 g

Die meisten von uns trennen sich ungern von ihren Frühstücksgewohnheiten. Doch wer gern gut belegte Brote mit reichlich Butter isst, nimmt bereits beim Frühstück eine große Portion tierischer Fette zu sich.

Trinkmüsli mit Äpfeln

Zutaten *(für 3 Portionen) 2 Äpfel (oder Birnen) • etwas Zitronensaft • 1 Becher Joghurt (150 g) • 1/4 l Milch • 2 EL Haferflocken*
1 EL Haferkleieflocken • 1 TL gemahlener Leinsamen

Zubereitung Äpfel waschen, mit der Schale klein schneiden und das Kerngehäuse entfernen. Das Fruchtfleisch zusammen mit Zitronensaft, Joghurt, Milch, Flocken und Leinsamen in den Mixer geben. Kräftig durchmixen. Noch einmal aufmixen und sofort servieren.
Pro Portion: 156 kcal / Fett: 6 g / Ballaststoffe: 4 g

Fitmix-Trinkmüsli

Zutaten *(für 3 Portionen) 1 Orange • 1 Banane • 500 g Joghurt*
2 EL Haferkleieflocken • 1–2 EL flüssiger Honig oder Süßstoff
1 EL Leinsamen • 1 TL Milchzucker

Zubereitung Orange auspressen, Saft mit der geschälten Banane pürieren. Mit Joghurt, Haferkleie und Honig kräftig aufmixen. Gemahlenen Leinsamen und Milchzucker zufügen, nochmal aufmixen.
Pro Portion: 242 kcal / Fett: 8 g / Ballaststoffe: 8 g

Leinsamen – Gesundheit pur

In vielen Rezepten dieses Buchs kommen – nicht zufällig – als Zutat die unscheinbaren braunen Leinsamenkörnchen vor. Amerikanische Experten zählen die würzig schmeckenden Samen des Flachses zu den wichtigsten unter den gesunden Lebensmitteln. Mit das Beste sind ihre unverdaulichen Bestandteile: Knapp 40 Prozent der goldbraunen Samenkörner zählen zum Ballast. Ein Teil davon, die Lignane, wirken im Körper wie Hormone, schützen vor Krebserkrankungen und fördern das Immunsystem. Außerdem verlangsamen die enthaltenen Quellstoffe die Aufnahme von Nährstoffen aus dem Dünndarm und verhindern Blutzuckerspitzen und Heißhungeranfälle. Das im Leinsamen mit etwa 30 Prozent reichlich vorhandene Fett (Leinöl) besteht zum größten Teil aus mehrfach ungesättigten Fettsäuren und hilft, zusammen mit dem ebenfalls vorhandenen Vitamin E, den Fettstoffwechsel zu regulieren. Eine Leinölfettsäure ist außerdem an einer Reihe von Immunreaktionen beteiligt und kann das Risiko von Herz-Kreislauf-Erkrankungen senken.

Die Fitnusscreme wird durch die emulgierenden Eigenschaften des Sojamehls gleichmäßig sahnig und streichfähig. Sojamehl, Nüsse und Samen sorgen für hochwertiges Nahrungsprotein und eine ausgeglichene Fettqualität.

Rezepte mit Leinsamen

Fitnusscreme

Zutaten *(für 15 Portionen) 200 g Nussmus (Reformhaus; Sorte nach Wahl) • 175 g Butter oder Margarine • 2 EL guter Kakao 2 EL Sojamehl • 1 EL fein gemahlener Leinsamen • 1 EL Inulin 1 Prise Salz • 1 Päckchen Vanillezucker oder Vanilleextrakt 1–2 EL Zucker oder flüssiger Süßstoff*

Zubereitung Nussmus, Fett, Kakao, Sojamehl, Leinsamen und Inulin in eine Rührschüssel geben und mit den Quirlen des Handrührers so lange schlagen, bis eine gleichmäßige und geschmeidige Creme entstanden ist.

Mit Salz, Vanille und Zucker oder Süßstoff abschmecken. Die Nusscreme in Schraubgläser oder Plastikdosen füllen, leicht auf die Arbeitsfläche stoßen, damit Luftblasen entweichen, und verschließen. Im Kühlschrank aufheben.

Pro Portion: 197 kcal / Fett: 19 g / Ballaststoffe: 3 g

Obstkuchen

Zutaten *(für 1 Springform von 24 cm Ø = 12 Stücke) 100 g Butter • 100 g Zucker • 1 Prise Salz • 2 Eier • 1/2 TL abgeriebene Zitronenschale • 200 g Vollkornmehl • 1 EL fein gemahlener Leinsamen • 2 TL Backpulver • Fett für die Form • 750 g Aprikosen (oder Kirschen, Pflaumen, Äpfel) • 30 g Mandelblättchen Hagelzucker zum Bestreuen*

Quellstoffe, wie sie im Leinsamen reichlich vorkommen, können im Darm Flüssigkeit aufnehmen und anschwellen. Sie machen die Menge des Nahrungsbreis größer und weicher. Vor allem aber binden sie beim Aufquellen schleimhautreizende, unverträgliche Stoffe im Darm.

Zubereitung Butter cremig rühren. Nach und nach Zucker, Salz und Eier dazugeben und so lange weiterrühren, bis sich der Zucker gelöst hat. Zitronenschale hinzufügen. Mehl mit Leinsamen und Backpulver mischen, zum Teig geben und verrühren. Den Boden der gefetteten Springform mit dem Teig belegen. Die Aprikosen halbieren, entsteinen, in Viertel schneiden und dicht nebeneinander in den Teig stecken. Die Mandeln darüber streuen. Im vorgeheizten Backofen bei 200 °C (Gas Stufe 3 bis 4; Umluft 180 °C) etwa 35 Minuten lang backen. Den fertigen Kuchen mit Zucker bestreuen.
Pro Stück: 222 kcal / Fett: 11 g / Ballaststoffe: 3 g

Schneller Schokokuchen

Zutaten *(für eine flache, rechteckige Form von 2 l Inhalt = 16 Stücke) 200 g Butter oder Margarine • 200 g Zucker 1 Prise Salz • 4 Eier • 2 EL Kakao • 50 g fein gemahlener Leinsamen 450 g Mehl Type 1050 oder 550 • 1 Päckchen Backpulver gut 1/8 l Milch • 50 g Sonnenblumenkerne • 75 g Kürbiskerne*

Zubereitung Fett in eine Schüssel geben und mit den Quirlen des Handrührers cremig rühren. Unter Rühren Zucker, Salz und Eier einzeln dazugeben. Weiterrühren, bis sich der Zucker gelöst hat. Das Kakaopulver mit Leinsamen, Mehl und Backpulver vermischen und abwechselnd mit der Milch unterrühren.
Sonnenblumen- und Kürbiskerne unter den Teig heben. In die gefettete Form füllen und im vorgeheizten Backofen bei 200 °C (Gas Stufe 3 bis 4; Umluft 180 °C) etwa 30 Minuten lang backen. Kuchen vorsichtig aus der Form lösen, auf einem Gitter abkühlen lassen und in rechteckige Stücke schneiden.
Pro Stück: 328 kcal / Fett: 18 g / Ballaststoffe: 4 g

Man sollte täglich mindestens 30 Gramm Ballaststoffe zu sich nehmen, um die Verdauung auf Trab zu bringen. Haferprodukte enthalten eine ganze Menge davon, außerdem B-Vitamine, ungesättigte Fettsäuren und viele weitere wertvolle Inhaltsstoffe.

Ballaststoffe für unterwegs

Der Multiballastmix ist vor allem für Leute ideal, die viel auf Achse sind und kaum Zeit haben zum Kochen. Wer täglich dicke Portionen Obst, Gemüse, Hülsenfrüchte und Vollkorn verdrückt, braucht die Mischung nicht. Bei einem weniger gesunden Lebenswandel ist sie jedoch hilfreich. Sie lässt sich beim Hotelfrühstück in den Joghurt oder in den Saft rühren, beim Mittagessen in der Kantine kann man sie in die Suppe mixen oder über den Nachtisch streuen. Wichtig ist dabei, dass man eine gewisse Regelmäßigkeit einhält und die Mengen nur langsam steigert. Ein Teelöffel pro Tag ist die richtige Dosis für Menschen, die nicht an Ballaststoffreiches gewöhnt sind. Nach ein, zwei Wochen vertragen die meisten dann schon einen Esslöffel pro Tag.

Für Übergewichtige ist es günstig, das Frühstück in zwei kleine Mahlzeiten zu teilen, also zuerst ein Brot zu essen und ein, zwei Stunden später ein Müsli oder umgekehrt. So bleibt der Hunger unter Kontrolle.

Multiballastmix für den Vorrat

Zutaten *(für 80 Portionen à 1 TL) 100 g Leinsamen*
100 g Haferkleie • 100 g Weizenkleie • 100 g Inulin

Zubereitung Leinsamen im Mixer oder Blitzhacker fein zerkleinern, die Zutaten mischen und in ein verschließbares Glas füllen.
Pro Portion: 10 kcal / Fett: 1 g / Ballaststoffe: 3 g

Getreiderezepte

Leichte Gerichte für den empfindlichen Darm

Wer eine Erkrankung des Darms, eine Lebensmittelvergiftung oder eine Virusinfektion glücklich hinter sich gebracht hat, fühlt sich oft im Bauch noch etwas schwächlich und hat dann Lust auf Weiches, Warmes und Sanftes wie etwa eine leichte Suppe.

Sesamcremesuppe

Sanfte Suppe für Darmempfindliche: Das Grundrezept lässt sich problemlos für den persönlichen Geschmack abwandeln. Bei der Auswahl der Zutaten kann man Vorlieben und Unverträglichkeiten berücksichtigen.

Zutaten *(für 2 Portionen) 20 g Butter oder 1 EL Öl*
20 g Weizenvollkornmehl • 1/2 EL Sesamsaat (ersatzweise gemahlene Nuss- oder Kürbiskerne) • 1/2 l Brühe (selbst gemacht oder Instant)

Zubereitung Butter oder Öl in einem Topf erhitzen. Das Mehl zufügen und unter Rühren hellgelb andünsten. Den Sesam im Blitzhacker fein zerkleinern, hinzufügen und kurz mitrösten. Brühe zugießen, dabei mit einem Schneebesen rühren, damit keine Klümpchen entstehen. Die Suppe aufkochen lassen. Etwa 15 Minuten lang bei schwacher Hitze kochen lassen und gelegentlich umrühren.

Pro Portion: 167 kcal / Fett: 14 g / Ballaststoffe: 2 g

Tipp Zum Andicken von Suppen und Saucen eignen sich anstatt Vollkornmehl auch Grünkernmehl, Haferflocken oder Gerstenvollkornmehl. Alle Sorten liefern eine gute Kombination von leicht verträglichen Kohlenhydraten und Ballaststoffen.

Cremesuppenvariationen

- Für eine Blumenkohlsuppe 1/2 Blumenkohl in der Brühe garen, das Gemüse herausheben, pürieren und am Schluss wieder in die fertige Suppe rühren. Genauso können Sie es mit Möhren, Brokkoli, Kürbis, Wirsing, Kohlrabi, Fenchel oder Sellerie machen.
- Beim Andünsten 1 Teelöffel milden Curry zum Mehl geben und die Suppe mit geraspeltem Apfel oder Orangenstücken anrichten.
- Ideal als Aufbaukost: Die fertige Suppe in den Mixer geben oder mit dem Pürierstab aufschäumen. Etwas kalte Butter oder 1 Esslöffel kaltgepresstes Oliven- oder Nussöl untermixen.
- Mit Dill, Petersilie, Basilikum oder Kresse aufmixen.

• 1 Teelöffel Paprika- oder Tomatenmark in die Suppe rühren und mit einem kleinen Klecks Dickmilch oder Joghurt servieren oder mit frisch geriebenem Parmesan bestreuen.

Süße Apfel-Reis-Suppe

***Zutaten** (für 2 Portionen) 50 g Parboiled Vollkornreis • Salz 500 g Äpfel • 1 /2 Zitrone • Zucker oder Süßstoff*

Zubereitung Reis in reichlich kochendes Salzwasser geben und bei milder Hitze etwa 20 Minuten lang ausquellen lassen. Äpfel vierteln, entkernen, schälen und das Fruchtfleisch in dünne Spalten schneiden. 1/2 Liter Wasser mit etwas Zitronensaft zum Kochen bringen. Äpfel zufügen und bei milder Hitze kurz garen. Mit Zucker oder Süßstoff abschmecken. Reis abgießen und die Körner in die Suppe geben.
Pro Portion: 216 kcal / Fett: 2 g / Ballaststoffe: 5 g
Tipp Die Suppe schmeckt auch gut mit einer Prise Zimt, Vanillezucker oder Anis gewürzt.

Gekochter Reis mit Äpfeln, diese Kombination versorgt den angeschlagenen Darm auf sanfte Art mit kraftspendenden Ballaststoffen, die die Darmflora wieder aufbauen.

Vorgekochte Körner sind praktisch

Kochen Sie ruhig gleich eine größere Portion Getreide. Es hält sich im Kühlschrank mindestens vier Tage lang frisch, wenn Sie es nach dem Kochen schnell abkühlen und gut verpacken. Ein Tipp für Berufstätige: Weichen Sie das Getreide über Nacht ein, dann können Sie es während des Frühstücks für 15 Minuten auf dem Elektroherd ankochen. Im geschlossenen Topf auf dem abgeschalteten Herd stehen lassen. Bis zum Abend ist das Getreide perfekt ausgequollen. Wer einen Gasherd benutzt, muss den heißen Topf in eine dicke Decke wickeln, damit die Wärme nicht zu schnell verloren geht.
Gekochtes Getreide lässt sich vielseitig verwenden. Mit etwas Crème fraîche oder Sahne und Kräutern angedünstet, ergeben alle Getreidesorten vollmundige Beilagen zu Gemüse, Fisch oder Fleisch. Mit einer Packung gemischtem Tiefkühlgemüse und etwas Brühe wird ein blitzschneller Eintopf daraus. Eine Hand voll Körner verfeinert einen Salat. Wer es mag, kann Getreide auch mit Zucker oder Süßstoff und Anis oder gemahlener Vanille in Wasser garen. Süßes Getreide ergänzt Obstsalate, Quark- und Joghurtspeisen, so dass sie länger sättigend wirken.

Buchweizen-Kascha

Zutaten *(für 4 Portionen) 250 g Buchweizen (ganze Körner)*
1 EL Öl • 3/4 l Brühe (selbst gemacht oder Instant) • Muskat
2 EL gehackte Petersilie • Salz • Pfeffer aus der Mühle

Kascha schmeckt mit einem Esslöffel saurer Sahne oder Crème fraîche besonders gut.

Zubereitung Buchweizen in heißem Öl anrösten, bis er zu duften beginnt. Heiße Brühe dazugießen, mit Muskat würzen und umrühren. Den Buchweizen aufkochen, im geschlossenen Topf bei schwacher Hitze 15 Minuten lang garen.
Auf der ausgeschalteten Kochstelle noch 10 Minuten lang quellen lassen. Petersilie untermischen und den Buchweizen mit Salz und Pfeffer nachwürzen.
Pro Portion: 274 kcal / Fett: 7 g / Ballaststoffe: 7 g
Tipp Reste von gekochtem Buchweizen mit geriebenem Käse mischen, zu flachen Klößen formen, in Ei und Haferflocken wenden und anbraten.

Vegi-Burger

Zutaten *(für 8 Stück) 250 g Grünkernschrot • 400 ml Brühe*
(selbst gemacht oder Instant) • 1 Möhre (etwa 100 g) • 2 Eier
2 EL Sojamehl • 100 g Schmelzkäse • 1–2 Knoblauchzehen
2 EL Haferflocken • Öl zum Braten

Zubereitung Grünkernschrot in die kalte Brühe geben und langsam zum Kochen bringen. Unter Rühren bei kleiner Hitze zu einem dicken Brei kochen und abkühlen lassen.
Möhre schälen und raspeln. Eier, Sojamehl, Schmelzkäse und zerdrückten Knoblauch mit Grünkern und Möhre verkneten. Mit feuchten Händen flache Buletten formen und in Haferflocken wenden.
In heißem Öl bei mittlerer Hitze braun braten, dabei häufig wenden. Das dauert mindestens 20 Minuten. Die Burger schmecken besonders gut, wenn sie rundherum gleichmäßig braun angebraten werden und eine dicke Kruste bekommen.
Pro Stück: 224 kcal / Fett: 10 g / Ballaststoffe: 4 g
Tipp Vegi-Burger lassen sich problemlos einfrieren. Sie sind dann etwa drei Monate lang haltbar. Wer aus dem Teig Klößchen formt und tiefriert, hat eine gute Suppeneinlage zur Hand.

Hirsegratin

Zutaten *(für 4 Portionen) 150 g Hirse • 300 ml Brühe (selbst gemacht oder Instant) • 200 g Zucchini • 3 Eier • 3 Tomaten 2 EL gehackte Petersilie • 50 g Crème fraîche • 3 EL geriebener Käse • Salz • Pfeffer aus der Mühle • 1 EL Butter*

Zubereitung Hirse mit Brühe zum Kochen bringen. Zucchini würfeln und zugeben. Bei kleiner Hitze 20 Minuten lang quellen lassen. Abkühlen lassen. Die Körner mit Eiern, Tomatenwürfeln, Kräutern, Crème fraîche und 1 Esslöffel Käse verrühren. Mit Salz und Pfeffer abschmecken. Alles in eine flache, gefettete Form füllen, glatt streichen und mit Butterflöckchen belegen. In den auf 200 °C (Gas Stufe 3 bis 4; Umluft 180 °C) vorgeheizten Backofen schieben und in etwa 25 Minuten hellbraun backen. Mit dem restlichen Käse bestreuen und kurz weiterbacken.

Pro Portion: 312 kcal / Fett: 16 g / Ballaststoffe: 7 g

Selbst ausgemachte Fleischesser mögen vegetarische Buletten. Sie sind auf den ersten Biss kaum von Fleisch zu unterscheiden, saftig und würzig.

Buchweizen wird traditionell zwar wie Getreide verwendet, ist aber eigentlich ein Knöterichgewächs wie Sauerampfer oder Rhabarber. Er enthält u. a. hochwertiges Eiweiß, essenzielle Fettsäuren, Vitamin E und das Flavonoid Rutin; außerdem ist er glutenfrei.

Gar- und Quellzeiten auf einen Blick

Sorte	Einweichen	Garzeit
Weizen	8–12 Stunden	50–60 Minuten
Dinkel	8–12 Stunden	50–60 Minuten
Grünkern	2–12 Stunden	40–50 Minuten
Roggen	8–12 Stunden	60 Minuten und mehr
Gerste	6–12 Stunden	40 Minuten
Hafer	Nein	30 Minuten
Buchweizen	Nein	20 Minuten
Hirse	Nein	20 Minuten
Quinoa	Nein	12–15 Minuten

Graupengemüse

***Zutaten** (für 4 Portionen) 125 g Perlgraupen • Salz • 1/2 unbehandelte Zitrone • 1 Bund Suppengrün • 250 g Fenchel oder Staudensellerie • 2 EL Öl • Sojasauce • Pfeffer aus der Mühle*

Graupen sind die geschliffenen Körner der Gerste. Für dieses Gericht sollten Sie eine feine Sorte nehmen.

Zubereitung Graupen auf einem Sieb unter fließend kaltem Wasser waschen. Mit 1 Liter Wasser, Salz und Zitronenschale etwa 15 Minuten kochen, im geschlossenen Topf auf der abgeschalteten Kochstelle 30 Minuten ausquellen lassen. Suppengrün und Fenchel oder Staudensellerie putzen, würfeln und in heißem Öl andünsten. Graupen in ein Sieb schütten und kalt abspülen. Abgetropft zum Gemüse geben. Bei kleiner Hitze wieder erwärmen und mit einigen Tropfen Zitronensaft, Sojasauce und Pfeffer abschmecken.

Pro Portion: 183 kcal / Fett: 7 g / Ballaststoffe: 5 g

Weizenrisotto

***Zutaten** (für 4 Portionen) 150 g Weizenkörner • Salz • 1 Bund Suppengrün • 1 Bund Lauchzwiebeln • 1 EL Öl • 150 ml Brühe 2 EL Crème fraîche • Pfeffer aus der Mühle*

Zubereitung Weizen in einem Sieb waschen, in kaltem Wasser über Nacht einweichen und abgießen. Mit frischem Wasser bedecken und mit 1/2 Teelöffel Salz zum Kochen bringen. Die Körner bei kleiner

Hitze im geschlossenen Topf 45 Minuten garen. Auf der abgeschalteten Kochstelle weitere 30 Minuten quellen lassen. Suppengrün und Lauchzwiebeln putzen und klein schneiden. In heißem Öl in einer großen Pfanne 5 Minuten dünsten. Weizen in einem Sieb abtropfen lassen und zum Gemüse geben. Mit Brühe ablöschen. Crème fraîche unterrühren. In der offenen Pfanne bei mittlerer Hitze schmoren, bis die Flüssigkeit fast verdampft ist. Mit Salz und Pfeffer nachwürzen.
Pro Portion: 198 kcal / Fett: 8 g / Ballaststoffe: 5 g

Die Darmflora profitiert von den groben Partikeln der Getreidekörner. Ein kräftiger Anteil dieser kohlenhydratreichen Nahrungsmittel entkommt den Verdauungssäften und versorgt die Darmflora mit Nährstoffen.

Grünkern mit Steinpilzen

Zutaten *(für 3 Portionen) 100 g Grünkernschrot • 1 Tüte getrocknete Steinpilze (10 g) • 450 ml kalte Brühe • 1–2 Knoblauchzehen 2 Lauchzwiebeln • 150 g Joghurt • Salz • Pfeffer aus der Mühle*

Zubereitung Grünkernschrot und Pilze in die kalte Brühe geben und langsam zum Kochen bringen. Bei schwacher Hitze im geschlossenen Topf 20 Minuten garen. Knoblauch schälen, Lauchzwiebeln putzen und fein schneiden. Zerdrückten Knoblauch und Zwiebeln mit Joghurt verrühren. Mit Salz und Pfeffer würzen. Den Grünkern mit der Joghurtsauce servieren.
Pro Portion: 181 kcal / Fett: 6 g / Ballaststoffe: 6 g

Hirsesalat

Zutaten *(für 4 Portionen) 50 g Hirse • Salz • 1 Bund Lauchzwiebeln • 250 g Fleischtomaten • 1 TL Inulin • Pfeffer aus der Mühle • 2 EL Zitronensaft • 1 Knoblauchzehe • 1 TL Tomatenmark 3 EL gehackte Kräuter (Minze, Dill, Schnittlauch, Petersilie) 2 EL Olivenöl*

Zubereitung Hirse in Salzwasser aufkochen. Im geschlossenen Topf bei kleiner Hitze 10 Minuten lang garen. Abgießen, erkalten lassen. Lauchzwiebeln in Ringe schneiden. Tomaten klein schneiden. Salz, Inulin und Pfeffer in Zitronensaft lösen. Zerdrückten Knoblauch, Tomatenmark und Kräuter zufügen. Öl unterschlagen. Zwiebeln, Tomaten und Hirse mit der Sauce in eine Salatschüssel geben. Zutaten vermengen und 10 Minuten lang ziehen lassen.
Pro Portion: 130 kcal / Fett: 7 g / Ballaststoffe: 4 g

Rezepte mit Hülsenfrüchten

Deftig – aber nicht derb

Hülsenfrüchte machen nicht viel Arbeit, aber Zeit muss man einplanen. Über Nacht quellen die trockenen Samen in kaltem Wasser auf, dann kochen sie bei milder Hitze – je nach Sorte – eine halbe bis drei Stunden vor sich hin.

Zugegeben: Mit einer Hand voll weißer Bohnen, Linsen oder Kichererbsen wird man kaum einen Starkoch hinter seinem Herd vorlocken. Dafür sind Hülsenfrüchte zu wenig modisch, viel zu gesund und lange nicht teuer genug. Wie die meisten Grundnahrungsmittel schmecken auch sie solo nicht sehr aufregend: ein bisschen mehlig mit leichtem Nussaroma, ziemlich neutral.

Aber das ist gerade ihre Qualität. Sie sind wunderbar wandelbar, nehmen Düfte und Aromen auf und schaffen einen milden Kontrast zu Scharfem und Würzigem. Weil Hülsenfrüchte wie etwa Kichererbsen und Bohnen schon seit prähistorischen Zeiten in den Küchen rund ums Mittelmeer zu Hause sind, haben sie sich den kulinarischen Sitten der einzelnen Kulturen perfekt angepasst. So isst man sie in Portugal gern pur gekocht, mit reichlich rohen Zwiebeln, Petersilie, Öl und Oliven. In der Provence gehören sie in deftige Schmortöpfe und werden natürlich mit provenzalischen Kräutern gewürzt. In Spanien schmort man sie mit Zwiebeln, Tomaten und Wurst. Die Menschen vom Balkan bis Nordafrika lieben Kichererbsen mit Sesampaste püriert und essen die entstandene Creme zu Fladenbrot. Auch in Indien werden Hülsenfrüchte zu vegetarischen und scharf gewürzten Schmorgerichten, den Currys, verwendet. Dort kennt man Hunderte von Zubereitungen für eine alltägliche Zutat. Aber kaum ein Rezept gelingt ohne Knoblauch. Knoblauch muss sein!

Bohnen, Linsen, Erbsen kennt jedes Kind – aber es gibt viele Sorten dieser Hülsenfrüchte, die sich nicht nur im Aussehen, sondern auch im Geschmack deutlich unterscheiden. Probieren lohnt sich!

So werden Hülsenfrüchte bekömmlich

Oft liest man, man solle Hülsenfrüchte wegen der Nährstoffe, die ins Einweichwasser übergehen, mit der Einweichflüssigkeit kochen. Tun Sie es besser nicht! Alle Hülsenfrüchte haben unbekömmliche Inhaltsstoffe, die sich beim Quellen im Wasser lösen. Nehmen Sie deshalb lieber reichlich frisches Wasser zum Kochen, und lassen Sie die Kichererbsen nach dem Garen noch im Topf auf dem Herd abkühlen und vollends ausquellen. So schmecken sie am besten und sind am bekömmlichsten. »Al dente« ist hier übrigens nicht erwünscht; bissfeste bis harte Hülsenfrüchte rumpeln später im Bauch und können lästige Blähungen verursachen. Die bereits erwähnten unbekömmlichen Stoffe sind übrigens erst verschwunden, wenn die Hülsenfrüchte vollkommen gar sind. Wer diesen Aufwand scheut, kann ungeniert eine Dose kaufen. Der Inhalt ist nicht schlechter als selbst gekocht. Nur dreimal so teuer.

Beim Kochen braucht man etwas Geduld

Leute mit etwas Geduld nehmen einen großen Topf, bedecken die abgetropften gequollenen Hülsenfrüchte mit frischem Wasser, geben eine ungeschälte Knoblauchzehe und ein bis zwei Lorbeerblätter dazu und bringen das Ganze zum Kochen. Gesalzen wird erst zum Schluss. Aus 500 Gramm getrockneten Kichererbsen entstehen, wenn die Kerne ausgequollen, gar und abgetropft sind, ungefähr 1200 Gramm gegarte Kichererbsen. Erbsen, Bohnen und Linsen sind etwas weniger ergiebig, man kann mit 800 bis 1000 Gramm rechnen. Gekocht halten sich die stärkereichen Samen im Kühlschrank gut eine Woche lang frisch. Sie lassen sich auch einfrieren – und wie schon gesagt: Mit Hülsenfrüchten kann man ohne viel Aufwand so viele unterschiedlich köstliche Gerichte zaubern, dass man die patenten Dinger eigentlich immer fertig gekocht zur Hand haben sollte.

Wer sich gern mit figurfreundlichen Gerichten rundum satt essen möchte, sollte oft Hülsenfruchtgerichte auf den Tisch bringen. Sie sättigen, machen aber nicht dick.

Kichererbseneintopf mit Feta

Zutaten *(für 4 Portionen) 250 g Möhren • 500 g Zwiebeln 2 EL Olivenöl • Salz • 1 Lorbeerblatt • 2 Knoblauchzehen • 1 Zweig Rosmarin • 1 EL Tomatenmark • 1/2 l Brühe (selbst gemacht oder Instant) • 400 g gekochte Kichererbsen (eventuell aus der Dose) Pfeffer • 100 g Feta • 1 Bund Petersilie • 1 unbehandelte Zitrone*

Zubereitung Möhren schälen und würfeln. Zwiebeln abziehen und vierteln. Öl erhitzen und das Gemüse darin bei mittlerer Hitze rundherum hell anbraten. Salzen. Lorbeerblatt, 1 zerdrückte Knoblauchzehe, Rosmarin und Tomatenmark zugeben und kurz anschmoren. Mit Brühe ablöschen und aufkochen. Die Kichererbsen zufügen und 20 Minuten lang kochen. Den Eintopf salzen und pfeffern. Zerbröckelten Feta darüber streuen. Petersilie hacken. Zitronenschale fein abreiben. Beides mit der zweiten fein gehackten Knoblauchzehe mischen und separat zum Eintopf servieren.

Pro Portion: 289 kcal / Fett: 15 g / Ballaststoffe: 8 g

Haiver aus Kichererbsen

Haiver, diese würzige Creme, stippt man am besten mit Brot auf. Das ist übrigens auch für Gäste ideal, denn Haiver lässt sich problemlos in großen Mengen vorbereiten.

Zutaten *(für 8 Portionen) 300 g gekochte Kichererbsen 1–2 Knoblauchzehen • 1 Zitrone • Salz • schwarzer Pfeffer aus der Mühle • 4 EL bestes Olivenöl (nativ extra) • 4 EL Sesampaste (Dose) • Cayennepfeffer • 1 EL schwarze Oliven*

Zubereitung Die abgetropften Kichererbsen mit der abgezogenen Knoblauchzehe, Zitronensaft, Salz, Pfeffer und 4 Esslöffeln vom Kochwasser der Kichererbsen pürieren. 3 Esslöffel Öl und die Sesampaste unter das Püree mixen. Mit Salz nachwürzen. Die Creme auf flachen Tellern anrichten. Obenauf eine kleine Ölschliere gießen und etwas Cayennepfeffer darüber streuen. Mit Oliven anrichten. Dazu passen dicke Scheiben frisches Brot oder Pellkartoffeln und gekochtes Gemüse.

Pro Portion: 132 kcal / Fett: 10 g / Ballaststoffe: 2 g

Kichererbsen-Curry-Creme

Zutaten *(für 4 Portionen) 1 kleine Dose Kichererbsen (425 ml) 200 g Zwiebeln • 1 Apfel • 2 TL ÖL • 1 EL Curry • 150 ml Brühe Jodsalz • Pfeffer aus der Mühle • 50 g Joghurt (3,5% Fett)*

Haiver oder auch Hummus ist eine Spezialität aus dem Nahen Osten. Überhaupt ist die Kichererbse aus der arabischen Küche nicht wegzudenken. Sie enthält u. a. reichlich Vitamine, hochwertiges Eiweiß, ungesättigte Fettsäuren und Ballaststoffe.

Zubereitung Die Kichererbsen in einem Sieb abtropfen lassen. Zwiebeln und Apfel schälen und würfeln. In heißem Öl andünsten. Curry zufügen, umrühren und kurz mitschmoren. Mit Brühe oder Wasser ablöschen. Kichererbsen zufügen, aufkochen und bei milder Hitze etwa 15 Minuten lang im geschlossenen Topf garen. Das Gemüse mit einem Pürierstab fein zerkleinern. Mit Salz und Pfeffer abschmecken. Jede Portion mit 1 Klecks Joghurt anrichten.
Pro Portion: 166 kcal / Fett: 6 g / Ballaststoffe: 5 g
Tipp Kichererbsenpüree ist eine feine und sehr sättigende Beilage, die sich auch als Brotaufstrich eignet. Wer nicht an den Verzehr von ballaststoffreichen Mahlzeiten gewöhnt ist, beginnt erst einmal mit Miniportionen und probiert das Püree zu Bratkartoffeln, Pfannkuchen und gebratenen Auberginen. Wer es gern deftig mag, richtet es mit gerösteten Zwiebelringen an und isst Pellkartoffeln dazu.

Falafel

Zutaten *(für 4 Portionen) 250 g getrocknete Kichererbsen • 2 Zwiebeln • 2 Knoblauchzehen • 1/2 Bund Petersilie • 1 Zweig frische Minze • 1 TL Kurkuma (Gelbwurz) • 1/2 TL gemahlener Kreuzkümmel (Kumin) • je 1 Prise Koriander und Cayennepfeffer • 50 g Vollkornmehl • 3 EL Semmelbrösel • Salz • Öl zum Frittieren*

Zubereitung Die Kichererbsen mit reichlich Wasser bedecken und über Nacht quellen lassen. Abgießen und kurz abspülen. Zwiebeln und Knoblauch abziehen.
Die gequollenen Kichererbsen mit Zwiebeln, Knoblauch und Petersilie pürieren. Fein gehackte Minze, Kurkuma, Kreuzkümmel, Koriander, Cayennepfeffer, Mehl, Semmelbrösel und Salz untermischen. Die Zutaten zu einem glatten Teig verkneten. Falls er zu klebrig sein sollte, noch etwas Mehl untermischen. Aus dem Teig mit feuchten Händen Klößchen formen. Das Öl auf 180 °C erhitzen. Die Klößchen portionsweise darin etwa 4 Minuten lang goldbraun backen. Auf Küchenpapier abtropfen lassen.
Die knusprig frittierten Klößchen entweder lauwarm zu Schnittlauchsauce servieren oder als Beilage zu frischem Brot und gemischtem Salat essen.
Pro Portion: 347 kcal / Fett: 11 g / Ballaststoffe: 10 g

Falafel, ein Klassiker aus der nordafrikanischen Mittelmeerküche, ist auch gut für ein Gästeessen oder eine Party geeignet.

Scharfe weiße Bohnen mit Kartoffeln

***Zutaten** (für 3 Portionen) 750 g vorwiegend fest kochende Kartoffeln • 2 Zwiebeln • 2 Knoblauchzehen • 1 Stück frische Ingwerwurzel (etwa 6 cm lang) • 2 EL Öl • 500 g gekochte weiße Bohnen (eventuell aus der Dose) • 1 1/2 TL gemahlener Koriander 1/2 TL Kurkuma (Gelbwurz) • 1–2 TL Garam Masala (indische Gewürzmischung) • Cayennepfeffer • 1/2 Zitrone 300 ml Brühe (selbst gemacht oder Instant) • Salz*

Zubereitung Kartoffeln schälen und in dicke Scheiben schneiden. Zwiebeln und Knoblauch abziehen. Ingwerwurzel schälen und in kleine Stücke schneiden. Zwiebeln, Knoblauch und Ingwer im Mixer fein pürieren. Das Öl in einem großen Topf erhitzen und die Paste hineingeben (Vorsicht, es spritzt!).

Einige Minuten lang unter Rühren braten, dann die abgetropften Bohnen und die Kartoffelscheiben zugeben. Koriander, Kurkuma, Garam Masala und 1 Prise Cayennepfeffer darüber verteilen und unter Rühren kurz andünsten.

Mit Zitronensaft und Brühe ablöschen. Salzen und im geschlossenen Topf 15 Minuten lang schmoren. Dazu isst man Brot, dicke Gurkenscheiben und Tomatenstücke.

Pro Portion: 390 kcal / Fett: 11 g / Ballaststoffe: 14 g

Dicke Bohnen sind mancherorts nur als Saubohnen bekannt, weil man sie gerade gut genug zur Schweinemast fand. Nicht ganz so wertvoll, aber eine echte Delikatesse sind dicke Bohnen, wenn man die Kerne schält.

Dicke Bohnen mit Kräutern

***Zutaten** (für 4 Portionen) 400 g dicke Bohnen (tiefgekühlt oder aus dem Glas) • 100 g Zwiebeln • 2 EL Keimöl • 1 TL Provencekräuter 100 ml Brühe • 1 EL Crème fraîche • Salz • Pfeffer aus der Mühle 4 Fleischtomaten*

Zubereitung Tiefgekühlte Bohnen auftauen und nach Anweisung garen. Konservenbohnen abtropfen lassen. Zwiebeln schälen und würfeln. Öl in einer Pfanne erhitzen. Zwiebeln darin glasig dünsten und Provencekräuter, Brühe und Crème fraîche zufügen, salzen und pfeffern. Im geschlossenen Topf 5 Minuten lang bei schwacher Hitze kochen lassen. Tomaten waschen, würfeln und zu den Bohnen geben. Noch 5 Minuten lang zugedeckt durchziehen lassen.

Pro Portion: 189 kcal / Fett: 9 g / Ballaststoffe: 5 g

Bohneneintopf mit Knoblauch

Zutaten *(für 4 Portionen) 150 g weiße Bohnen • 600 ml Brühe (selbst gemacht oder Instant) • 4–6 Knoblauchzehen • Salz • Pfeffer aus der Mühle • 25 g Haferschrot oder Haferkleie • 300 g rote und gelbe Paprikaschoten • 2 Stangen Porree • 2 EL Öl 1 EL Paprikapulver*

Zubereitung Bohnen mit Wasser bedeckt über Nacht einweichen. Abgießen, mit Brühe bedecken und zum Kochen bringen. 1 ungeschälte Knoblauchzehe zufügen. Die Bohnen im geschlossenen Topf bei schwacher Hitze etwa 1 Stunde lang garen. Die Knoblauchzehe herausnehmen, das weiche Innere herausdrücken und wieder zu den Bohnen geben. Die Suppe mit Salz und Pfeffer würzen. Haferschrot zu den Bohnen geben, aufkochen und die Suppe zugedeckt etwa 20 Minuten lang garen. Paprikaschoten und Porree waschen, putzen und klein schneiden. Das Gemüse in heißem Öl kräftig anbraten. Vom Herd nehmen, Paprikapulver darüber stäuben, gut umrühren und zur Suppe geben. Die Suppe mit den restlichen zerdrückten Knoblauchzehen würzen, mit Salz und Pfeffer abschmecken.
Pro Portion: 241 kcal / Fett: 10 g / Ballaststoffe: 16 g

Thymianbohnen mit Sardellen

Zutaten *(für 6 Portionen) 500 g getrocknete weiße Bohnen 2 TL getrockneter Thymian • 1 Lorbeerblatt • 250 g Zwiebeln 2 Knoblauchzehen • 3 EL gutes Olivenöl • 3–4 Sardellenfilets 700 g Tomaten • Salz • Pfeffer aus der Mühle 1 EL frische Thymianblätter*

Zubereitung Bohnen über Nacht in kaltem Wasser einweichen. Abgießen und mit kaltem Wasser bedeckt zum Kochen bringen. Thymian und Lorbeer zufügen und etwa 1 Stunde lang kochen. Inzwischen Zwiebeln und Knoblauch schälen, würfeln und in heißem Öl andünsten. Klein geschnittene Sardellenfilets und gewürfelte Tomaten kurz mitschmoren. Bohnen abgießen und zur Gemüse-Sardellen-Mischung in den Topf geben. Mit Salz und Pfeffer abschmecken. 10 Minuten lang ziehen lassen. Mit Thymian bestreut servieren.
Pro Portion: 381 kcal / Fett: 10 g / Ballaststoffe: 12 g

Wenn die Sardellen allzu salzig sind, kann man sie vor dem Zerkleinern für eine halbe Stunde in Wasser oder Milch einlegen.

Bohnen-Linsen-Eintopf

Zutaten *(für 6 Portionen) 250 g getrocknete weiße Bohnen*
150 g getrocknete Linsen • 1 Lorbeerblatt • 1 TL Thymian
2 l Fleischbrühe (selbst gemacht oder Instant) • 1 Bund Suppengrün
1 EL Öl • 1 Knoblauchzehe • Jodsalz • Pfeffer aus der Mühle

Zubereitung Bohnen und Linsen über Nacht in kaltem Wasser getrennt einweichen.
Lorbeer und Thymian zu den abgetropften Bohnen geben und mit Brühe bedecken. Etwa 1 Stunde lang kochen. Das Suppengrün putzen, klein schneiden und in einem Topf in heißem Öl andünsten. Zerdrückten Knoblauch zufügen. Suppengrün und abgetropfte Linsen zu den Bohnen geben und weitere 25 Minuten lang garen. Mit Salz und Pfeffer abschmecken.
Pro Portion: 249 kcal / Fett: 4 g / Ballaststoffe: 9 g

Knoblauch ist eine unverzichtbare Würzzutat für Eintöpfe mit Hülsenfrüchten. Keine Angst, wirklich penetrant riecht er nur, wenn man ihn roh verzehrt.

Tipp Diese Suppe können Sie mit Naturreis, Nudeln oder Kartoffeln als Einlage zu einem dicken sättigenden Eintopf machen. Er schmeckt im Winter auch aufgewärmt gut. Ohne Einlage lässt sich die Suppe prima einfrieren. Haltbarkeit 3 Monate.

Linsencurry mit Granatapfel

Zutaten *(für 3 Portionen) 250 g Zwiebeln • 2 Knoblauchzehen*
1 EL Öl • 2–3 TL Currypulver (Madras) • 400 g gekochte Linsen (eventuell aus der Dose) • 150 ml Brühe (selbst gemacht oder Instant) • Salz • Zucker • 1 Granatapfel (ersatzweise geraspelter Apfel) • 1 Becher Joghurt (150 g)

Zubereitung Die Zwiebeln abziehen und in Streifen schneiden. Knoblauch abziehen und grob hacken. Beides in Öl bei mittlerer Hitze glasig schmoren. Currypulver unterrühren und kurz ziehen lassen. Linsen und Brühe zugeben.
Im geschlossenen Topf 20 Minuten lang bei kleinster Hitze schmoren. Das Curry mit Salz und Zucker würzen. Den Granatapfel halbieren, das Fruchtfleisch mit einem Löffel herausheben und auf dem Curry anrichten. Mit je 1 Klacks Joghurt servieren.
Dazu passt Vollkornreis.
Pro Portion: 244 kcal / Fett: 8 g / Ballaststoffe: 6 g

Linsensuppe

Zutaten *(für 4 Portionen) 300 g Linsen • Salz • 3 Zwiebeln 2 Knoblauchzehen • 1 Stück Ingwerwurzel (etwa 50 g) • 1 Bund Suppengrün • 2 EL Olivenöl • 3/4 l Fleisch- oder Geflügelbrühe 1–2 EL Weißweinessig oder Zitronensaft • Pfeffer aus der Mühle 200 g Schichtkäse*

Zubereitung Die Linsen für einige Stunden in kaltem Wasser einweichen. Abtropfen lassen und in reichlich Salzwasser etwa 15 Minuten lang garen. Auf ein Sieb geben.

Zwiebeln und Knoblauch abziehen, Ingwer schälen und alles fein würfeln oder im Blitzhacker zerkleinern. Petersilie grob hacken. Sellerie und Möhren schälen und in feine Stifte schneiden. Das Öl in einem Topf erhitzen und das Gemüse darin 5 Minuten lang bei kleiner Hitze dünsten. Linsen und Brühe dazugeben.

Die Suppe etwa 20 Minuten lang kochen, bis die Linsen gar, aber noch nicht aufgeplatzt sind. Mit Essig oder Zitronensaft, Salz und Pfeffer abschmecken. Den Schichtkäse in Bröckchen teilen und beim Auffüllen auf die Suppe geben.

Pro Portion: 402 kcal / Fett: 13 g / Ballaststoffe: 11 g

Für ganz schnelle Linsengerichte eignet sich am besten die kleine geschälte orangerote Sorte. Diese Linsen, die in Indien sehr beliebt sind, haben eine besonders kurze Garzeit, zerfallen allerdings auch leicht.

Linsensalat

Zutaten *(für 4 Portionen) 250 g Tomaten • 250 g Lauchzwiebeln 100 g Staudensellerie • 1 Dose Linsen (850 ml) • 200 g Mozzarella 3 EL Essig • 4 EL Brühe (selbst gemacht oder Instant) • 1 Knoblauchzehe • 1 TL Curry • Jodsalz • Pfeffer aus der Mühle • 2 EL Öl*

Zubereitung Tomaten waschen und klein schneiden. Lauchzwiebeln putzen und in Ringe schneiden. Sellerie in feine Scheiben schneiden. Linsen in einem Sieb abtropfen lassen. Mozzarella abtropfen lassen und in Stücke schneiden. Essig und Brühe in eine Salatschüssel geben. Zerdrückten Knoblauch und Curry hinzufügen. Mit Salz, Pfeffer und Öl verrühren. Tomaten, Zwiebeln und Linsen mit der Sauce mischen. Den Salat mit Mozzarella garnieren.

Pro Portion: 382 kcal / Fett: 17 g / Ballaststoffe: 8 g

Abwandlung Den Linsensalat statt mit Mozzarella mit Feta oder mit Streifen von luftgetrocknetem Schinken anreichern.

Linsengemüse mit Hüttenkäse

***Zutaten** (für 2 Portionen) 1 große Dose Linsen • 1 Zwiebel 2 Knoblauchzehen • 1 Paprikaschote • 50 g Butter • 1–2 TL Curry 100 g Hüttenkäse • nach Belieben Salz und Pfeffer aus der Mühle*

Zubereitung Linsen abgießen. Zwiebel und Knoblauchzehen abziehen und fein würfeln. Paprikaschote entkernen und in schmale Streifen schneiden. In einem Topf in heißer Butter 3 Minuten andünsten. Curry überstäuben, die abgetropften Linsen dazugeben, alles gut umrühren. Auf jede Portion 1 Löffel Hüttenkäse geben, salzen und pfeffern. Das Gemüse passt gut zu gekochtem Getreide.
Pro Portion: 603 kcal / Fett: 25 g / Ballaststoffe: 15 g

Erbsensuppe mit Sesam

***Zutaten** (für 4 Portionen) 200 g grüne Trockenerbsen 3/4 l Brühe (selbst gemacht oder Instant) • 150 g Zwiebeln 750 g mehlige Kartoffeln • 1 Bund Suppengrün • Salz Pfeffer aus der Mühle • 2 Knoblauchzehen • 1 EL Sesamsaat • 2 EL Öl • 1 Bund Petersilie*

Sesamkörner wie auch Nüsse brennen beim Rösten sehr leicht an und werden bitter. Deshalb die Pfanne im Auge behalten und rechtzeitig vom Herd nehmen.

Zubereitung Die Erbsen über Nacht in kaltem Wasser einweichen. Abgießen und mit Brühe bedeckt wieder aufsetzen. Zwiebeln abziehen, Kartoffeln schälen und alles würfeln. Suppengrün putzen und klein schneiden. Erbsen zugedeckt bei schwacher Hitze 40 Minuten lang garen. 1 Esslöffel klein geschnittene Zwiebeln, Kartoffeln und das Suppengrün zufügen und weitere 20 Minuten lang kochen. Mit Salz und Pfeffer abschmecken. Die restlichen Zwiebeln und den Knoblauch fein hacken. Mit dem Sesam bei schwacher bis mittlerer Hitze im heißen Öl etwa 5 Minuten lang braten, dabei häufig umrühren. Die Suppe in tiefe Teller füllen und mit der Sesammischung und der fein gehackten Petersilie bestreut servieren.
Pro Portion: 372 kcal / Fett: 12 g / Ballaststoffe: 15 g

Hülsenfrüchte pürieren

Frisch gekochte Erbsen, Bohnen, Linsen oder Kichererbsen, auch aus der Konserve, lassen sich für Darmempfindliche immer wieder gut abwandeln, wenn man sie püriert. Dafür die Flüssigkeit abgießen und

Hülsenfrüchte gibt es in Hülle und Fülle. Sie enthalten u.a. sehr viele Ballaststoffe, Vitamine und eine Menge Spurenelemente. Aufgrund der vielen Aminosäuren – oft mehr als in Fleisch – sind sie eine ideale Ernährungskomponente auch für Vegetarier.

das Gemüse mit dem Pürierstab fein zerkleinern. So viel Kochwasser oder Brühe zufügen, dass ein saftiger und feiner Brei entsteht. Wenn Sie die Schalen schlecht vertragen, sollten Sie das Püree durch ein Sieb passieren. So vorbereitet, können Sie die Hülsenfrüchte wie gewohnt als deftigen Eintopf mit Kartoffeln und Suppengemüse weiterverarbeiten.

Wird das Püree nach dem Kochen direkt im Topf zerkleinert, bleibt es heiß. Sonst bei kleiner Hitze unter Rühren aufwärmen oder kurz in der Mikrowelle erhitzen.

Ein kräftiger Erbseneintopf wärmt nicht nur herrlich an kalten Tagen, sondern stärkt auch, wenn ungewohnt harte körperliche Arbeit ansteht.

Erbsensuppe mit Klößchen

Zutaten *(für 4 Portionen) 200 g getrocknete grüne Erbsen*
2 große Kartoffeln • 1 Bund Suppengrün • 1–2 Knoblauchzehen
2 EL Öl • 1–2 TL getrockneter Thymian • 2 l Brühe (selbst gemacht oder Instant) • 150 g ungebrühte Bratwurst
Salz • Pfeffer aus der Mühle

Zubereitung Erbsen am Vorabend in 1 Liter kaltem Wasser einweichen. Am nächsten Tag Kartoffeln schälen und würfeln, Suppengrün putzen und klein schneiden. Knoblauch abziehen.

Öl in einem Topf erhitzen. Suppengrün, zerdrückten Knoblauch und Thymian darin andünsten. Die abgetropften Erbsen dazugeben. Mit Brühe auffüllen und etwa 1 Stunde lang bei kleiner Hitze im geschlossenen Topf garen, bis die Erbsen weich sind. Kartoffeln zufügen und weitere 20 Minuten lang kochen.
Die Suppe im Mixer pürieren und zurück in den Topf geben. Bratwurst als Klößchen aus der Haut drücken, in einer beschichteten Pfanne bei kleiner Hitze knusprig braun anbraten und in die Suppe geben. Mit Salz und Pfeffer abschmecken.
Pro Portion: 367 kcal / Fett: 17 g / Ballaststoffe: 11 g

Sprossensalat

Zutaten *(für 4 Portionen) 1/2 Kopf Salat • 250 g Sprossen (z. B. Alfalfa, Radieschen, Linsen o. Ä.) • 2 Möhren • 250 g Porree 1 Avocado • 2 EL Sherryessig oder guter Weinessig • 1 Knoblauchzehe • Salz • Zucker • 2 EL Nussöl oder Olivenöl frisch gemahlener Pfeffer • 1 EL fein geschnittener Schnittlauch*

Besonders würzig bis scharf schmecken Senfsprossen. Man muss sie während des Keimens besonders gründlich abspülen, weil sie dabei klebrige Schleimstoffe entwickeln.

Zubereitung Den Salat waschen und eine große Platte mit den Blättern und den Sprossen auslegen. Möhren und Porree putzen. Möhren in Stifte, Porree in Ringe schneiden.
Das geschnittene Gemüse kurz blanchieren und abschrecken. Die Avocado schälen und würfeln. Alle Sorten mischen und auf den Salatblättern anrichten. Essig mit dem zerdrückten Knoblauch, Salz und 1 Prise Zucker verrühren. Das Öl löffelweise mit einem Schneebesen unterschlagen. Kräftig pfeffern. Die Sauce über den Salat verteilen und mit dem Schnittlauch bestreuen.
Pro Portion: 246 kcal / Fett: 20 g / Ballaststoffe: 6 g
Tipp Gut passt zu frischen Sprossen auch ein Dip aus Joghurt und Mayonnaise mit viel gehacktem Kerbel. Mit Salz, Pfeffer, etwas geriebener Zitronenschale und Zitronensaft abschmecken. Die Naturmedizin sagt Keimlingen vielfältige Heilwirkungen nach. Bewiesen ist immerhin, dass sich beim Auskeimen der Samen ihr Gehalt an Vitaminen vervielfacht.
Gekeimte Sprossen gibt es auch in Plastikbeuteln verpackt zu kaufen. Kontrollieren Sie sorgfältig die Frische, es bilden sich sehr leicht Schimmelsporen, die nur schwer erkennbar sind.

Biostoffe aus Fisch und Soja

Das schmeckt nach Meer

Ein ganzes Bündel von nützlichen Stoffen aus Seefischen und aus der Sojabohne helfen dem Darm, seine natürlichen Funktionen zu erfüllen. Wer diese beiden Lebensmittelgruppen öfter einmal anstelle von Fleisch auf den Speisezettel setzt, tut seinem Körper einen Gefallen.

Matjes sind ganz junge Heringe, die noch nicht gelaicht haben. Frisch sind sie am besten im späten Frühjahr erhältlich.

Leichter Matjessalat

Zutaten *(für 2 Portionen) 500 g fest kochende Kartoffeln*
Salz • 2 Matjesfilets • 1/2 Salatgurke • 150 g Joghurt
1 EL Zitronensaft • Pfeffer aus der Mühle • Zucker • 1 TL Inulin
2 EL Öl • 1 EL gehackter Dill

Zubereitung Kartoffeln waschen und in Salzwasser 20 Minuten lang kochen. Schalen abpellen und die Kartoffeln in kleine Stücke schneiden. Matjesfilets kalt abspülen, trockentupfen und in Würfel schneiden. Gurke schälen, der Länge nach halbieren, entkernen und in Würfel schneiden. Joghurt mit Zitronensaft verrühren. Salz, Pfeffer, 1 Prise Zucker und Inulin zugeben, das Öl unterschlagen und abschmecken. Matjes, Kartoffeln und Gurke in eine Salatschüssel geben und mit Sauce übergießen. Alles gut durchmischen, mit Dill bestreuen.
Pro Portion: 823 kcal / Fett: 57 g / Ballaststoffe: 7 g

Omega-3-Fettsäuren aus fetten Seefischen wie Hering und Makrelen sind wichtige Bausteine im Gefüge des Stoffwechsels. Wer zu entzündlichen Darmerkrankungen neigt, sollte zwei bis drei Fischmahlzeiten pro Woche einplanen.

Gegrillte Heringe

Zutaten *(für 2 Portionen) 4 küchenfertige grüne Heringe • Salz*
Pfeffer aus der Mühle • 1 El Olivenöl • 2 EL Zitronensaft

Zubereitung Heringe waschen, trocknen, sparsam salzen und pfeffern. Den Grill vorheizen. Die Fische mit Öl einpinseln und von jeder Seite 5 Minuten lang grillen.
Auf eine vorgewärmte Platte legen, mit Zitronensaft beträufeln und sofort servieren.
Pro Portion: 858 kcal / Fett: 64 g / Ballaststoffe: 0 g

Lachs mit Meerrettichdip

Zutaten *(für 4 Portionen) 2 EL Magerquark • 1 EL Crème fraîche 150 g Joghurt • 1 EL geriebener Meerrettich • Pfeffer aus der Mühle • Salz • Zucker • 300 g Räucherlachs in Scheiben • 1 Zitrone 50 g Rauke (Rucola)*

Zubereitung Quark, Crème fraîche, Joghurt und Meerrettich in einer Schüssel verrühren, mit Pfeffer, Salz und Zucker würzen. Die Lachsscheiben auf einer Servierplatte anrichten. Mit Meerrettichdip, Zitronenspalten und Rauke- oder Salatblättern dekorieren.
Pro Portion: 162 kcal / Fett: 8 g / Ballaststoffe: 0 g

Die besonders gesunden langkettigen Omega-3-Fettsäuren kommen außer in Algen in keinem pflanzlichen Lebensmittel vor. Man kriegt sie nur auf den Teller, wenn man Lachs, Hering, Makrelen oder andere Seefische isst.

Pellkartoffeln mit Lachs und Kaviar

Zutaten *(für 4 Portionen) 1 kg fest kochende Kartoffeln • Jodsalz 200 g Magerquark • 150 g Joghurt • 1 EL Öl • 2 EL Milch 2 TL Senf • Pfeffer aus der Mühle • Zucker • 100 g Räucherlachs 50 g Lachs- oder Forellenkaviar • 1/2 Zitrone • 1 Kästchen Kresse*

Zubereitung Kartoffeln waschen und in Salzwasser 20 bis 25 Minuten lang garen. Magerquark mit Joghurt, Öl, Milch und Senf verrühren. Mit Pfeffer, Salz und Zucker abschmecken. Die Kartoffeln pellen. Mit dem Dip, Lachs und Kaviar anrichten. Vor dem Servieren mit Zitronenscheiben und Kresse garnieren.
Pro Portion: 308 kcal / Fett: 8 g / Ballaststoffe: 5 g

Lachskoteletts

Zutaten *(für 2 Portionen) 2 Lachskoteletts à ca. 180 g 250 ml Brühe (selbst gemacht oder Instant) • 1/2 Zitrone heller Saucenbinder • 1 EL Crème fraîche • Salz Pfeffer aus der Mühle • 1 EL gehackter Kerbel oder Dill*

Zubereitung Lachs waschen und mit Küchenkrepp trockentupfen. Brühe mit etwas Zitronensaft in einer Pfanne aufkochen. Den Lachs hineinlegen und bei milder Hitze 8 bis 10 Minuten lang garen. Den Fisch mit einem Schaumlöffel herausnehmen und warm halten. Die Flüssigkeit aufkochen, Saucenbinder einrühren, Crème fraîche dazugeben und aufkochen.

Die Sauce mit Salz und Pfeffer würzen, die fein gehackten Kräuter untermischen. Lachs auf vorgewärmten Tellern anrichten und mit der Sauce begießen. Sofort servieren.
Pro Portion: 282 kcal / Fett: 15 g / Ballaststoffe: 1 g

Makrelen mit Kräuterbutter

***Zutaten** (für 2 Portionen) 2 Makrelen à ca. 350 g • 2 EL Zitronensaft • 30 g Butter • 1 EL gehackte Kräuter (z. B. Petersilie, Dill, Schnittlauch) • 1/2 TL Senf • Salz • Pfeffer aus der Mühle*

Zubereitung Die Filets beim Fischhändler auslösen lassen. Waschen und gut trocknen. Je 2 Filets auf ein ausreichend großes Stück Aluminiumfolie legen und mit Zitronensaft beträufeln. Weiche Butter mit Kräutern und Senf vermischen, mit Salz und Pfeffer abschmecken und die Masse auf den Fisch streichen. Die Folien fest verschließen, in den auf 200 °C vorgeheizten Backofen (Gas Stufe 3 bis 4; Umluft 180 °C) schieben und etwa 20 Minuten lang garen. Die Fische in der Folie auf Tellern anrichten.
Pro Portion: 582 kcal / Fett: 43 g / Ballaststoffe: 0 g

Forelle, Dorsch oder Rotbarsch sind keine guten Quellen für die unentbehrlichen Omega-3-Fettsäuren. Die dickste Portion dieser nützlichen Substanzen steckt in der preiswerten und wohlschmeckenden Makrele.

Makrele auf Lauchgemüse

***Zutaten** (für 2 Portionen) 2 küchenfertige Makrelen à ca. 350 g 1/4 l Brühe (selbst gemacht oder Instant) • 1 EL Zitronensaft Salz • 1 Lorbeerblatt • 500 g Porree • 10 g Butter • 1 EL Crème fraîche • Pfeffer aus der Mühle • 1 EL gehackte Petersilie*

Zubereitung Makrelen waschen. Brühe in eine Pfanne gießen, mit Zitronensaft, Salz und Lorbeerblatt aufkochen. Fische einlegen und bei milder Hitze in der geschlossenen Pfanne 15 Minuten lang garen. Warm stellen. Porree putzen, waschen, in feine Streifen schneiden. In heißer Butter andünsten. Etwas von der Garflüssigkeit der Makrelen zugießen, das Gemüse 5 Minuten lang garen. Crème fraîche einrühren, mit Salz und Pfeffer würzen, nochmals aufkochen. Makrelen auf das Lauchgemüse legen und mit Petersilie bestreut servieren.
Pro Portion: 588 kcal / Fett: 40 g / Ballaststoffe: 4 g
Tipp Wer keine Zeit zum Kochen hat, kann auch eine Fischkonserve kaufen, um an die nützlichen Fettsäuren zu kommen.

Makrelenfilets in Folie

Zutaten *(für 2 Portionen) 2 mittelgroße Makrelen à 375 g*
1 Zwiebel • 1 Knoblauchzehe • 1 Stück frische Ingwerwurzel
1 Stück Porree (etwa 100 g) • 1 Möhre • 10 g Butter • Salz
Pfeffer aus der Mühle • 4 EL trockener Weißwein
2 EL fein gehackte Petersilie

Achten Sie beim Einkauf auf die Präsentation der Ware: Je mehr Eis in der Vitrine ist, umso frischer ist der Fisch. Wird er auf Holzbrettern angeboten, sollten Sie ihn nicht kaufen.

Zubereitung Makrelen vom Fischhändler filetieren lassen. Zwiebel und Knoblauch abziehen, Ingwer schälen und alles fein würfeln. Porree und Möhre in sehr feine Streifen schneiden.

2 Stücke Aluminiumfolie mit Butter bestreichen, Zwiebel, Knoblauch, Ingwer, Porree und Möhren darauf verteilen. Mit wenig Salz und Pfeffer würzen. Folienränder etwas hochziehen, Weißwein vorsichtig hineingießen. Petersilie darüber streuen, die Filets mit der Hautseite nach oben auf die Gemüse legen. Aluminiumfolie gut verschließen. In den auf 225 °C vorgeheizten Backofen (Gas Stufe 4 bis 5; Umluft 200 °C) schieben und etwa 20 Minuten lang garen. Die Fische in der Folie auf Tellern anrichten.

Pro Portion: 579 kcal / Fett: 37 g / Ballaststoffe: 3 g

Durch das schonende Garen in der Folie benötigt man kaum Fett, und die wertvollen Inhaltsstoffe bleiben größtenteils erhalten. Gerade bei Fischgerichten kann man so außerdem leichter vermeiden, dass der Fisch zerfällt.

Gegrillter Thunfisch

Zutaten *(für 2 Portionen) 2 Scheiben frischer Thunfisch à 180 g*
2 EL Zitronensaft • 2 EL Olivenöl • Salz • Pfeffer aus der Mühle

Zubereitung Thunfisch abspülen und abtrocknen. Grill vorheizen. Thunfisch mit 1 Esslöffel Zitronensaft beträufeln, mit Öl einpinseln. Mit Salz und Pfeffer würzen.
Den Fisch etwa 6 Minuten lang von jeder Seite grillen, noch etwas Zitrone darüber träufeln und sofort servieren.
Pro Portion: 431 kcal / Fett: 30 g / Ballaststoffe: 0 g

Thunfischschnitzel

Zutaten *(für 2 Portionen) 2 EL Olivenöl • 300 g frischer Thunfisch*
Salz • Pfeffer aus der Mühle • etwas Mehl • 1 EL Zitronensaft
3 EL Brühe (selbst gemacht oder Instant) • 1 EL Crème fraîche
1 TL gehackte Kräuter (z. B. Dill, Petersilie, Basilikum)

Zubereitung Olivenöl in einer Pfanne erhitzen. Den Fisch leicht salzen und pfeffern, in Mehl wenden und 7 bis 8 Minuten lang in der Pfanne braten. Herausnehmen und warm stellen. Zitronensaft und Brühe in die Bratpfanne geben und den Bratensatz damit lösen. Crème fraîche zugeben, etwas einkochen lassen. Die Kräuter untermischen. Den Thunfisch mit der Sauce servieren.
Pro Portion: 447 kcal / Fett: 30 g / Ballaststoffe: 1 g

Thunfisch kennen viele nur als Dosenkonserve. Frisch hat er wenig damit gemeinsam, sein festes dunkelrotes Fleisch erinnert mehr an ein Rindersteak als an einen Fisch.

Rezepte mit Soja

Der hohe Gehalt an pflanzlichen Hormonen (Isoflavonoiden) macht Sojaprodukte für Frauen und Männer gleichermaßen gesund. Pflanzenhormone wirken bei regelmäßigem Verzehr vorbeugend gegen hormonabhängige Tumoren wie Brustkrebs, aber auch gegen Darmkrebs und Wucherungen und Tumoren der Prostata. Frauen in den Wechseljahren, die durch den Hormonentzug mit Hitzewellen und Stimmungstiefs zu tun haben, können sich mit regelmäßigen, reichlichen Portionen von Tofu & Co. Linderung verschaffen und dazu noch ihr Krebsrisiko senken.

Backen mit Sojamehl

Haferflockenplätzchen

***Zutaten** (für etwa 30 Stück) 150 g Haferflocken • 150 g Leinsamen 2 EL vollfettes Sojamehl (Reformhaus) • 4 EL geschmacksneutrales Öl • 2 EL Zucker • 2 EL Milchzucker • 1 Ei • 1 TL Zimt oder abgeriebene Zitronenschale*

Zubereitung Alle Zutaten in eine Schüssel geben. 1 bis 2 Esslöffel kaltes Wasser zufügen und alles mit den Knethaken des Handrührers zu einem glatten Teig verkneten. Mit 2 Teelöffeln kleine Häufchen auf ein mit Backpapier belegtes Blech setzen. In den vorgeheizten Backofen schieben und die Plätzchen bei 200 °C (Gas Stufe 3 bis 4; Umluft 180 °C) etwa 12 Minuten lang backen.
Pro Stück: 68 kcal / Fett: 4 g / Ballaststoffe: 2 g

Diese Plätzchen werden zart und mürbe, wenn man feine Haferflocken dazu verwendet. Mit kernigen Vollkornflocken dagegen schmecken sie knusprig und nussig.

Grundrezept Hefeteig

***Zutaten** 500 g Mehl Type 550 oder 1050 • 1/2 TL Salz 1 EL vollfettes Sojamehl (Reformhaus) • 1 EL Weizenkleie 1 EL gemahlener Leinsamen • 30 g Hefe • 1 TL Zucker 1/4 l fettarme Milch oder Wasser • 4 EL Öl • Mehl zum Kneten*

Zubereitung Mehl, Salz, Sojamehl und Weizenkleie in eine Schüssel geben. Leinsamen im Blitzhacker (Messermühle) fein zerkleinern. Hefe, Zucker und 3 Esslöffel Wasser mit der lauwarmen Milch glatt rühren. Öl auf dem Mehl verteilen. Hefemilch zugießen und alles mit den Knethaken des Handrührers verkneten, bis der Teig sich vom Schüsselboden löst. Falls nötig, noch etwas Wasser zufügen, damit der Teig geschmeidiger wird.
Den Teig mit Folie zugedeckt bei Zimmertemperatur gehen lassen, bis er sich verdoppelt hat. Nach Wunsch weiterverarbeiten.
Pro Teig: 2445 kcal / Fett: 69 g / Ballaststoffe: 38 g
Tipp Dieser mit Öl zubereitete Hefeteig eignet sich für Kuchen, Brot und Pizza gleich gut. Sie können ihn mit Süßstoff, Zucker oder Milchzucker süßen und mit Früchten belegt auf dem Blech backen. Er lässt sich ebenfalls mit Kräutern und Gewürzen abwandeln und als Brot in einer Kastenform backen.

Sojabrötchen

***Zutaten** (für 16 Stück) 1/2 Würfel Hefe oder 1 Päckchen Trockenhefe • 1/4 Milch • 500 g feines Weizenvollkornmehl 50 g Sojamehl • 2 TL Milchzucker • 2 EL gehackte Sojakerne Salz • 1 EL Raps- oder Olivenöl*

Zubereitung Die Hefe in lauwarmer Milch und 3 Esslöffeln Wasser auflösen. 450 Gramm Mehl, Sojamehl, Milchzucker, Sojakerne und 1 Teelöffel Salz in einer Schüssel vermischen. Öl und die aufgelöste Hefe zufügen und alles mit den Knethaken des Handrührers zu einem glatten Teig verarbeiten.

Den Teig zugedeckt bei Zimmertemperatur gehen lassen, bis er sich verdoppelt hat. Das dauert bis zu 45 Minuten. Ein Backblech mit Backpapier auslegen.

Den Teig auf der mit Mehl bestreuten Arbeitsfläche noch einmal gründlich durchkneten und in 2 Portionen teilen. Jede Hälfte zu einer Rolle formen, in 8 gleich große Stücke schneiden und zu Kugeln formen. Die Oberfläche der Teigstücke mit einem Sägemesser kreuzweise einschneiden. Die Teigstücke auf das Backblech setzen und nochmals 15 Minuten lang gehen lassen. Mit leicht gesalzenem Wasser bestreichen. Im vorgeheizten Backofen bei 200 °C (Gas Stufe 3 bis 4; Umluft 180 °C) etwa 30 Minuten backen. Auf einem Rost abkühlen lassen.

Pro Stück: 124 kcal / Fett: 2 g / Ballaststoffe: 4 g

Sojabrötchen lassen sich gut einfrieren (Haltbarkeit etwa drei Monate). In einer Kastenform gebacken, entsteht aus dem Brötchenteig ein schnittfestes Brot.

Sojapfannkuchen ohne Ei

***Zutaten** (für 4 Stück) 175 g Weizenvollkornmehl • 50 g vollfettes Sojamehl • Salz • 1 Messerspitze Backpulver • 350 ml fettarme Milch (ersatzweise Sojadrink) • 2 EL Öl*

Zubereitung Vollkorn- und Sojamehl mit Salz und Backpulver mischen. Milch mit den Quirlen des Handrührers unterrühren. Den Teig 10 bis 20 Minuten lang zum Quellen stehen lassen. In einer beschichteten Pfanne etwas Öl erhitzen. Den Teig einfüllen und backen, bis der Rand hellbraun geworden ist. Den Pfannkuchen wenden und fertig backen. Auf diese Weise 4 Pfannkuchen backen.

Pro Stück: 276 kcal / Fett: 11 g / Ballaststoffe: 7 g

Milchfreier »Joghurt«

Milchfreie »Crème fraîche« lässt sich für fast alle Gerichte verwenden, für die auch übliche Crème fraîche verwendet wird. Allerdings kann sie gerinnen, wenn man sie in heißes Fett gibt oder lange bei hoher Temperatur kocht. Sanftes Erhitzen oder Einrühren in heiße Flüssigkeiten machen keine Probleme.

Zutaten *(für 6 Portionen) 1 l Sojamilch (Sojadrink) • 1 Beutel Joghurtferment (Joghurtbakterien aus dem Reformhaus)*

Zubereitung Sojamilch leicht erwärmen (höchstens 40 °C). Fermentpulver in die Sojamilch einrühren und die Flüssigkeit in die Gläser eines Joghurtbereiters füllen. Etwa 5 Stunden warten, bis die Mischung säuerlich und dick ist. Im Kühlschrank aufbewahren.
Pro Portion: 57 kcal / Fett: 3 g / Ballaststoffe: 3 g
Tipp Die Sojamilch sollte wirklich nur lauwarm sein. Ist die Flüssigkeit zu heiß, sterben die Joghurtbakterien ab. Ist die Milch zu kühl, dauert es etwas länger, bis die Bakterien mit der Arbeit beginnen.

Milchfreie »Crème fraîche«

Zutaten *(für 4 Portionen) 500 g Sojacreme (Reformhaus) 100 g selbst gemachter milchfreier »Joghurt« • 1 EL Speiseöl*

Zubereitung Sojacreme mit dem »Joghurt« und dem Öl vermischen. In Joghurtgläser füllen und im Joghurtbereiter über Nacht stehen lassen. Die Soja-Crème-fraîche in den Kühlschrank stellen. Sie hält sich etwa 2 Wochen lang.
Pro Portion: 77 kcal / Fett: 6 g / Ballaststoffe: 3 g

Sojamilch wird aus Wasser und gequollenen, zerkleinerten und gekochten Sojabohnen hergestellt. Aus ihr kann man Sojajoghurt machen, dass sich mit verschiedenen Zutaten für Salatsaucen, Dips oder Süßspeisen variieren lässt.

Sojamayonnaise

***Zutaten** (für etwa 6 Portionen) 200 g Sojacreme (Reformhaus) 150 g Mayonnaise • Zitronensaft • Salz • Pfeffer aus der Mühle*

Zubereitung Sojacreme mit dem Pürierstab des Handrührers oder im Mixer zu einer Creme aufschlagen.
Mayonnaise löffelweise zufügen und untermixen. Mit Zitronensaft, Salz und Pfeffer nachwürzen.
Tipp Diese fettarme Mayonnaise lässt sich genauso verwenden wie die übliche. Man kann sie sogar zusätzlich mit Joghurt verlängern.
Pro Portion: 132 kcal / Fett: 14 g / Ballaststoffe: 1 g

Pikant oder süß mit Tofu

Tofu-Senf-Dressing

***Zutaten** (für 10 Portionen) 200 g abgetropfter Tofu • 2 EL Essig 1/4 TL Salz • 1 Knoblauchzehe • 1 EL scharfer Senf 2 EL Öl • 1 Prise Zucker*

Zubereitung Tofu zerbröckeln. Zusammen mit Salz, der abgezogenen Knoblauchzehe und dem Senf in eine Schüssel geben. Mit dem Pürierstab oder im Mixer zu einer Creme verarbeiten. Das Öl unter die Tofucreme rühren und das Dressing je nach Geschmack mit Salz und Zucker nachwürzen.
Pro Portion: 43 kcal / Fett: 4 g / Ballaststoffe: 0 g

Die Tofu-Senf-Mischung ist nicht nur als Dressing für Salate geeignet, sondern schmeckt auch als Dip zu rohem Gemüse.

Tofu-Roquefort-Dressing

***Zutaten** (für 10 Portionen) 200 g abgetropfter Tofu 1–2 EL Zitronensaft • 1/4 TL Salz • 100 g Roquefortkäse (oder anderer Blauschimmelkäse) • 2 EL Öl (z. B. Sonnenblumen- oder Rapsöl) • 1 Prise Zucker • Pfeffer aus der Mühle*

Zubereitung Tofu zerbröckeln. Zusammen mit Zitronensaft, Salz und Roquefort in eine Schüssel geben. Mit dem Pürierstab des Handrührers oder im Mixer zu einer Creme verarbeiten. Öl unter die Tofucreme rühren und mit Salz, Zucker und Pfeffer würzen.
Pro Portion: 78 kcal / Fett: 7 g / Ballaststoffe: 0 g

Scharfe Knoblauchsauce

Zutaten *(für 6 Portionen) 6 Knoblauchzehen • 1 Bund glatte Petersilie • 1 Chilischote • 4 EL natives Olivenöl extra • 100 g Tofu 1/2 TL abgeriebene Zitronenschale • Salz*

Tofu ist eine ausgezeichnete Grundlage für interessant gewürzte Saucen. Er macht die Sauce cremig, und sein milder Geschmack passt sich problemlos wechselnden Würzrichtungen an.

Zubereitung Knoblauchzehen abziehen. Petersilie waschen, trockentupfen und fein hacken. Die Chilischote halbieren, entkernen. Fruchtfleisch eventuell für kurze Zeit in kaltes Wasser legen – so wird die Sauce etwas milder.

Das Öl erhitzen und den Knoblauch so lange darin bei kleiner Hitze braten, bis er hell gebräunt und weich geworden ist. Die Knoblauchzehen herausheben und fein zerdrücken. Tofu ebenfalls zerdrücken oder pürieren.

Chili hacken, mit gehackter Petersilie, Zitronenschale, dem Tofu und dem Knoblauchmus in das heiße Öl geben. Gut verrühren, mit wenig Salz würzen und sofort servieren.

Pro Portion: 96 kcal / Fett: 9 g / Ballaststoffe: 1 g

Tipp Diese aromatische Ölsauce schmeckt wunderbar zu gekochtem Gemüse und zu Pellkartoffeln. Nur mit dicken Scheiben Weißbrot zum Stippen und reifen Tomaten angerichtet, wird ein einfaches, aber gutes Abendessen daraus.

Scharfe Tofu-Mandel-Sauce

Zutaten *(für 4 Portionen) 50 g Mandeln • 1 Fleischtomate 100 g Tofu • 2–3 Knoblauchzehen • Cayennepfeffer • 1/2 TL Salz 3 EL Zitronensaft • 4 EL Olivenöl • Pfeffer aus der Mühle • Zucker*

Zubereitung Die Mandeln grob hacken, in einer Pfanne ohne Fett kurz anrösten und im Mixer fein mahlen. Die Tomate entkernen, dazugeben. Tofu zufügen und alles kurz durchpürieren.

Die zerdrückten Knoblauchzehen, 1 kräftige Prise Cayennepfeffer, Salz und Zitronensaft untermischen. Das Öl in feinem Strahl einlaufen lassen und mit einem Schneebesen untermixen. Die cremige Sauce mit Salz, Pfeffer und 1 Prise Zucker abschmecken.

Pro Portion: 222 kcal / Fett: 20 g / Ballaststoffe: 2 g

Tipp Mandelsauce passt gut zu Fisch und Muscheln, aber auch zu Pellkartoffeln und gekochtem Weißkohl oder Wirsing.

Senf-Sahne-Sauce

Zutaten *(für 6 Portionen) 3–4 Zwiebeln • 150 ml Fond oder Brühe (selbst gekocht oder Instant) • 2 EL Senf • 120 g Kaffeesahne (10% Fett) • 100 g Tofu • Salz • Pfeffer aus der Mühle • Zucker*

Zubereitung Zwiebeln abziehen und würfeln. Brühe zugießen und bei milder Hitze kochen, bis die Zwiebeln gar und die Flüssigkeit fast verdampft ist.
Senf, Sahne und fein zerdrückten Tofu zufügen, mit dem Pürierstab des Handrührers aufmixen und noch einmal kurz erwärmen. Mit Salz, Pfeffer und 1 Prise Zucker würzen.
Pro Portion: 65 kcal / Fett: 4 g / Ballaststoffe: 1 g
Tipp Die Sauce schmeckt zu Fisch, Eiern und Pellkartoffeln.

Grüne Sauce ist eine klassische Beilage zu gekochtem Rindfleisch. Vegetarier essen sie gern zu Pellkartoffeln, gekochten Möhren und Fenchel. Die Kräutermischung dafür gibt es in Hessen fertig zu kaufen. In anderen Teilen der Republik stellt man sich die Kräuter selbst zusammen.

Grüne Sojasauce

Zutaten *(für 6 Portionen) 3 hart gekochte Eier • 100 g Tofu 2 EL Öl • 200 g frische Kräuter (z. B. Dill, Kresse, Kerbel, Borretsch, Schnittlauch, Sauerampfer, Petersilie, Pimpernelle, Estragon) • 200 g Joghurt • Saft von 1 Zitrone • 1 TL Senf • Salz Pfeffer aus der Mühle • Zucker*

Zubereitung Eier pellen und halbieren. Dotter herauslösen. Mit dem Tofu und dem Öl in eine Schüssel geben. Mit dem Pürierstab des Handrührers zu einer Creme zerkleinern. Alle Kräuter waschen, trocknen, fein hacken. Joghurt und klein gehacktes Eiweiß unter die Sauce rühren. Mit Zitronensaft, Senf, Salz, Pfeffer und etwas Zucker abschmecken. Bis zum Servieren in den Kühlschrank stellen.
Pro Portion: 145 kcal / Fett: 10 g / Ballaststoffe: 2 g
Tipp Die grüne Sojasauce passt wie ihr Originalvorbild, die Frankfurter Grüne Sauce, gut zu Pellkartoffeln oder feinem Frühlingsgemüse wie Blumenkohl.

Haferburger

Zutaten *(für 8 Stück) 1 Zwiebel • 1 Knoblauchzehe • 3 EL Öl 150 g Haferflocken • 2 TL Instantbrühe • 1 Möhre • 100 g Tofu • 1 Ei 1/2 Bund Schnittlauch • Salz • Pfeffer aus der Mühle*

Zubereitung Zwiebel und Knoblauchzehe abziehen und würfeln. In 1 Esslöffel Öl glasig dünsten. Die Haferflocken zugeben und kurz anrösten. Von der Kochstelle nehmen. 250 Milliliter Wasser mit Instantbrühe aufkochen, auf die Haferflocken gießen und gut verrühren. Die Möhre schälen, raspeln und zufügen. Tofu fein zerdrücken und zufügen. Den Teig mit Ei und Schnittlauchröllchen verrühren. Mit Salz und Pfeffer würzen. Aus dem Teig 8 flache Burger (Bratlinge) formen und in einer beschichteten Pfanne im restlichen Öl von beiden Seiten goldbraun braten.
Pro Stück: 140 kcal / Fett: 7 g / Ballaststoffe: 2 g
Tipp Die Burger lassen sich gut auf Vorrat produzieren und einfrieren oder 2 bis 3 Tage im Kühlschrank lagern. Dann in der Mikrowelle erhitzen oder in einer beschichteten Pfanne aufbraten.

Süßer Tofubrotaufstrich

Zutaten *(für 6 Portionen) 200 g Tofu • 50 g Erdnusscreme (Erdnussbutter oder Nussmus aus dem Reformhaus) • 1 Banane 1 EL Zitronensaft • 2–3 EL Honig*

Ein milchfreier, fettarmer und eiweißreicher Brotaufstrich für alle, die es gern süß mögen.

Zubereitung Tofu zerbröckeln. Zusammen mit Erdnusscreme, geschälter Banane, Zitronensaft und Honig in eine Schüssel geben. Die Mischung mit dem Pürierstab des Handrührers oder im Mixer zu einer glatten Creme verarbeiten.
Pro Portion: 131 kcal / Fett: 6 g / Ballaststoffe: 1 g

Tofu-Schoko-Creme

Zutaten *(für 8 Portionen) 200 g Tofu • 100 g bittere Schokolade 2 EL Milch • 2 EL Honig oder Zucker*

Zubereitung Tofu zerbröckeln. Schokolade im Wasserbad oder in der Mikrowelle schmelzen lassen. Tofu, flüssige Schokolade, Milch und Honig oder Zucker in eine Schüssel geben. Die Mischung mit dem Pürierstab des Handrührers oder im Mixer zu einer lockeren Creme aufschlagen. Im Kühlschrank aufheben.
Pro Portion: 90 kcal / Fett: 4 g / Ballaststoffe: 2 g
Tipp Die Schokocreme schmeckt so gut wie die meisten Fertigprodukte, enthält jedoch weniger Fett und keine gehärteten Fette.

Biostoffe aus Gemüse und Obst

Buntes tut gut

Experten in aller Welt sind sich einig: Wer seinen Darm fit halten möchte, sollte viele verschiedene Gemüsesorten auf seinen Speisezettel setzen. In Bevölkerungsstudien fanden sie heraus, dass Menschen, die täglich Gemüse und Obst essen, seltener unter Krebserkrankungen leiden, insgesamt gesünder und leistungsfähiger sind als andere. Neben so ausgewiesenen Fitmachern wie Vitaminen und Mineralstoffen spielen dabei, so sagen die Forscher, vor allem biologische Pflanzenstoffe eine Rolle. Diese zeigen sich zwar in intensiv getönten Gemüsen wie Möhren, Tomaten und Paprikaschoten deutlich, doch verstecken sie sich auch in schlichtgrünen Blattgemüsen, weißen Zwiebeln, Fenchel und vielen anderen Sorten.

In allen Gemüsearten stecken von Natur aus Duft- und Aromastoffe (z.B. Terpene, Senföle und Polyphenole), die unseren Appetit anregen und das Essen zum Genuss werden lassen. Doch aus manchem neuen Kohlrabi ist solcher Gaumenkitzel verschwunden. Und wer heute Radieschen mit verbundenen Augen probiert, hat es schwer, sie geschmacklich von einer Gurke zu unterscheiden.

Mehr innere Werte

Beim Gemüsekauf sehnt man sich oft in die gute alte Zeit zurück – als noch Sand an den Möhren klebte, die Wurzeln dick und unregelmäßig gewachsen waren, aber dafür dufteten und intensiv nach Möhre schmeckten. Und erst die Radieschen: Nicht groß und innen porös, sondern klein und knackig waren sie, ihr kräftiges Aroma konnte einem die Tränen in die Augen treiben. Aber das war ja gerade das Gute daran.

Noch vor 50 Jahren pflanzten Gemüsebauern einfache, so genannte Landsorten an. Die wuchsen gemächlich, reiften spät und schmeckten gerade deswegen intensiv und unverwechselbar. Aber sie brachten den Bauern auf Dauer zu wenig Geld in die Kasse. Die mächtig gewordenen Handelsketten zahlten eben nicht für Qualität, sondern für Masse. Es mussten also schnellere, ertragreichere Sorten her, damit der Anbau sich rentierte. Die waren resistent gegen viele Krankheiten und verdoppelten den Ertrag. Doch bald beklagten die Käufer den flauen Geschmack und die schlaffe Konsistenz.

Gewicht bekam die Klage über die Geschmackseinbußen erst in den letzten Jahren, als Ernährungsexperten herausfanden, dass viele der Aroma- und Geschmacksstoffe als biologisch aktive Substanzen oder »Phytochemicals« hohen gesundheitlichen Wert besitzen und vor einer Reihe von Zivilisationskrankheiten wie etwa Krebserkrankungen und Arteriosklerose schützen. Was gut schmeckt, ist also auch gesund! Doch wer den Pflanzen kaum Zeit zum Wachsen lässt und sie oft lange vor der Reife erntet, muss damit rechnen, dass im Vergleich zu früher nur die Hälfte der wohlschmeckenden und gleichzeitig heilsamen Stoffe auf dem Teller landet. Deshalb lohnt es sich, beim Gemüsebauern auf dem Markt oder im Fachgeschäft nach besonders geschmacksintensiven Sorten zu fragen und dafür auch etwas mehr Geld auszugeben.

Wer vom Feldsalat die früh geernteten Miniaturblättchen kauft, muss zwar kaum kauen, bekommt aber auch wenig Aroma in die Salatschüssel.

Kulinarisch wertvoll – Heilstoffe im Gemüse

Wer seinem Darm einen Gefallen tun möchte und Abwechslung auf den Tisch bringt, kann eine ganze Palette von Wirkstoffen für sein Wohlbefinden nutzen.

Inhaltsstoff	Wirkung auf den Darm	Gemüsesorten
Terpene Köstlich duftend, Zutat vieler Gewürze	Regen den Appetit auf Gemüse an, helfen bei der Verdauung, hemmen Krebserkrankungen	Möhren, Auberginen, Brokkoli, Gurken, Chilischoten
Polyphenole Würzig herb oder chilischarf	Verscheuchen Bakterien und Viren, schützen die Gefäße, verhindern Oxidationsschäden an Zellen	Zwiebeln, Bohnen, Endivien, Erbsen, Grün- und Weißkohl
Sulfide Zwiebelig-scharf	Schützen die Zellen vor Oxidation, putzen die Arterien	Zwiebeln, Knoblauch, Porree, Schnittlauch
Senföle Kohlig-aromatisch	Hemmen Krebsentstehung, blockieren das Wachstum schädlicher Mikroben	Alle Kohlsorten, Kresse, Meerrettich, Radieschen, Rettich
Saponine Mit bitterer Note	Senken den Cholesterinspiegel, stärken das Immunsystem	Spinat, Erbsen, Spargel, Rote Bete, Steckrüben

Gesunder Geschmack

Wer beim Gemüse auf Geschmack und innere Werte setzt, kauft – klarer Fall –, was gerade Saison hat. Junge Möhren, Kohlrabi oder Rüben mögen zarter sein als ausgewachsene Exemplare, doch sie sind auch weniger wertvoll und haben weniger Geschmack. Wer kräftiges Möhrenaroma will, lässt deshalb die Bunde mit Grün und dünnen Würzelchen links liegen und kauft ausgereifte große Sandmöhren. Auch Waschmöhren schmecken, wenn sie kräftig orangegelb gefärbt sind, nur ein kleines Herz, aber viel Fleisch besitzen. Für Kräuter wie Petersilie, Dill, Basilikum oder Thymian gilt: Sind die Blättchen hell und zart, ist die Würzkraft noch nicht voll entwickelt, erst ausgewachsen entwickeln sie intensiven Kräutergeschmack.

Die grünen flachen Erbsenschoten heißen in einigen Gegenden auch Kefen oder Zuckererbsen. Im Winter werden sie oft aus Afrika importiert und sind recht teuer. Doch haben sie kaum Abfall.

Frische Sommergenüsse

Fenchelgemüse

Zutaten *(für 6 Portionen) 1 kg Fenchel mit Grün • 2 Schalotten oder Zwiebeln • 20 g Butter • Salz • Zucker • Pfeffer aus der Mühle 120 ml Cidre oder Apfelwein*

Zubereitung Fenchel putzen, waschen und das Grün beiseite legen. Fenchel in 1/2 Zentimeter dicke Ringe schneiden. Schalotten oder Zwiebeln abziehen, fein würfeln und in Butter glasig dünsten. Fenchel zugeben und unter Rühren andünsten. Salzen, zuckern und pfeffern. Zugedeckt bei milder Hitze 10 Minuten lang dünsten. Deckel abnehmen, die Flüssigkeit verdampfen lassen und den Cidre zugießen. Weitere 10 Minuten lang garen. Das Fenchelgrün sehr fein hacken und kurz vor dem Servieren zum Gemüse geben.
Pro Portion: 78 kcal / Fett: 3 g / Ballaststoffe: 7 g

Zuckerschoten

Zutaten *(für 4 Portionen) 500 g Zuckerschoten • 20 g Butter 1 Prise Zucker • 1 EL Mandeln • Salz • Pfeffer aus der Mühle*

Zubereitung Blüten und Stielansatz der Zuckerschoten abschneiden, an den Seiten die Fäden abziehen. Das Gemüse waschen. Zuckerschoten in kochendes Wasser geben. 2 Minuten lang kochen,

Zuckerschoten nur kaufen, wenn sie knackig frisch und frei von Druckstellen sind. Falls die Erbsen in der Schote von außen schon deutliche Wölbungen zeigen, ist das Gemüse nicht mehr zart genug. Es wird jedoch auch in guter Qualität tiefgekühlt angeboten.

abgießen und sofort in reichlich eiskaltes Wasser schütten. Butter und Zucker in einem Topf schmelzen. Die gehackten Mandeln zufügen und unter Rühren hell anrösten. Abgetropfte Zuckerschoten darin wenden und erhitzen. Mit Salz und Pfeffer abschmecken.
Pro Portion: 91 kcal / Fett: 6 g / Ballaststoffe: 3 g

Gurkengemüse

***Zutaten** (für 4 Portionen) 1 kg Gemüsegurken • 1 Bund Suppengrün • 1 Knoblauchzehe • 2 EL Öl • 1 TL Brühepulver • Salz Pfeffer aus der Mühle • 1 Zitrone • 2 EL Schlagsahne 1/2 Bund Schnittlauch*

Zubereitung Gurken von der Blüte zum Stielansatz mit einem Sparschäler schälen. Der Länge nach halbieren, mit einem Löffel entkernen und in Streifen schneiden. Suppengrün und Knoblauch putzen, fein hacken und in heißem Öl glasig dünsten. 2 bis 3 Esslöffel Wasser zugießen, Brühepulver unterrühren. 10 Minuten lang bei kleiner Hitze im geschlossenen Topf garen. Gurkenstücke dazugeben. Mit Salz, Pfeffer und Zitronensaft würzen. Weitere 3 bis 4 Minuten garen. Sahne und Schnittlauchröllchen unterrühren und servieren.
Pro Portion: 115 kcal / Fett: 9 g / Ballaststoffe: 2 g

Fenchel ist ein ideales Gemüse für den Magen-Darm-Trakt. Die Knolle enthält Athenol und Fenchem, zwei ätherische Öle, die bei Magenkrämpfen, Blähungen, Völlegefühl und Verstopfung Erleichterung verschaffen.

Herzhaftes Wurzelgemüse

Rübengemüse

Zutaten *(für 4 Portionen) 750 g weiße Rüben • 2 Zwiebeln*
1 EL Öl • 2 EL Sherry oder Weißwein • 300 ml Brühe • 1 TL Zucker
Salz • Pfeffer • 1 Knoblauchzehe • 2–3 TL Saucenbinder
2 EL Petersilie oder Dill

Zubereitung Rüben schälen, Zwiebeln abziehen und alles in feine Scheiben schneiden. Öl in einem Topf erhitzen. Zwiebeln darin glasig dünsten. Rüben zufügen und kurz andünsten. Sherry oder Wein und Brühe zufügen. Mit Zucker, Salz und Pfeffer würzen. Zerdrückten Knoblauch zufügen und 20 Minuten lang kochen. Das Gemüse abgießen, die Flüssigkeit für die Sauce auffangen und in den Topf zurückgießen. Erneut aufkochen, mit Saucenbinder binden. Die Rüben in der Sauce anrichten. Mit gehackter Petersilie oder Dill bestreuen.
Pro Portion: 115 kcal / Fett: 5 g / Ballaststoffe: 6 g

Steckrüben sind schnell zu putzen, den ganzen Winter über billig zu haben und schmecken – kräftig gewürzt – genauso gut wie manches exotische Gemüse.

Scharfer Steckrübeneintopf

Zutaten *(für 4 Portionen) 1 kleine Steckrübe (ca. 1,5 kg) • 1,5 kg*
vorwiegend fest kochende Kartoffeln • 500 g Zwiebeln
1 l Brühe • 1 Stück frische Ingwerwurzel • 1–2 Knoblauchzehen
1 Chilischote • 1 EL Öl • 200 g Hüttenkäse • 100 g Joghurt
1–2 Bund Petersilie • Salz

Zubereitung Steckrübe in fingerdicke Scheiben schneiden und schälen. Das Fruchtfleisch in gleichgroße Würfel schneiden. Kartoffeln schälen, Zwiebeln abziehen, alles klein schneiden. Brühe erhitzen, beide Gemüse und die Kartoffeln zufügen. Aufkochen und 30 Minuten lang bei milder Hitze garen. Ingwer und Knoblauch schälen und fein hacken. Chilischote aufschlitzen, die Kerne entfernen und das Fruchtfleisch in feine Streifen schneiden. Ingwer, Knoblauch und Chili in heißem Öl kurz andünsten und zum Eintopf geben. Hüttenkäse mit Joghurt vermischen. Petersilie hacken. Den Eintopf mit Salz nachwürzen. Auf jede Portion 1 Klecks von der Hüttenkäse-Joghurt-Mischung und 1 Esslöffel gehackte Petersilie geben.
Pro Portion: 479 kcal / Fett: 11 g / Ballaststoffe: 18 g

Möhrengemüse mit Mandeln

Zutaten *(für 4 Portionen) 750 g Möhren • Salz • 50 g Mandeln 2 EL natives Olivenöl extra • Pfeffer aus der Mühle*

Zubereitung Möhren schälen und in gleichmäßige Scheiben schneiden. In wenig Salzwasser 12 bis 15 Minuten lang garen. Inzwischen die Mandeln fein hacken.
Möhren abgießen. Olivenöl erhitzen, Mandeln darin leicht anbräunen. Möhren zufügen und kurz erhitzen. Mit Salz und grobem Pfeffer aus der Mühle würzen. Dazu: Reis, Bulgur oder Kartoffelbrei.
Pro Portion: 126 kcal / Fett: 8 g / Ballaststoffe: 4 g

Mandel-Möhren-Curry

Zutaten *(für 4 Portionen) 750 g Möhren • 1/4 l Brühe • 50 g ungeschälte Mandeln • 2 EL Curry • 1/8 l Milch • 1 TL heller Saucenbinder • 1/2 Orange • Salz • Pfeffer aus der Mühle*

Die scharfen Gewürze regen die Muskulatur des Darms an, Ballaststoffe aus den Möhren sorgen für guten Transport.

Zubereitung Möhren schälen und in gleichmäßige Stücke schneiden. In Brühe 12 bis 15 Minuten lang garen. Mandeln in grobe Stifte hacken und in einer trockenen beschichteten Pfanne oder in der Mikrowelle leicht anrösten.
Die Möhren mit Curry bestäuben. Milch zugießen. Saucenbinder einrühren und aufkochen. Mit Orangensaft, Salz und grobem Pfeffer aus der Mühle würzen. Die Mandelstifte untermischen. Dazu: Reis oder Kartoffelbrei.
Pro Portion: 117 kcal / Fett: 9 g / Ballaststoffe: 5 g

Sellerie-Möhren-Gemüse

Zutaten *(für 4 Portionen) 250 g Sellerieknolle • 250 g Möhren 20 g Butter • 100 ml Brühe (selbst gemacht oder Instant) Salz • Pfeffer aus der Mühle • 200 g körniger Frischkäse 2 TL gerösteter Sesam*

Zubereitung Sellerie und Möhren schälen, waschen und in feine Streifen oder Würfel schneiden. Butter in einem Topf zerlassen. Abgetropftes Gemüse hineingeben und unter häufigem Wenden ohne Bräunung andünsten. Mit Brühe ablöschen, mit Salz und Pfeffer wür-

zen. Im geschlossenen Topf bei kleiner Hitze 10 bis 12 Minuten lang garen. Jede Portion mit 1 Löffel Frischkäse servieren. Dazu schmecken Stampfkartoffeln oder Reibekuchen.
Pro Portion: 126 kcal / Fett: 8 g / Ballaststoffe: 4 g

Schwarzwurzeln mit Rosmarin

***Zutaten** (für 4 Portionen) 700 g Schwarzwurzeln • 3 EL einfacher Essig • 20 g Butter • 1 TL gehackte Rosmarinnadeln • 200 ml Brühe (selbst gemacht oder Instant) • 3 EL Kaffeesahne (10%) 2 TL Saucenbinder • 1/2 Zitrone • Salz • Pfeffer aus der Mühle 20 g gehackte Pistazien- oder Erdnusskerne*

Zubereitung Schwarzwurzeln sorgfältig bürsten und die dunkle Schale mit einem Sparschäler abziehen. Geschälte Stangen in kaltes Wasser mit Essig legen, damit sie die weiße Farbe behalten. Die Schwarzwurzeln in Scheiben oder Stücke schneiden und in heißer Butter andünsten. Mit Rosmarin bestreuen. Brühe und Sahne zufügen. Das Gemüse im geschlossenen Topf bei kleiner Hitze etwa 12 Minuten lang garen. Die Kochflüssigkeit mit Saucenbinder binden. Mit Zitronensaft, Salz und Pfeffer abschmecken. Mit Pistazien oder Erdnüssen bestreut servieren.
Pro Portion: 117 kcal / Fett: 9 g / Ballaststoffe: 5 g
Info Die aromatischen, nadelähnlichen Blätter des Rosmarinstrauchs besitzen eine verdauungsfördernde und krampflösende Wirkung. Die ätherischen Öle regen die Durchblutung an. Japanische Forscher schreiben einer Substanz im Rosmarin deutliche antiallergische Wirkungen zu.

Schwarzwurzeln haben von Herbst bis Dezember Saison. Die hellen Stangen schmecken angenehm würzig und leicht mehlig. Eine köstliche Variante: bissfest gekochte Schwarzwurzeln mit einem kräftigen Essig-Öl-Dressing als Salat angerichtet.

Rote-Bete-Salat

***Zutaten** (für 4 Portionen) 4 etwa gleich große Rote Bete (600 g) Salz • Pfeffer aus der Mühle • 2–3 EL Balsamico- oder Sherryessig 2 EL Olivenöl • 1 Bund Schnittlauch*

Zubereitung Rote Bete gründlich abbürsten und waschen. Mit der Schale in kochendes Salzwasser geben und je nach Größe 40 bis 60 Minuten lang bei kleiner Hitze im geschlossenen Topf garen. Abgießen und mit kaltem Wasser bedecken. Die Schale abziehen.

Die Knollen in dünne Scheiben schneiden und jeweils eine schuppenförmig auf einem flachen Teller anrichten. Nach Geschmack salzen und pfeffern. Mit Balsamicoessig und Olivenöl beträufeln. Mit Schnittlauchröllchen bestreuen.
Pro Portion: 106 kcal / Fett: 6 g / Ballaststoffe: 3 g
Tipp Gekochte Rote Bete halten sich im Kühlschrank 3 bis 5 Tage lang frisch. Sie schmecken auch in Butter angedünstet als Gemüsebeilage, ergänzen gemischte Salate und geben Cremesuppen eine kräftige Farbe.

Kohl – vielseitig und gesund

Currykohlrabi

Zutaten *(für 4 Portionen) 1 kg Kohlrabi • 10 g Butter oder 1/2 EL Öl • 1–2 EL Curry • 200 ml Brühe (selbst gemacht oder Instant) • Salz • Zucker • Pfeffer aus der Mühle • 2 TL Saucenbinder 2 EL Kaffeesahne (10%) • 1 EL Sonnenblumenkerne*

Auch große Kohlrabiknollen sind heute durch verbesserte Züchtung nur noch selten holzig.

Zubereitung Kohlrabi schälen, unansehnliche und holzige Teile entfernen. Das Gemüse in Scheiben, Rauten oder Stifte schneiden. Butter oder Öl in einem Topf schmelzen, Kohlrabi darin andünsten. Mit Curry bestäuben. Brühe zufügen. Mit Salz, Zucker und Pfeffer würzen. Im geschlossenen Topf 5 bis 7 Minuten lang garen. Mit Saucenbinder binden. Sahne zum Gemüse geben, kurz aufkochen. Sonnenblumenkerne in der trockenen Pfanne oder in der Mikrowelle leicht anrösten. Auf das Gemüse streuen.
Pro Portion: 110 kcal / Fett: 6 g / Ballaststoffe: 3 g

Weißkohl in Zitronen-Dill-Creme

Zutaten *(für 3 Portionen) 1 kleiner Weißkohl • 2 Zwiebeln 1 EL Öl • 1/8–1/4 l Brühe • 1/2 unbehandelte Zitrone 50 g Doppelrahmfrischkäse • 100 g Joghurt • 1 Bund Dill Zucker • Salz • Pfeffer aus der Mühle*

Zubereitung Weißkohl putzen, waschen und in Streifen schneiden. Zwiebeln abziehen und würfeln. In einem großen Topf Öl erhitzen, Zwiebeln glasig dünsten, Kohlstreifen zufügen. Unter häufigem

Wenden andünsten. Brühe und 1 Stück abgeschälte Zitronenschale zufügen, Deckel auflegen. Den Kohl bei milder Hitze etwa 25 Minuten lang dünsten. Inzwischen den weichen Frischkäse mit dem Joghurt verrühren. Dill fein schneiden. Den bissfest gegarten Kohl mit der Joghurt-Käse-Mischung und dem Dill verrühren. Aufkochen und einige Minuten lang bei milder Hitze durchziehen lassen. Mit Zucker, Zitronensaft, Salz und Pfeffer kräftig abschmecken. Dazu: Kartoffelschnee, Salzkartoffeln oder Reibekuchen.
Pro Portion: 221 kcal / Fett: 13 g / Ballaststoffe: 10 g

Würziger Weißkohl

Zutaten *(für 4 Portionen) 700 g Weißkohl • 2 Aufgussbeutel Fenchel-Anis-Kümmel-Tee (z. B. aus der Apotheke) • 2 EL Öl 1 Zwiebel • Salz • 1/2 TL Zucker • Pfeffer aus der Mühle*

Zubereitung Die äußeren Kohlblätter entfernen, den Strunk herausschneiden. Den Weißkohl in feine Streifen schneiden oder auf einem Gemüsehobel schneiden. Die Teebeutel mit 1/4 Liter kochendem Wasser übergießen und 5 Minuten lang ziehen lassen.
In einem großen Topf Öl erhitzen. Zwiebel abziehen, würfeln. Kohl und Zwiebel in den Topf geben und andünsten. Gewürztee zugießen und das Gemüse salzen. Im geschlossenen Topf bei kleiner Hitze 30 Minuten lang dünsten. Falls nötig, eventuell etwas Wasser nachfüllen. Mit Zucker, Salz und Pfeffer abschmecken.
Pro Portion: 96 kcal / Fett: 6 g / Ballaststoffe: 4 g
Info Ätherische Öle aus der Gewürzteemischung machen den Kohl erheblich leichter verdaulich. Die praktischen Aufgussbeutel sorgen dafür, dass man beim Kohlessen nicht auf Gewürzkörnchen beißt.

Vom Wirsing nicht nur das gelbliche Innere, sondern auch die grünen aromatischen Blätter verwenden. Sie enthalten viel von dem oft knappen Nervenvitamin Folsäure.

Wirsing-Paprika-Gemüse

Zutaten *(für 4 Portionen) 1 kleiner Wirsing (etwa 800 g) 2 rote Paprikaschoten • Salz • 2 Zwiebeln • 20 g Butter • 2–3 EL Sahne • 100 ml Milch • heller Saucenbinder • Pfeffer aus der Mühle*

Zubereitung Wirsing und Paprikaschoten separat putzen, waschen und in grobe Streifen schneiden. Den Wirsing in kochendes Salzwasser geben. 3 bis 5 Minuten lang kochen, in ein Sieb schütten und mit

eiskaltem Wasser kurz abspülen. Gut abtropfen lassen. Zwiebeln abziehen und würfeln. Mit den Paprikastreifen in einer beschichteten Pfanne in heißer Butter glasig dünsten. Die Zwiebel-Paprika-Mischung mit Wirsing, Sahne und Milch in einen Topf geben. Das Gemüse erhitzen und mit Saucenbinder binden. Mit Salz und Pfeffer abschmecken.
Pro Portion: 165 kcal / Fett: 9 g / Ballaststoffe: 7 g

Blitzschnelle Gemüsesüppchen

Vielen Gemüsegerichten aus Kohl oder Wurzeln tut ein Spritzer Zitronensaft oder ein Löffel herber Weißwein gut, um den Geschmack abzurunden.

Essen Sie gern cremige Suppen? Hier ist eine einfache, kalorienarme Version, die in Windeseile auf dem Tisch steht.

- Wählen Sie am besten Wurzel- oder Kohlgemüse (z. B. Möhren, weiße Rüben, Sellerie, Steckrüben, Brokkoli, Blumenkohl, Kohlrabi) als Grundlage.
- Faustregel: 500 Gramm Gemüsewürfel und 250 Gramm klein geschnittene mehlige Kartoffeln in 3/4 Liter Brühe (selbst gemacht oder Instant) gar kochen.
- Anschließend pürieren und abschmecken.
- Mit gehackten Kräutern und mit einem Klecks Joghurt oder saurer Sahne anrichten, fertig!

Wirsingpüree mit Mandeln

***Zutaten** (für 4 Portionen) 1 kleiner Wirsing (etwa 800 g) 2–3 mehlige Kartoffeln (ca. 150 g) • 300 ml Brühe (selbst gemacht oder Instant) • 2 EL Kaffeesahne (10%) • Jodsalz Zitronensaft • 1 EL Sojasauce • 1 EL Mandelstifte*

Zubereitung Vom Wirsing die unansehnlichen Blätter und den Strunk entfernen. Den Kopf vierteln, waschen und das Gemüse in schmale Streifen schneiden. Die Kartoffeln schälen und würfeln.
Die Brühe aufkochen, Kohl und Kartoffeln zufügen und im geschlossenen Topf bei kleiner Hitze etwa 25 Minuten lang garen, bis das Gemüse weich ist.
Die Flüssigkeit abgießen und auffangen. Das Gemüse mit dem Pürierstab fein zerkleinern. Dabei so viel von der heißen Flüssigkeit zufügen, dass ein cremiges Püree entsteht, den Rest anderweitig verwenden.

Die Kaffeesahne unterrühren. Das Gemüse mit Salz, einigen Tropfen Zitronensaft und Sojasauce würzen. Die Mandelstifte in der trockenen Pfanne rösten, bis sie zu duften beginnen. Das Wirsingpüree mit Mandeln bestreut servieren. Dazu schmecken Pell- oder auch Bratkartoffeln.
Pro Portion: 106 kcal / Fett: 5 g / Ballaststoffe: 5 g

Kirsch-Rotkohl

Zutaten *(für 4 Portionen) 1 kg Rotkohl • Salz • 3–4 EL Weinessig 1 EL Gänseschmalz oder Öl • 1 Zwiebel • 1 TL Zucker • 100 ml Rotwein • 125 ml Brühe (selbst gemacht oder Instant) • 2 Nelken 1 Prise Piment • 2 Lorbeerblätter • 1/2 Glas Sauerkirschen (ca. 200 g) • Essig zum Nachwürzen • Pfeffer aus der Mühle*

Zubereitung Die äußeren Blätter und den Strunk vom Kohlkopf entfernen. Das Gemüse vierteln und in feine Streifen schneiden. Den Kohl mit Salz bestreuen. Essig darüber verteilen. Alles mischen und etwa 2 Stunden lang stehen lassen. Schmalz in einem Topf zerlassen. Gewürfelte Zwiebel und Zucker darin andünsten.
Den Kohl mit der Flüssigkeit zufügen. Rotwein, Brühe, Nelken, Piment und Lorbeer zufügen und mischen. 40 Minuten lang im geschlossenen Topf garen. Kirschen mit etwa 100 Milliliter Saft zufügen und weitere 10 Minuten garen. Das Gemüse mit Essig, Salz und Pfeffer abschmecken und anrichten.
Pro Portion: 148 kcal / Fett: 4 g / Ballaststoffe: 6 g

Wenn der rohe Kohl einige Zeit mit Salz und Essig durchzieht, wird er später beim Kochen zarter, und die Gewürze entwickeln sich besser.

Saucen aus Gemüse

In den Ländern rund ums Mittelmeer hat man schon immer die bindende Kraft der Gemüse geschätzt und beim Schmoren von Fleisch, Fisch und Geflügel reichlich Gemüse für die spätere Sauce beim Garen mit in den Topf gegeben. Noch feiner und leichter sind die neuen würzig-frischen Saucen aus Gemüse, die Sie auf den folgenden Seiten finden. Sie werten viele Gerichte optisch und kulinarisch auf. Fette Bindemittel wie Crème fraîche, Sahne oder Mehl-Butter-Mischungen werden überflüssig, wenn püriertes Gemüse die Sauce bindet, und der Geschmack dieser leichten, ballaststoffreichen Saucen überzeugt auch Feinschmecker.

Grüne Paprikasauce

Zutaten *(für 3 Portionen) 500 g grüne Paprikaschoten 2 Zwiebeln • 1 Knoblauchzehe • 2 Bund Schnittlauch • 175 ml Brühe (selbst gemacht oder Instant) • Salz • Zucker • Cayennepfeffer*

Zubereitung Paprikaschoten putzen und klein schneiden. Zwiebeln und Knoblauch abziehen und würfeln. Beides mit heißer Brühe in einen Topf geben und etwa 15 Minuten lang bei milder Hitze im geschlossenen Topf garen. Das Gemüse mitsamt der Garflüssigkeit mit dem Pürierstab oder im Mixer fein pürieren. Frischen Schnittlauch zufügen und noch einmal durchmixen. Die Sauce wieder erhitzen und mit Salz, Zucker und Cayennepfeffer abschmecken.
Pro Portion: 63 kcal / Fett: 2 g / Ballaststoffe: 7 g
Tipp Diese köstliche hellgrüne Sauce passt wunderbar zu gedünstetem Fisch und Geflügel. Fein ist auch die Kombination mit Pellkartoffeln und Quark oder Hüttenkäse. Wer Gäste auch optisch beeindrucken möchte, bereitet die Sauce separat mit roten, grünen und gelben Paprikaschoten zu.

Frische Tomatensauce

Diese leichte Tomatensauce schmeckt gut zu Nudeln, Fisch, Geflügelfleisch, gedünstetem Staudensellerie, Auberginen und Paprikaschoten.

Zutaten *(für 3 Portionen) 400 g sonnenreife Fleischtomaten 1 TL Zitronensaft • Salz • Pfeffer aus der Mühle • 2 EL natives Olivenöl extra • 1 Messerspitze pflanzliches Bindemittel (Biobin oder Nestargel aus Reformhaus oder Apotheke) nach Belieben • 1 Stiel Basilikum*

Zubereitung Tomaten vierteln, entkernen und im Mixer pürieren. Zitronensaft, Salz und Pfeffer zugeben. Weitermixen und das Öl tropfenweise zufügen. Wenn nötig, zum Andicken das Bindemittel unterrühren. Die Sauce bei schwacher Hitze erwärmen. Nicht kochen. Mit geschnittenem Basilikum anrichten.
Pro Portion: 93 kcal / Fett: 8 g / Ballaststoffe: 1 g
Tipp Diese fettarme Sauce ist ideal für alle, die Kalorien sparen möchten oder aber Fett schlecht verdauen können. Spielt der Fettgehalt keine Rolle, runden 1 Esslöffel bestes Olivenöl oder 1 Klecks Crème fraîche, ganz am Schluss untergerührt, den Geschmack natürlich sehr fein ab.

Brokkolisauce

***Zutaten** (für 3 Portionen) 250 g Brokkoli • 1 Zwiebel • 1 Knoblauchzehe • 150 ml Brühe (selbst gemacht oder Instant) 1 EL Semmelbrösel • einige Tropfen Zitronensaft • Salz • Pfeffer aus der Mühle • 1 TL helle Sojasauce*

Zubereitung Brokkoli putzen und in kleine Stücke schneiden. Zwiebel abziehen und fein würfeln. Das Gemüse mit der zerdrückten Knoblauchzehe in die heiße Brühe geben und im geschlossenen Topf etwa 20 Minuten lang garen. Das Gemüse mitsamt der Garflüssigkeit im Mixer oder mit dem Pürierstab fein pürieren. Je nach Beschaffenheit der Sauce noch etwas Semmelbrösel unterrühren und wieder erhitzen. Die Brokkolisauce mit Zitronensaft, Salz, Pfeffer und Sojasauce abschmecken.

Die Sauce schmeckt sehr gut zu Pfannkuchen, Nudeln, gedünstetem Fisch und zu Reisgerichten.

Pro Portion: 47 kcal / Fett: 1 g / Ballaststoffe: 3 g

Sojasauce ist zwar eine pikante Würze, sollte aber nur sparsam eingesetzt werden, weil sie sehr viel Kochsalz enthält.

Die zarten Brokkoliröschen müssen nur kurz in heißem Wasser gekocht werden. Ihr feiner Geschmack macht sie zu einer idealen Beilage für eine Vielzahl von Gerichten.

Möhren-Koriander-Sauce

Zutaten *(für 3 Portionen) 350 g Möhren • 2 Zwiebeln 1 Knoblauchzehe • 175 ml Brühe (selbst gemacht oder Instant) 1 Stück unbehandelte Zitronenschale • 1 Hand voll frisches Koriandergrün (Cilantro; ersatzweise Kerbel) • Salz Zucker • Cayennepfeffer*

Wer einmal auf den intensiv würzigen Geschmack des frischen Korianderkrauts gekommen ist, wird oft genug süchtig danach. Das ist allerdings eine richtig gute Sache, wenn man Probleme mit einem empfindlichen, zu Krämpfen neigenden Darm hat. Denn das Kraut beruhigt und entspannt.

Zubereitung Möhren putzen und klein schneiden. Zwiebeln und Knoblauch abziehen und würfeln. Beides mit heißer Brühe und Zitronenschale in einen Topf geben und etwa 20 Minuten lang bei milder Hitze im geschlossenen Topf garen. Die Schale entfernen. Das Gemüse mitsamt der Garflüssigkeit mit dem Pürierstab oder im Mixer fein pürieren.

Die frischen Korianderblättchen zufügen und noch einmal durchmixen. Die Sauce wieder erhitzen und mit Salz, Zucker und Cayennepfeffer abschmecken.

Pro Portion: 58 kcal / Fett: 1 g / Ballaststoffe: 5 g

Tipp Die würzige, orangefarbene Sauce bildet optisch und kulinarisch einen wunderbaren Kontrapunkt zu hellem, mildem Gemüse wie etwa Schmorgurken, Zucchini oder gedünstetem Chinakohl. Auch helles, kurz gebratenes Fleisch profitiert vom sanft-süßlichen Aroma dieser Sauce.

Suppengrünsauce

Zutaten *(für 3 Portionen) 1 großes Bund Suppengrün • 2 Zwiebeln 1 Kartoffel • 200 ml Brühe (selbst gemacht oder Instant) • 1 Bund Petersilie • Salz • Pfeffer aus der Mühle • Muskat*

Zubereitung Suppengrün putzen und klein schneiden. Zwiebeln abziehen, Kartoffel schälen und beides fein würfeln. Alles mit heißer Brühe in einen Topf geben und etwa 20 Minuten lang bei milder Hitze im geschlossenen Topf garen.

Das Gemüse mitsamt der Garflüssigkeit mit dem Pürierstab oder im Mixer fein pürieren. Die abgezupften Petersilienblättchen zufügen und noch einmal kräftig durchmixen. Die Sauce wieder erhitzen und mit Salz, Pfeffer und Muskat abschmecken.

Pro Portion: 90 kcal / Fett: 2 g / Ballaststoffe: 7 g

Tipp Weil Suppengrünbunde und Kartoffeln unterschiedlich groß ausfallen, kann es sein, dass die Sauce Ihnen zu dünn oder zu dick gerät. Deshalb sollten Sie beim Pürieren einen Teil der Garflüssigkeit zurückbehalten und diese eventuell nachher portionsweise unterrühren, bis die richtige Beschaffenheit der Sauce erreicht ist.

Diese Sauce passt zu allen Gerichten, die keine eigene Sauce mitbringen.

Desserts und Obstrezepte

Grützen und Kompott

Apfel-Bananen-Grütze

Zutaten *(für 4 Portionen) 500 g Äpfel • 1 Päckchen Vanillezucker 1 Banane • 1/2 Zitrone • 1 Päckchen flüssiges Pektin (Gelin; 200 g) flüssiger Süßstoff oder Streusüße*

Zubereitung Äpfel schälen und klein schneiden. Mit 100 Milliliter Wasser und dem Vanillezucker zum Kochen bringen und bei milder Hitze garen, bis die Äpfel zerfallen sind.
Die Banane in dünne Scheiben schneiden, mit Zitronensaft beträufeln und unter die Apfelgrütze mischen. Die Grütze von der Kochstelle nehmen.
Das Pektin unterrühren und die Grütze nach Geschmack süßen. In Dessertschalen füllen und kalt stellen.
Pro Portion: 244 kcal / Fett: 1 g / Ballaststoffe: 2 g

Fruchtgrützen sind erfrischend leichte und ballaststoffreiche Desserts.

Himbeergrütze

Zutaten *(für 4 Portionen) 400 g frische oder tiefgekühlte Himbeeren • 1 Zitrone • 1 Päckchen flüssiges Pektin (Gelin; 200 g) Süßstoff oder Zucker nach Geschmack*

Zubereitung Früchte mit 100 Milliliter Wasser und dem Saft der Zitrone aufkochen. Auf der abgeschalteten Kochstelle 5 Minuten lang ziehen lassen. Die Früchte mit dem Pürierstab fein zerkleinern, Pektin unterrühren. Nach Geschmack süßen. In Portionsschalen füllen und einige Zeit kalt stellen.
Pro Portion: 212 kcal / Fett: 0 g / Ballaststoffe: 7 g

Beerenkompott

Zutaten *(für 4 Portionen) 1 kg rote Beeren (Himbeeren, Johannisbeeren, Brombeeren oder Erdbeeren) • 1/4 l roter Saft (z. B. Kirsch- oder Traubensaft) • 200 g Zucker oder Süßstoff • 40 g Tapioka oder Sago • Zucker oder Puderzucker zum Bestreuen*

Dieses Rezept ist sozusagen ein Kompromiss für Darmempfindliche. Die Hälfte der Beeren werden durch ein Sieb gestrichen und verlieren so Häute und Kerne, die so manchen reizen. Der Rest der Beeren kommt in die kochend heiße Flüssigkeit und gart schonend.

Zubereitung Alle Beeren (außer Himbeeren) waschen und abtropfen lassen. Die Hälfte der Beeren zusammen mit Saft und Zucker (oder Süßstoff) aufkochen, durch ein Sieb streichen. Die Flüssigkeit aufbewahren. Tapioka mit der Flüssigkeit in einen Topf geben, bei milder Hitze 15 Minuten lang ausquellen lassen. Die Beeren zufügen, den Topf von der Herdplatte nehmen, abkühlen lassen. Das Beerenkompott in eine Glasschüssel füllen. Mit Zucker oder Puderzucker bestreuen. Vor dem Servieren 2 Stunden lang kalt stellen.
Pro Portion: 507 kcal / Fett: 1 g / Ballaststoffe: 14 g

Feigenkompott

Zutaten *(für 3 Portionen) 200 ml weißer Traubensaft 3 EL Zitronensaft • 1 EL Zucker • 1 TL Speisestärke • 1 TL Inulin 9 frische Feigen • 1/2 TL gemahlener Zimt • 30 g geraspelte Schokolade*

Zubereitung Traubensaft mit Zitronensaft aufkochen. Zucker, Speisestärke und Inulin mischen und mit 3 Esslöffeln Wasser glatt rühren. Unter ständigem Rühren in den kochenden Saft geben. Aufkochen und über die gewaschenen Feigen gießen. Kalt stellen. Feigen mit Zimt bestäuben und mit Schokoladenraspeln garnieren.
Pro Portion: 234 kcal / Fett: 4 g / Ballaststoffe: 4 g

Pochierte Birnen

Zutaten *(für 4 Portionen) 4 reife Birnen • 1/2 l Apfelsaft 50 g Zucker • 1 EL Zitronensaft • Minzeblättchen • Kürbiskerne zum Garnieren*

Zubereitung Die Birnen schälen, halbieren und das Kerngehäuse entfernen. Den Apfelsaft mit Zucker und Zitronensaft aufkochen. Die Birnen zu dem Sud hinzufügen und etwa 3 Minuten lang im ge-

Feigen sind ein guter Naschersatz: Sie schmecken honigsüß, ihr Zuckeranteil belebt Gehirn und Nerven – und doch machen sie nicht dick. Eine ca. 15 Gramm schwere frische Feige hat nämlich nur ca. zehn Kilokalorien.

schlossenen Topf bei geringer Hitze garen. Die Früchte aus der Flüssigkeit heben und abkühlen lassen. Den Saft im offenen Topf bis auf die Hälfte einkochen lassen. Minzeblättchen in feine Streifen schneiden und zugeben. Je 2 Birnenhälften mit der Rundung nach unten auf einen Teller legen, mit Saft übergießen. Mit Minzestreifen und Kürbiskernen anrichten.
Pro Portion: 178 kcal / Fett: 1 g / Ballaststoffe: 3 g

Bei unseren Großmüttern standen hausgemachte Kompotte noch hoch im Kurs. Durch das heutige Angebot an Fertigdesserts sind viele köstliche Rezepte in Vergessenheit geraten.

Apfel-Birnen-Kompott

***Zutaten** (für 4 Portionen) 500 g Birnen • 3 säuerliche Äpfel*
350 ml heller Fruchtsaft (z. B. Apfel-, Trauben- oder Birnensaft)
1 Päckchen Vanillezucker • 1 EL Zitronensaft • 3 EL Zucker
50 g gehackte Walnüsse

Zubereitung Birnen und Äpfel schälen, halbieren und entkernen. Den Saft mit Vanillezucker, Zitronensaft und Zucker aufkochen. Die Früchte in Spalten schneiden und in die kochende Flüssigkeit geben. 2 Minuten lang kochen und zugedeckt erkalten lassen. Mit den gehackten Walnüssen bestreut servieren.
Kalorien: 279 kcal / Fett: 9 g / Ballaststoffe: 5 g

Mit Quark und Joghurt

Waldbeeren mit Vanillejoghurt

***Zutaten** (für 2 Portionen) 300 g Waldbeeren (Heidelbeeren, Brombeeren, Himbeeren) • 50 g Zucker (ersatzweise Süßstoff) 300 g Joghurt • 1 EL Haferkleie • 1 Päckchen Vanillezucker*

Zubereitung Heidel- und Brombeeren waschen und auf Küchenpapier trocknen lassen. Himbeeren nur verlesen, nicht waschen. Beeren zuckern. Joghurt mit Haferkleie und Vanillezucker verrühren. Beeren und Joghurt abwechselnd in Dessertschalen einschichten, kühlen.
Pro Portion: 288 kcal / Fett: 7 g / Ballaststoffe: 10 g

Unbedingt ausprobieren: Mit Inulin und Sojamehl schmecken magere Milchprodukte viel cremiger.

Quarkcreme auf Beerenmark

***Zutaten** (für 4 Portionen) 125 g cremiger Magerquark (0,2% Fett) 75 g Doppelrahmfrischkäse • 1 EL Inulin • 1 Limette oder Zitrone 75 g Zucker • 300 g tiefgekühlte Beerenmischung 50 g Kürbiskerne*

Zubereitung Den Quark mit Frischkäse (Zimmertemperatur) und Inulin cremig rühren. Mit Limetten- oder Zitronensaft und Zucker abschmecken. Von den aufgetauten Beeren einige schöne Früchte zum Garnieren beiseite legen. Die restlichen Beeren im Mixer pürieren und durch ein Sieb streichen. Die Fruchtsauce mit dem restlichen Zucker süßen. Die Quarkcreme in einen Spritzbeutel füllen und Rosetten auf die Servierteller spritzen. Die Sauce dazugießen und das Dessert mit den restlichen Beeren und den Kürbiskernen garnieren.
Pro Portion: 269 kcal / Fett: 12 g / Ballaststoffe: 6 g

Fruchtkaltschalen können an heißen Sommertagen gut eine warme Mittagsmahlzeit ersetzen. Man kann sie je nach Saison mit verschiedenen Beeren und Früchten abwandeln.

Blaubeerkaltschale

***Zutaten** (für 4 Portionen) 600 g frische Blaubeeren (ersatzweise 500 g Tiefkühlware) • 1 Päckchen Vanillezucker • 150 g Gelierzucker • 150 g Joghurt • 1 EL Zucker*

Zubereitung Die Früchte verlesen und einige schöne Exemplare zum Garnieren beiseite legen. Vanillezucker mit 4 Esslöffeln Wasser aufkochen. Beeren zufügen, aufkochen und den Topf von der Koch-

stelle nehmen. 5 Minuten lang stehen lassen. Die gekochten Früchte im Mixer zerkleinern. Gelierzucker zufügen, mehrmals aufmixen und mindestens 2 Stunden lang kalt stellen. Joghurt mit Zucker verrühren. Die Blaubeerkaltschale auf 4 Suppenteller verteilen, mit den zurückbehaltenen Beeren und je 1 Klecks Joghurt garnieren.
Pro Portion: 252 kcal / Fett: 2 g / Ballaststoffe: 6 g

Süßes aus dem Backofen

Bratäpfel

***Zutaten** (für 4 Portionen) 800 g mürbe Äpfel • 30 g Marzipanrohmasse • 1 EL Leinsamen • 1 EL gehackte Haselnusskerne 1 EL Rosinen • 1 EL Rum, Likör oder Saft • 10 g Butter*

Zubereitung Äpfel gründlich waschen und die Kerngehäuse ausstechen. Marzipanrohmasse, Leinsamen, gehackte Nüsse, Rosinen und Rum, Likör oder Saft verkneten und die Äpfel damit füllen. Eine flache, ofenfeste Form mit Butter ausstreichen und die Äpfel hineinsetzen. In den auf 180 °C vorgeheizten Backofen (Gas Stufe 2 bis 3; Umluft 160 °C) schieben. 20 bis 25 Minuten lang backen, bis die Äpfel weich sind. Dazu passt Vanillesauce.
Pro Portion: 212 kcal / Fett: 9 g / Ballaststoffe: 6 g

Unreife oder wässrig-süße Äpfel, die bei uns hauptsächlich als Importware im Handel sind, geben meist nicht genügend Aroma für Bratäpfel, dieses köstliche Herbstdessert. Am besten zur Saison süßsaure, einheimische Sorten wie Boskop, Renetten, Cox Orange oder Glockenäpfel kaufen.

Gebackene Pfirsiche

***Zutaten** (für 4 Portionen) 4 Pfirsiche • 20 g Butter • 1 EL gehackte Pistazien • 1 EL gehackte Mandeln • 50 g Puderzucker 4 Kugeln Vanilleeis*

Zubereitung Pfirsiche für 1 Minute in kochendes Wasser legen, herausnehmen, mit kaltem Wasser abspülen. Die Haut abziehen, Früchte halbieren und die Steine herausnehmen. Butter in einer Auflaufform schmelzen. Die Pfirsichhälften hineinlegen. Für 10 Minuten in den auf 200 °C vorgeheizten Backofen schieben. Die Form herausnehmen, gehackte Pistazien und Mandeln darüber streuen. Mit Puderzucker bestäuben und nochmals 5 Minuten lang backen. Die heißen Pfirsiche mit Vanilleeis anrichten und sofort servieren.
Pro Portion: 307 kcal / Fett: 15 g / Ballaststoffe: 4 g

Nützliche Adressen

Darmerkrankungen

Gastro-Liga e.V.
Deutsche Gesellschaft zur Bekämpfung der Erkrankungen von Magen, Darm und Leber
Liebigstraße 13, 35390 Gießen

DCCV e.V. – Deutsche Morbus Crohn/Colitis Ulcerosa Vereinigung
Paracelsusstraße 15
51375 Leverkusen

CED-Hilfe e.V. – Hilfe bei entzündlichen Darmerkrankungen
Fulsbütteler Straße 401, 22309 Hamburg
Telefon/Fax: 040/6323740

Informationen zu geschwefelten Lebensmitteln

Bundesministerium für Gesundheit
Dienstsitz Berlin / Referate 411/412
Mohrenstraße 62, 10117 Berlin

Ballaststoffe zum Bestellen

ArteFakt Marktplatz
Am Bogen 5, 27412 Wilstedt
Telefon: 04283/982086
Fax: 04283/982087

Unverträglichkeiten und Allergien

Deutscher Allergie- und Asthmabund e.V.
Hindenburgstraße 110
41061 Möchengladbach

Arbeitsgemeinschaft Allergiekrankes Kind e.V.
Hauptstraße 29, 35745 Herborn

Deutsche Zöliakie-Gesellschaft e.V.
Filderhauptstraße 61, 70599 Stuttgart
Telefon: 0711/454514
Fax: 0711/4567817

Heilgymnastik und Therapie

Arbeits- und Forschungskreis für Atempflege e.V.
Waldstraße 5, 10551 Berlin
Telefon: 030/3953860
Fax: 030/3953823

Berufsverband Deutscher Yogalehrer e.V.
Heinrich-Grob-Straße 48, 97250 Erlabrunn
Telefon: 09364/4797, Fax: 09364/7209

Kundalini Yoga Lehrervereinigung
Breitenfelder Straße 8, 20251 Hamburg
Telefon/Fax: 040/4790 99

Feldenkrais-Gilde e.V.
Asangstraße 144, 70329 Stuttgart

Akademie für Musik- und Tanztherapie
Von-Esmarch-Straße 11, 48149 Münster

Societas Medicinae Sinensis
Internationale Gesellschaft für chinesische Medizin
Franz-Joseph-Straße 28, 80801 München

Osteopathie

Gesellschaft für Osteopathie
Postfach 800904, 21009 Hamburg
Telefon: 040/230466

College Sutherland
Wielandstraße 5, 65187 Wiesbaden
Telefon: 0611/801946
Fax: 0611/808845

Literatur

Kovács, Heike Dr./Preuk, Monika: Die natürliche Darmsanierung. Südwest Verlag. München 1997

Seefeldt, Dieter Dr./Jopke, Frank Dr.: Hilfe für den rebellierenden Darm. Südwest Verlag. 3. Auflage, München 1996

Simon, Thomas Dr.: Rat und Hilfe für Magen, Darm und Po. Südwest Verlag. 2. Auflage, München 1998

Hinweis

Das vorliegende Buch ist sorgfältig erarbeitet worden. Dennoch erfolgen alle Angaben ohne Gewähr. Weder Autorin noch Verlag können für eventuelle Nachteile oder Schäden, die aus den im Buch gegebenen praktischen Hinweisen resultieren, eine Haftung übernehmen.

Bildnachweis

Bavaria, Gauting: Titel/Einklinker (Stock Image); Fotodesign Christian Kargl/Ute Schoenenburg, München: Titel/Fond, 52, 69, 109, 146, 175, 192, 204, 217; Image Bank, München: 26 (Steve Allen), 135 (Magnus Rietz), 196 (Dag Sundberg); New Eyes, Hamburg: 2 (Retna/Acheson), 15 (Retna/ E. Reeson), 56 (IDS/V. Chevalier), 79, 113 (U. Niehoff), 139 (IDS/LE STUDIO); Südwest Verlag, München: 10 (N.N.), 55, 180 (Dirk Albrecht), 128 (Christian Kargl); Superbild, Grünwald: 100 (B.S.I.P.); Tony Stone, München: 9 (Andre Perlstein), 20 (Andreas Pollok), 35 (Christel Rosenfeld), 49 (Jeremy Walker), 62 (Chris Everard), 84 (David Stewart), 91 (Howard Grey), 122 (A & L Sinibaldi), 142 (Carol Ford), 164 (Thomas Schmidt), 171 (Will & Deni Mc Intyre), 187 (Thomas Brase), 213 (Steve Taylor)

Impressum

Redaktion: Dr. Marion Onodi
Projektleitung: Nicola von Otto
Redaktionsleitung und medizinische Fachberatung: Dr. med. Christiane Lentz
Bildredaktion: Ute Schoenenburg
Produktion: Manfred Metzger
Umschlag und Layout: Heinz Kraxenberger, München
DTP-Produktion: AVAK Publikationsdesign, München

Printed in Italy

Gedruckt auf chlor- und säurearmem Papier

ISBN 3-517-01928-3

Sachregister

Rezepteregister